成乐高速公路扩改施工
交通安全管理

四川成乐高速公路有限责任公司
四川省交通建设集团股份有限公司 编著

西南交通大学出版社
·成　都·

图书在版编目（CIP）数据

成乐高速公路扩改施工交通安全管理 / 四川成乐高速公路有限责任公司，四川省交通建设集团股份有限公司编著. —成都：西南交通大学出版社，2021.7
ISBN 978-7-5643-8125-7

Ⅰ.①成… Ⅱ.①四… ②四… Ⅲ.①高速公路 - 工程施工 - 安全管理 Ⅳ.①U415.12

中国版本图书馆 CIP 数据核字（2021）第 136501 号

Cheng-Le Gaoshu Gonglu Kuogai Shigong Jiaotong Anquan Guanli
成乐高速公路扩改施工交通安全管理

四川成乐高速公路有限责任公司
四川省交通建设集团股份有限公司　编著

责任编辑	何明飞
封面设计	曹天擎
出版发行	西南交通大学出版社 （四川省成都市金牛区二环路北一段 111 号 西南交通大学创新大厦 21 楼）
邮政编码	610031
发行部电话	028-87600564　028-87600533
网址	http://www.xnjdcbs.com
印刷	四川煤田地质制图印刷厂
成品尺寸	185 mm×260 mm
印张	14
字数	297 千
版次	2021 年 7 月第 1 版
印次	2021 年 7 月第 1 次
定价	120.00 元
书号	ISBN 978-7-5643-8125-7

图书如有印装质量问题　本社负责退换
版权所有　盗版必究　举报电话：028-87600562

编审委员会

一、编写委员会

主　　编　谢兴华

副 主 编　曾　晖　　王洪明　　宁建刚

编写人员　钟　媚　　熊　丹　　李腾飞
　　　　　　周　钊　　谭书龙　　陈　俊
　　　　　　段凌云　　程世勇　　汪　洋
　　　　　　兰玉章　　付　晓　　刘　涛

二、审定委员会

主　　任　罗祖义

副主任　许金华　　王剑波　　尹　山

委　　员　刘　东　　黄文悦　　赵　平
　　　　　　罗　章　　蒋　跃　　刘春涛
　　　　　　刘　慧　　何纪国

前言

四川省自第一条高速公路建成通车以来已历 20 余载,这期间全省的高速公路建设呈加速发展态势,截至 2020 年年末,全省高速公路通车总里程已突破 8 000 千米,初步形成了覆盖全省各市、州并连通周边 5 省、市的高速公路网。然而,由于同期也是我国经济社会快速发展和国家实施西部大开发的关键时期,四川省的机动车保有量和道路交通运输量均增长迅猛,导致部分早期建成的高速公路陆续趋于交通饱和,交通拥堵频发,通行效率和服务水平明显下降,亟待进行扩容改造建设。

成乐高速公路是四川省首批实施扩容建设的最大规模在役高速公路,建设项目采用设计施工总承包(EPC)发包模式和边通车边施工建设方式,要求设计与施工高度融合,施工与运营高度协调。为了探索在工程设计、施工、监理和公路运营、交通及公安行政管理等多方参与下的高速公路非封闭扩容建设相关技术及方法,四川成乐高速公路有限责任公司联合四川省交通建设集团股份有限公司,在扩容建设项目的青龙场至眉山 E1 试验段施工期间,对建设工程的设计、施工和交通运营安全进行全面深入研究与实践,并编写了《成乐高速公路改扩建工程设计与施工成套技术》和《成乐高速公路扩改施工交通安全管理》两书。

本书是上述两书中的一本。全书共分 5 章,分别对四川省高速公路扩改建设现状与发展趋势、高速公路扩改施工的交通影响及效益,以及成乐高速公路扩改施工的交通组织、交通安全措施和交通安全管理协同等内容进行了系统分析介绍。

本书由四川成乐高速公路有限责任公司和四川省交通建设集团股份有限公司的相关专业技术人员负责编写,并得到了四川交通职业技术学院公路交通安全省级高校重点实验室的鼎力支持,实验室的熊丹、李腾飞、钟媚、周钊老师分别参与了第 1 章和第 5 章、第 2 章、第 3 章、第 4 章的撰写,王洪明教授对全书修改统稿,王剑波教授进行了审稿。此外,本书还参考了大量国内外文献。在此谨向上述参与编写人员和文献作者致以诚挚谢意!

本书编写委员会

2021 年 3 月 11 日

目录

第 1 章　四川省高速公路扩改建设现状与发展趋势 1

 1.1　高速公路扩改建设的意义及全国发展情况 1

 1.2　四川省高速公路发展现状 4

 1.3　四川省高速公路交通运行状况 13

 1.4　四川省高速公路扩改建设现状 24

 1.5　四川省高速公路扩改建设发展趋势 30

第 2 章　高速公路扩改施工的交通影响及效益分析 35

 2.1　高速公路扩改施工方式 35

 2.2　封闭施工的交通影响分析 40

 2.3　非封闭施工的交通影响分析 44

 2.4　不同施工方式的效益对比 48

第 3 章　成乐高速公路扩改施工交通组织 57

 3.1　路网交通分流 57

 3.2　路段施工区交通组织 75

 3.3　桥梁施工区交通组织 88

 3.4　互通立交施工区交通组织 99

 3.5　服务区施工交通组织 110

 3.6　扩改施工交通应急疏导 114

第 4 章 成乐高速公路扩改施工交通安全措施 120

4.1 车辆行驶速度管控措施 120
4.2 防交通侵入与碰撞措施 138
4.3 车辆行驶路线管控措施 162
4.4 交通安全应急处置措施 185

第 5 章 成乐高速公路扩改施工交通安全管理协同 192

5.1 扩改施工交通安全管理协同机制 192
5.2 交通安全管理协同的内容与职责分工 200
5.3 天桥拆除施工交通管理协同案例 206

参考文献 216

第 1 章　四川省高速公路扩改建设现状与发展趋势

1.1　高速公路扩改建设的意义及全国发展情况

高速公路扩改工程是高速公路扩容改造工程的简称，是高速公路改扩建工程的主要形式。因为在我国对二级或一级公路进行提能升级改造为高速公路的情况较为复杂，经验尚不成熟，而对同一运输通道内另建高速公路新线进行路网加密建设工程又属新建工程，所以目前对高速公路的改扩建工程主要集中在对既有高速公路进行拓宽改造为主要内容的工程建设，即对既有高速公路的路基、路面、桥涵、隧道等进行拼接加宽或分离新建，通过增加高速公路的可通行车道数来提升其通行能力。

高速公路扩改建设是对高速公路扩容改造工程建设的简称，是指在既有高速公路基础上，对路基、路面、桥涵、隧道等进行拓宽，并对其他公路设施进行相应更换、补强或增设，以提高高速公路通行能力和服务水平为主要目标的工程建设活动。其主要特点在于充分利用已有的高速公路资源，在高速公路的原路线走廊带内进行以拓宽车辆通行断面为核心的工程改造。

1.1.1　高速公路扩改建设的意义

第二次世界大战后，国外经济迅速恢复，交通需求增长迅猛，使得高速公路联网成型较早，到 20 世纪中期，美国、加拿大、荷兰、德国等国家已先后出现了高速公路扩改工程建设。其中，比较有代表性的高速公路扩改工程包括：美国 15 号高速公路、加拿大 401 高速公路、荷兰 A16 号高速公路、A4 号联邦高速公路、韩国 1 号高速公路等。

与发达国家相比，我国的高速公路发展起步较晚，境内首条高速公路——沪嘉高速公路建成通车至今仅有 40 余年的时间，但进入 21 世纪以来，随着我国经济社会快速发展，交通运输需求旺盛，高速公路也发展迅速，在东、中部地区已逐渐形成较为完整的高速公路网络，广大西部地区也纷纷进入加快建设成网时期。与此同时，一些早期建设的高速公路由于激增的交通量远远超出项目当初规划建设的预期值，部分路段的实际交通量接近或超出饱和，导致交通拥堵频发、服务水平降低、公路病害严重、供需矛盾突出，严重影响经济社会发展。修建高速公路是解决城市与城市、城市与乡村之间快速、大容量交通的重要途径，而相比新建高速公路，在高速公路成网地区对既有高速公路进行扩改建设明显更具优势，其重要意义主要体现在以下 4 个方面。

（1）高速公路扩改工程在节约土地、保护生态、降低造价及运营影响等方面具有明显优势，同时又能充分利用工程建设进行技术创新、资源整合，推动既有高速公路及其沿线区域经济社会二次发展。

（2）在考虑资源环境约束力和承载力的前提下，高速公路扩改工程可集约利用运输通道资源、土地资源和路产资源，优化产业及交通结构，增强区域经济社会发展和高速公路路网功能适应性，满足集约可持续化发展的需求。

（3）高速公路扩改工程通过改变既有高速公路几何线形、路面宽度、车道数量等公路技术参数，提升高速公路运输能力与服务质量，满足交通运输需求增长。

（4）高速公路扩改工程对既有高速公路进行拓宽、改造，结合工程特点，融入新技术、新材料及新工艺等内容，提升高速公路智慧建设与管理水平，满足交通出行优质服务需求。

1.1.2　全国高速公路扩改建设情况

1997年，广佛高速公路4车道扩宽至8车道扩容改造施工，拉开了我国大规模高速公路扩改工程建设序幕。此后，全国各地不断有高速公路进行扩改，尤以东部经济发达区域居多。经过多年的高速公路扩改工程建设经验积累与技术进步，国内高速公路扩改工程建设历经了探索、进步和形成标准的三个历史阶段，目前正处于全面提升工程建设品质的提质发展时期。各发展阶段的主要特征和代表性工程项目如表1-1所示。

表1-1　国内高速公路扩改工程发展历程[①]

阶段	发展历程	代表工程
第一阶段（2005年以前）	高速公路扩改工程建设模式、关键技术等处于空白，在典型项目建设过程中不断探索与进步	沈大高速公路 沪杭甬高速公路
第二阶段（2006—2013年）	扩改需求增多，工程区域从平原拓展至山区，对单侧加宽、隧道工程、特殊互通工程、高边坡工程等扩建技术进行研究与实践，形成百花齐放的建设盛况	连霍高速公路 福厦漳高速公路 宁合高速公路 广清高速公路
第三阶段（2014—2017年）	扩改发展进一步深化，制定明确的规划、技术政策，颁布有针对性的设计规程：《高速公路改扩建设计细则》（JTG/T L11—2014）、《高速公路改扩建交通工程与沿线设施设计细则》（JTG/T L80—2014）	济青高速公路 南京机场高速公路 深圳水官高速公路
第四阶段（2018年以后）	随着交通强国战略实施，高质量发展理念全面落实，高速公路扩改工程已站在新起点，迈入新阶段	…

高速公路扩改建设过程不仅涉及对原路的拓宽改造等工程施工，还涉及为原路的

[①] 林同立主编：《高速公路改扩建工程交通组织设计与管理》，人民交通出版社，2019年版。

交通流提供安全、畅通、便捷的通行或绕行条件，以确保工程施工顺利进行和满足经济社会运行对高速公路交通与安全的需要。在国内前期的高速公路发展过程中，就扩改建设工程的扩改方式及交通组织问题积累了较丰富的工程经验和技术成果，其中比较具有代表性的高速公路扩改工程项目如表 1-2 所示。

表 1-2　国内典型高速公路扩改工程

扩改工程项目	地形	扩改方式	交通组织
广佛高速公路	平原微丘	双向4车道改为双向8车道；两侧直接拼接，沿线设施重建	采用了外部分流和内部转换相结合的方式，在车辆较多的路段可以选择和原有道路平行的分流道路，在车辆较少的路段采用内部转换方式
沈大高速公路	平原微丘	双向4车道改为双向8车道；两侧拼接为主，单侧分离为辅	第一年不对原有道路进行封闭，实施道路路基、桥梁两侧拓宽；第二年将原有道路一侧封闭另一侧保持通行；第三年变换原有道路两侧封闭状态，最后实现双向行驶
沪宁高速公路	平原微丘	双向4车道改为双向8车道；两侧拼接为主、局部分离加宽	用"两侧拼接为主，局部分离为辅"的改扩建方案。在进行改扩建施工时，高速公路一般路段和一部分互通立交采用一侧施工一侧通车交通组织方案；其他互通立交则进行封闭施工
沪杭甬高速公路	滨海湖沼平原地带	双向4车道改为双向6车道、8车道；双侧直接拼接、分段逐步实施	桥梁改扩建时，为避免双向车辆在同一侧通行，考虑在施工的一侧对行车进行交通控制，用隔离墩分幅，路幅一部分隔离，另一部分保持通车，不施工的一侧则保持正常行车；互通区改建时采取半幅施工，半幅维持双向通车的办法
佛开高速公路	滨海地带	双向4车道改为双向8车道；两侧直接拼接为主、局部单侧分离扩建	路基、桥涵下部结构施工阶段，封闭旧路硬路肩，维持旧路双向4车道通行；路面施工，桥梁加固、拼接顶升施工，上跨桥梁拆迁施工阶段，半幅封闭，半幅维持双向4车道通行；互通立交改造阶段，始终保持每个立交组中至少有一个立交能够正常通行；施工作业区长度为 3~5 km，中央分隔带开口长度 65~200 m，施工作业区限制速度不低于 60 km/h
西潼高速公路	平原微丘	双向4车道改为双向8车道；两侧直接拼接，以加宽为主，局部分离为辅	采用"边施工、边通车"模式，分项工程同步交叉施工、分幅通行的施工方法，同一施工序列分项工程合并考虑，维持路基4车道通行、路面2~4车道通行

1.2 四川省高速公路发展现状

四川省地处我国西南腹地,与 7 个省(区、市)接壤,北连陕西、甘肃、青海三省,南接云南、贵州两省,东邻重庆市,西衔西藏自治区,是承接华南、华中地区,连接西南、西北地域,沟通东南亚、南亚、中亚地区的重要交汇点和交通走廊。省内高速公路始建于 20 世纪末,是中、短距离交通运输的重要载体。截至"十三五"期末,四川省高速公路建成和在建总里程近 $1.2×10^4$ km,通车总里程迈上 8 000 km 台阶,达到 8 140 km,位居全国第三。

1.2.1 四川省高速公路发展规模

1990 年 9 月开工建设,并于 1995 年 9 月建成通车的成渝高速公路(G76 厦蓉高速公路成都至重庆段),是四川省高速公路建设与运营的历史开端。在此之后,伴随国家和区域经济社会快速发展,全省高速公路建设也不断从成都向外辐射发展、由盆地平丘向盆周山区扩展,高速公路在公路网中的骨干地位和作用日益凸显。目前,四川省的高速公路正进入快速发展、加速成网阶段,提高工程与服务品质的思想和意识在高速公路的规划、设计、建设、运营各阶段不断深化,路网格局得到显著优化提升。

1. 投资额度

(1)政府投资规模。

"十二五"以前,四川省主要以财政税收等政策性投入方式支持高速公路建设。"十二五"时期,中央财政对于纳入国家高速公路网的建设项目,按路线长度安排建设补助资金;其中,平均造价小于等于 6 000 万元/千米的国高网项目按 1 100 万元/千米进行补助,平均造价大于 6 000 万元/千米的国高网项目补助最多不超过 3 300 万元/千米。"十三五"时期,为进一步加大对四川省高速公路建设的支持力度,国家将对非藏区国高网项目的建设补助资金标准提高到总投资的 30%,对藏区国高网项目的建设补助资金标准提高到工程建安费的 50%。

"十二五"以来,全省公路建设的年度政府投资额呈较快增长,由 2011 年的不足 1 000 亿元均增长到 2018 年的超过 1 400 亿元。其中,高速公路建设受多种投资方式融合发展影响在部分年度完成的政府投资额虽有下降,但 2018 年完成的投资额仍达到 740 亿元,相比 2011 年的 681 亿元增加近 60 亿元。总体来看,四川省历年高速公路政府投资规模占全省公路与水路交通建设投资总额的比例始终保持在 30%以上,如图 1-1 所示。

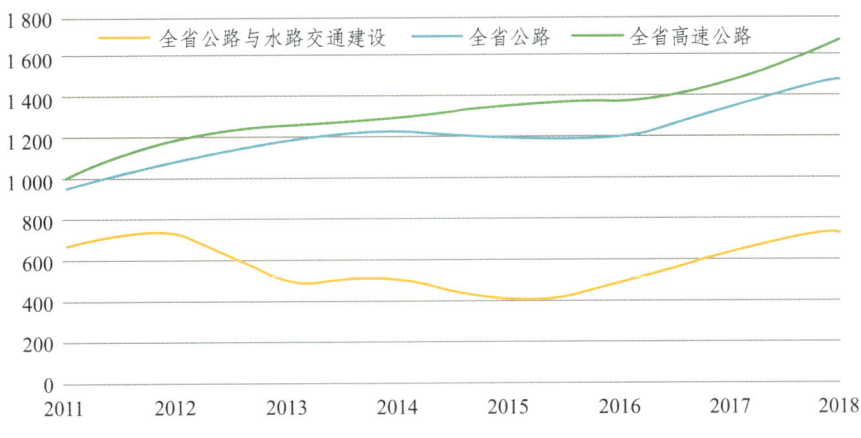

图 1-1 "十二五"以来四川省高速公路建设完成政府投资情况（单位：亿元）

（2）其他投资方式。

为切实推动全省高速公路可持续发展，深化交通投融资改革，探索创新多元融资模式，四川省积极吸引社会资金投入交通基础设施建设，BOT 模式、PPP 模式、股份制模式、省市共建模式、国外贷款模式、发行债券模式等多模式并行发展，多举措撬动社会资金，减低对政府投资单一依赖性，提升高速公路建设投融资韧性。

自 2004 年以来，全省先后出台《四川省高速公路"BOT+政府股权合作"项目实施办法（试行）》《四川省高速公路投资人信用管理办法》《收费公路政府与社会资本合作项目前期实施程序》等规范性文件，加快发展高速公路投融资多模式推广与应用。截至"十三五"末期，全省 21 个市（州）已先后有半数以上市（州）承担过 BOT 高速公路引资建设，参与招商引资的市（州）已占全省 80%以上，非政府性投资项目正逐步成为高速公路建设主力军。

2. 工程技术标准

新中国成立以来，全国公路交通建设技术发展成果显著，带动了高速公路建设技术标准的快速进步。纵观《公路工程技术标准》发展历程，先后已历经十余次修订，历次修订过程中，配套制定或完善了相关专业的标准、规范等系列文件，共同构成了完整的公路工程标准体系，对高速公路建设发展起到了积极促进作用，极大地推动了高速公路建设事业的飞速发展。

我国高速公路建设所依据工程技术标准的发展历程如表 1-3 所示。其中，1981 年交通部颁布的《公路工程技术标准》（JTJ 01—81）首次提出"高速公路"这一公路技术等级，规定高速公路是一般能适应年均昼夜汽车交通量大于 25 000 辆以上，具有特别重要的政治、经济意义，专供汽车分道高速行驶并全部控制出入口的公路，同时在标准中增加了对双向 4 车道高速公路主要技术指标及其路基横断面的要求等内容，为我国的高速公路建设起步奠定了基础。

1988 年交通运输部修订颁布了《公路工程技术标准》（JTJ 01—88），该版标准在明确提出高速公路是汽车专用公路的同时，将高速公路设计中的汽车交通量改为折算小客车量，并且将地形分类增加至三类——平原微丘、重丘、山岭，将计算行车速度分类增加两个档次，即按照地形划分为 120 km/h、100 km/h、80 km/h、60 km/h 四个档次。

随着我国公路建设和社会交通需求的快速发展，在 1997 年修订的《公路工程技术标准》（JTJ 001—97）中取消汽车专用公路概念，与之相应也将高速公路的定义修改为：专供汽车分向、分车道行驶并全部控制出入的干线公路，并分别对 4 车道、6 车道、8 车道高速公路明确提出远景设计年限年均昼夜折算小客车交通量取值范围，以及取消了地形分类，新增了计算行车速度及纵坡坡度规定最大纵坡长度值等内容。

表 1-3　公路工程技术标准发展历程

名　称	颁布年份
交通运输部办公厅关于《公路工程技术标准》（JTG B01—2014）第 6.0.10 条补充说明的通知	2019
交通运输部《公路工程技术标准》（JTG B01—2014）	2014
交通运输部《公路工程技术标准》（JTG B01—2003）	2003
交通运输部《公路工程技术标准》（JTJ 001—97）	1997
交通运输部关于局部修订《公路工程技术标准》（JTJ 01—88）的通知	1995
交通运输部《公路工程技术标准》（JTJ 01—88）	1988
交通运输部《公路工程技术标准》（JTJ 01—81）	1981

2003 年《公路工程技术标准》（JTG B01—2003）颁布实施，相比该标准的以往版本，2003 版在全面总结前期全国高速公路建设经验和充分吸收国内外科研成果的基础上，将高速公路重新定义为专供汽车分向、分车道行驶并应全部控制出入的多车道公路。同时，对具体设计和施工技术标准做了较系统修改，具体包括：其一，改行车速度为设计速度；其二，引入设计交通量，并纳入公路功能、服务水平、通行能力等内容，明确高速公路整体式断面路段不得横向分幅分期修建，提出高速公路交通量接近或达到饱和时，应对改建和新建方案进行比选；其三，新增高速公路设计服务水平采用二级服务水平，取消 60 km/h 的高速公路设计速度档次；其四，改抗震设计指标为地震动峰值加速度系数；其五，重新定义车道、中间带、路肩宽度的"一般值""最小值"概念，降低设计速度为 100 km/h 和 80 km/h 档次的最小硬路肩宽度；其六，调整特大桥和大桥、短隧道与中隧道的分界范围，规定互通式立体交叉的间距及其主要技术指标等内容。

目前，全国在用的高速公路技术标准是 2014 年颁布的《公路工程技术标准》（JTG B01—2014），以及 2019 年交通运输部对该标准第 6.0.10 条所做的补充说明。该版标准及其补充说明针对高速公路的内容修改主要包括：增加了高速公路扩建内容，首次将高速公路改建、扩建统称为高速公路改扩建；明确以公路功能为主导选用技术等级及指标，新增高速公路分离式断面路段可采用分幅分期修建；提出高速公路新建、改扩建方案比选规定具体要求，主要包括改扩建时机、服务水平、设计速度等内容，要求高速公路改扩建项目应充分利用公路废旧材料、集约工程建设资源；将适应交通量修订为设计交通量，明确高速公路年平均日设计交通量降低至 15 000 pcu/d、设计服务水平不低于三级，提出采用设计速度作为最高限制速度；明确高速公路车道数由交通量确定，以中、小客车为主的车道经论证其宽度可采用 3.5 m，修订了右侧硬路肩宽度，提出六车道以上的高速公路可不设置爬坡车道；取消高速公路路基宽度各项具体规定及"陡缓陡"设计方法，提出高速公路平均纵坡设计要求，强调连续长、陡坡段进行安全评价；同时，该标准也对桥涵、隧道设计进行了详细修订，新增桥梁、隧道改扩建设计内容，提升了桥隧路段设计安全性能，明确了拼接加宽利用的既有桥涵技术要求，并提出了拼宽桥梁采用分车道交通组织管理及其典型断面示例、计算方法。

四川省高速公路建设起步相对较晚，高速公路建设快速期主要集中在"十一五""十二五"时期，而在"十三五"以来随着建设项目逐渐向西拓进而遭遇地理环境复杂、工程建设难度增高等多种因素制约，建设增长速度明显放缓，因此，在全省已建成高速公路中采用《公路工程技术标准》(JTG B01—2014)建设的占比相对较少。据统计，四川省既有高速公路中的建设标准涵盖《公路工程技术标准》的 1988 年至 2014 年各个版本，其中采用 2003 版标准建设的占比达到 50%以上，如图 1-2 所示。这些高速公路普遍采用双向四车道，设计速度为 80 km/h 或 100 km/h，如图 1-3 所示。

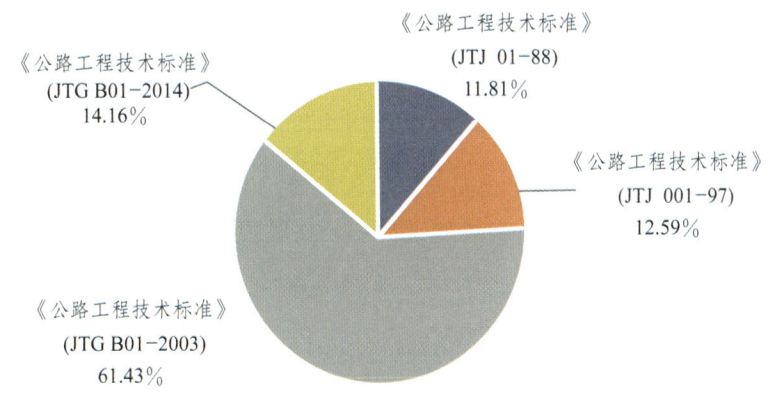

图 1-2　四川省高速公路的建设标准里程结构

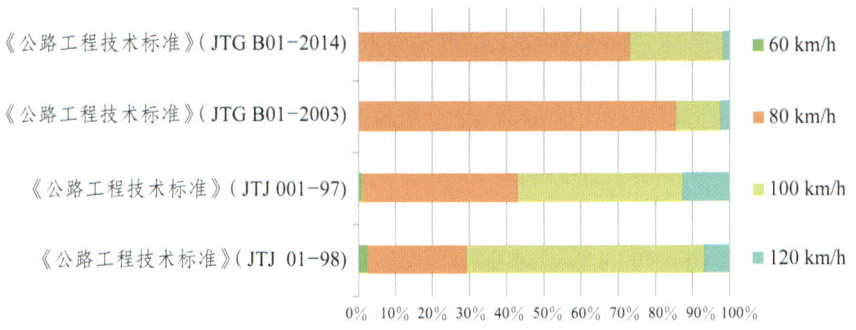

图 1-3　四川省高速公路的建设标准与设计速度分布

3. 路网规模

"十二五"以来,四川省高速公路建设飞速发展,从 3 000 km 增长至超过 7 500 km,年均增长率达 12.09%,如图 1-4 所示。截至 2019 年年底,四川省高速公路网已覆盖全省 21 个市(州)和 134 个县(市、区),形成通往重庆、陕西、云南、贵州、甘肃等 5 个省(市)21 条高速公路出川通道,全省高速公路网进一步完善,支撑构建"一干多支、五区协同"区域发展新格局,形成"四向拓展、全域开放"的立体、全面、开放新态势。

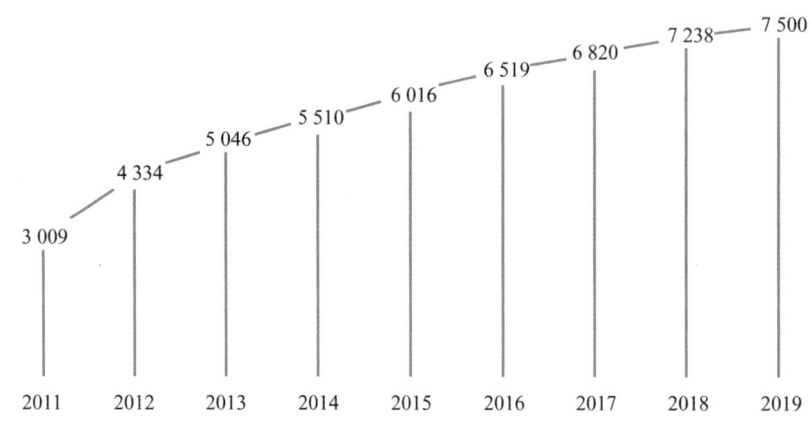

图 1-4　2011—2019 年四川省高速公路建成里程/km

1.2.2　四川省高速公路分布情况

"十二五"以来,四川省高速公路向西纵深发展,先后建成雅西高速公路、雅叶高速公路、汶马高速公路,四川省山岭地区高速公路里程逐年攀升,双向四车道和六车道高速公路比例也在不断增长。

1. 类型分布

截至 2019 年年底,四川省建成通车高速公路的类型分布如图 1-5 ~ 图 1-8 所示。其中,高速公路的车道数类型以双向四车道为主,占全省高速公路总里程的 90.93%,双向六车道及以上高速公路里程较少,占全省高速公路总里程不足 10%;路面类型以沥青混凝土路面为主,占全省高速公路总里程的 98.49%,水泥混凝土路面较少且主要分布于桥隧等特殊点段;设计速度以 80 km/h 为主,90 km/h 和 100 km/h 次之,三者在全省高速公路总里程中的占比分别是 68.86%、27.51% 和 23.83%;地形地貌以山岭、丘陵为主,平原地域仅占 10.22%。

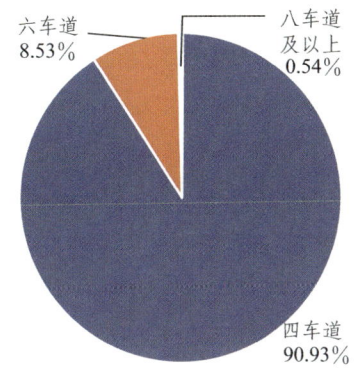
图 1-5　四川省高速公路车道类型分布

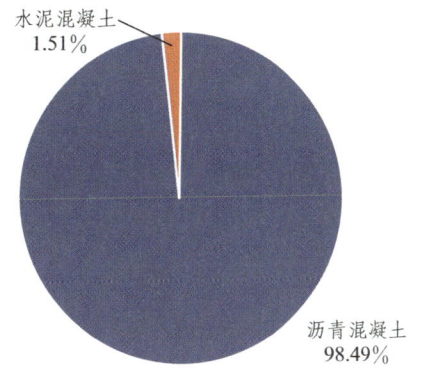
图 1-6　四川省高速公路路面类型分布

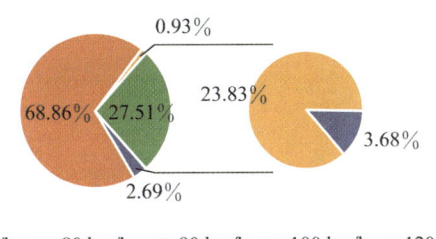
图 1-7　四川省高速公路设计速度分布

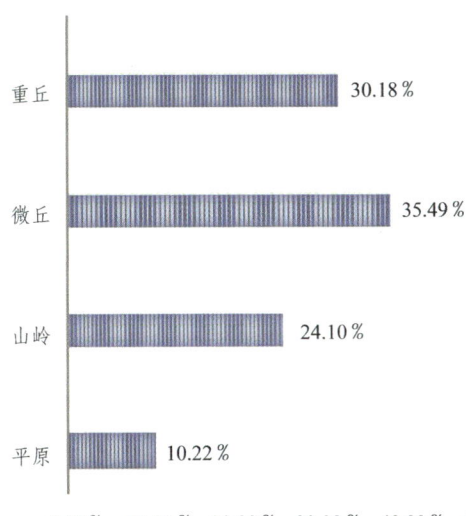
图 1-8　四川省高速公路地形地貌分布

2. 地区分布

四川省内的通车高速公路主要为国家高速公路,占全省高速公路总里程的 69.46%,省级高速公路仅占 30.54%,如图 1-9 所示。从省内各市(州)的高速公路分布来看,成都市的高速公路里程和密度均排名第 1 位,而甘孜、阿坝、凉山三州的高速公路里程和密度排名靠后,且均为国家高速公路,如图 1-10 和图 1-11 所示。

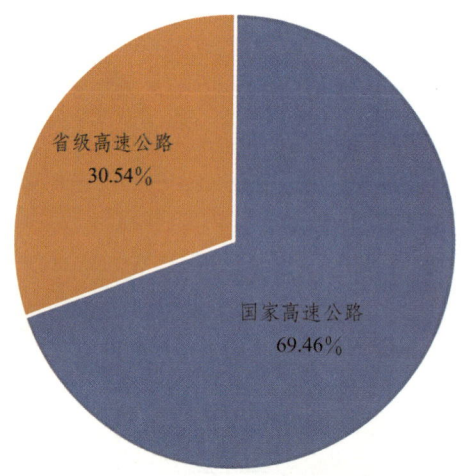

图 1-9　四川省高速公路行政等级分布

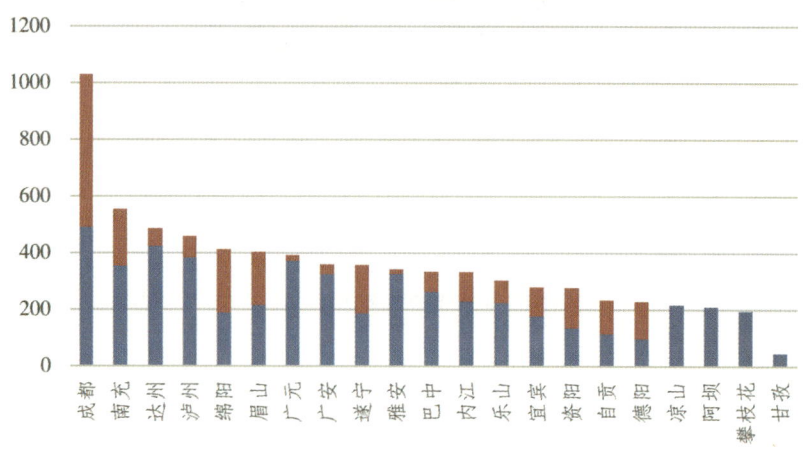

图 1-10　四川省高速公路里程地区分布

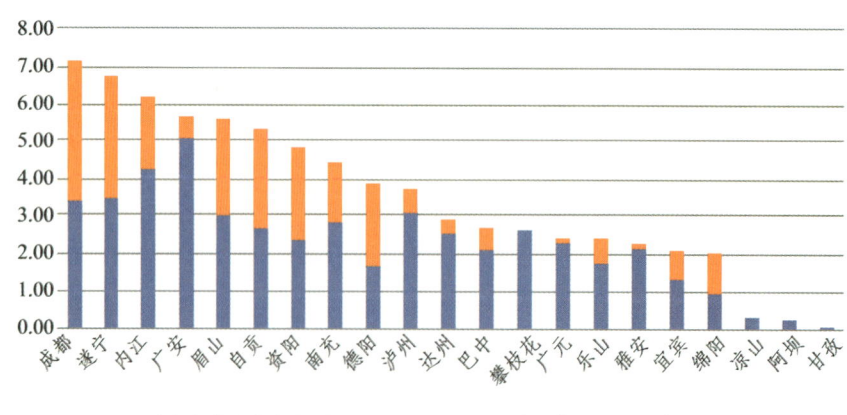

图 1-11　四川省高速公路密度地区分布

1.2.3 四川省高速公路质量状况

1. 路面技术状况

按照《公路技术状况评定标准》（JTG 5210—2018）规定，公路路面使用性能指数（PQI）可用路面破损指标（PCI）、平整度指标（RQI）、车辙指标（RDI）来进行评价，其分级标准如表1-4所示。

表1-4 公路技术状况评定标准

PQI 等级	优	良	中	次	差
指标	≥90%	≥80%，<90%	≥70%，<80%	≥60%，<70%	<60%

据四川省交通运输厅高速公路管理局对2018年底前通车的6 967车道公里的高速公路进行的路面技术状况抽检结果分析，全路网的路面使用性能指数（PQI）平均值为94.35，同比增长0.85%，其中优良率为99.80%，次差率为0.01%，达到部、省"十三五"高速公路养护管理发展纲要的相关要求；路面破损指标（PCI）平均值为95.23，其中优良率为98.42%，次差率为0.09%；平整度指标（RQI）平均值为94.83，其中优良率为99.61%，次差率为0.16%；车辙指标（RDI）平均值为95.90，且无次差路段。

从全路网的路龄分类来看，路龄在5年及以下的高速公路路面PQI占优，通车6年以上的高速公路路面PQI随路龄变化差异不大，如表1-5所示。一般而言，只要在适当时间进行预防性养护即可使高速公路保持整体较好的技术状况。例如，绵广高速公路和成绵高速公路路龄相近，车流量相近，但绵广高速公路历年持续开展维修处置，其路况水平远好于成绵高速公路。

表1-5 四川省高速公路技术状况抽检情况

路龄/年	路段里程/km	路网占比	PQI
≤5	1 945.20	27.92%	95.87
6~10	3 021.35	43.37%	93.64
>10	2 000.53	28.71%	93.79

综合来看，四川省高速公路的路面状况总体情况良好，但各路段路况水平不均衡的情况依旧较为突出，个别路段次差路比例较高，尚需加大科学决策和预防性养护力度，必要时应进行高速公路升级改造。

2. 桥隧技术状况

高速公路桥隧结构是线路上特殊构造物，其技术水平高低将直接影响交通运行安全可靠性。按照《公路技术状况评定标准》（JTG 5210—2018）和《公路桥梁技术状况评定标准》（JTG/G H21—2011），抽取全省高速公路8310座桥梁、847座隧道技术评定等级进行分析，结果如图1-12和表1-6所示。

（1）全省高速公路桥梁技术状况整体居高，无五类桥梁。其中，一类技术等级占比 66.65%，二类技术等级占比 33.00%，三、四类技术等级占比不足 1%。

（2）全省高速公路隧道总体情况、土建结构及机电设施技术评定结论为一类技术等级的达到 60%以上，反映出全省高速公路隧道的运营管理情况较好，交通运行安全可靠性较高。

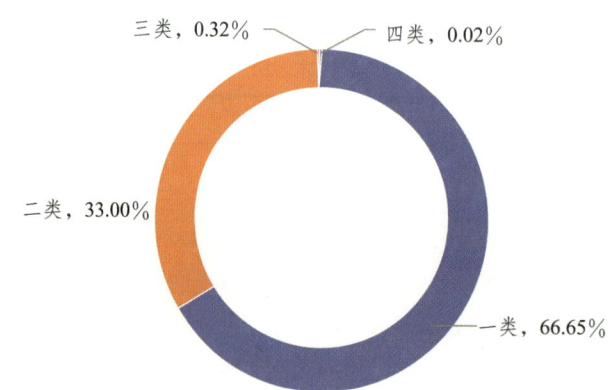

图 1-12　四川省高速公路桥梁技术状况

表 1-6　四川省高速公路隧道技术状况

项目	技术等级	短隧道	特长隧道	长隧道	中隧道	小计
总体情况	一类	20.90%	7.91%	19.36%	15.82%	63.99%
	二类	12.99%	3.31%	9.68%	9.21%	35.18%
	三类	0.12%	0.71%	0.00%	0.00%	0.83%
土建结构	一类	20.90%	7.91%	19.72%	15.23%	63.75%
	二类	12.99%	3.31%	9.33%	9.80%	35.42%
	三类	0.12%	0.71%	0.00%	0.00%	0.83%
机电设施	一类	19.95%	7.91%	19.13%	14.40%	61.39%
	二类	13.34%	4.01%	8.85%	9.56%	35.77%
	三类	0.71%	0.00%	1.06%	1.06%	2.83%

3. 线路耐久性能

对高速公路的线路耐久性，可采用线路的剩余设计使用年限与设计使用年限的比值进行评价，并将评价结果按照表 1-7 所示标准划分为优、良、中、次、差 5 个等级。

表 1-7　公路线路耐久性评价等级标准

公路线路耐久性等级	优	良	中	次	差
公路线路耐久性区间	≥70%	≥40%，<70%	≥20%，<40%	>0%，<20%	≤0%

如图 1-13 所示，对四川省高速公路的线路耐久性按照上述方法进行里程数统计分析，

可见全省各市（州）高速公路的线路耐久性整体良好，尤其是近年内高速公路建成通车的阿坝、甘孜、凉山、巴中和攀枝花的耐久性优良率都是100%，而德阳、内江、资阳等市的高速公路耐久性相对较差，对部分高速公路应考虑进行升级改造。

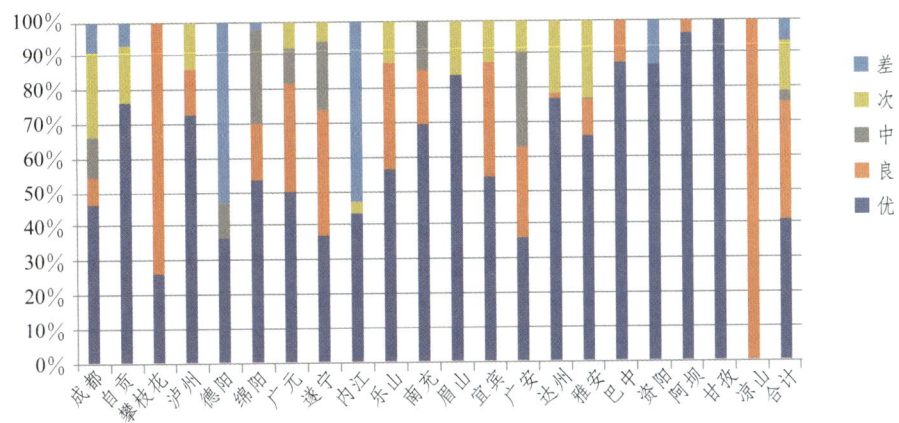

图1-13　四川省各市（州）的高速公路耐久性

1.3　四川省高速公路交通运行状况

四川省高速公路经历30年发展，经历了从无到有、从有到优的历史变迁，全省高速公路网结构日趋完善，实现了公路交通从"蜀道难"到"蜀道通"再到"蜀道畅"的路网格局。截至"十三五"期末，全省高速公路交通运输呈现总体平稳、稳中有进和稳中向好的运行态势，路网交通量稳定增长、客运服务更加高效、货运结构更加优化、交通安全管理成效显著，对畅通国民经济循环、提升区域竞争优势、促进经济社会发展起到了重要作用，为加快交通强省建设、实现高质量发展奠定了坚实基础。

1.3.1　交通量情况

1. 全省总体交通量

根据高速公路联网收费系统数据显示，"十二五"以来四川省高速公路网交通量持续保持稳定增长态势，客货总体交通量从2011年的2.440 5亿辆增长至2019年的7.495 8亿辆，年均增长率达15.06%，如图1-14所示。截至2019年年底，全省高速公路网客车交通量6.307 5亿辆，同比增长8.79%；货车交通量1.188 3亿辆，同比增长1.84%；ETC交通量3.554 1亿辆，同比增长42.27%。

从客货构成来看，四川省高速公路网上交通运行主要以客车居多，客货比为5.31∶1。其中，客车主要以中小客车为主，Ⅰ型小客车约占客车总交通量90%以上；

货车主要以中小货车为主,两轴、三轴货车量约占货车总交通量的 60%以上,如图 1-15 和图 1-16 所示。

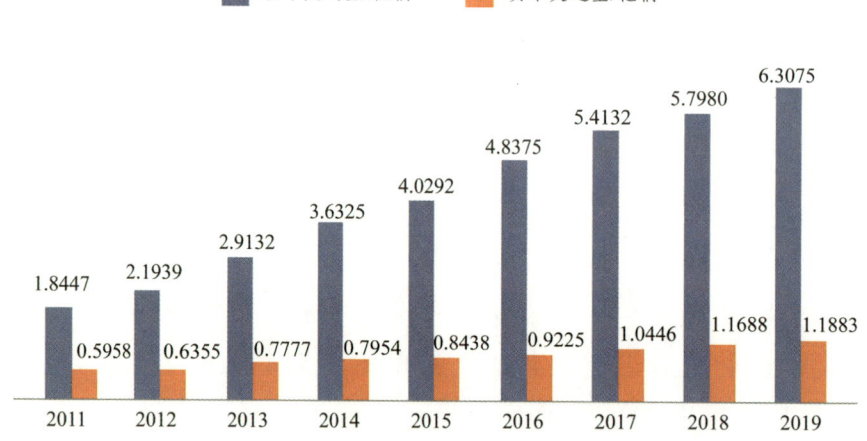

图 1-14　四川省高速公路网的客货车交通量变化

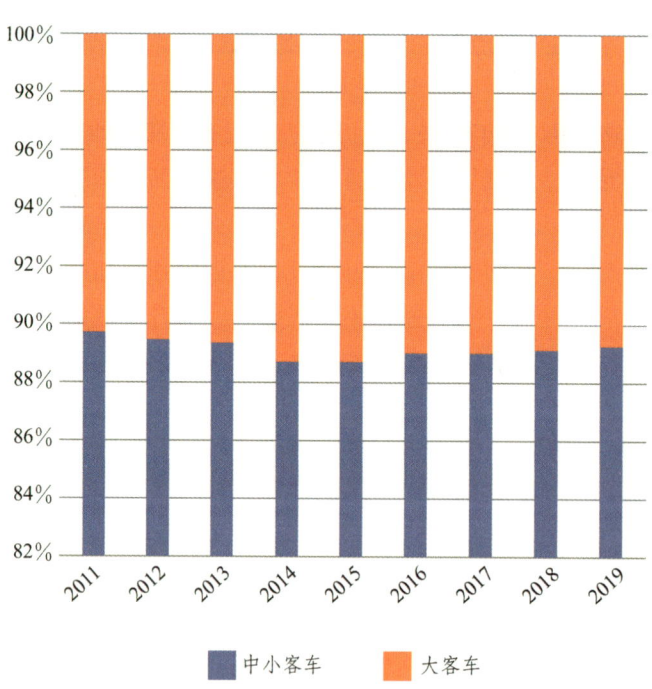

图 1-15　四川省高速公路网交通流的客车构成变化

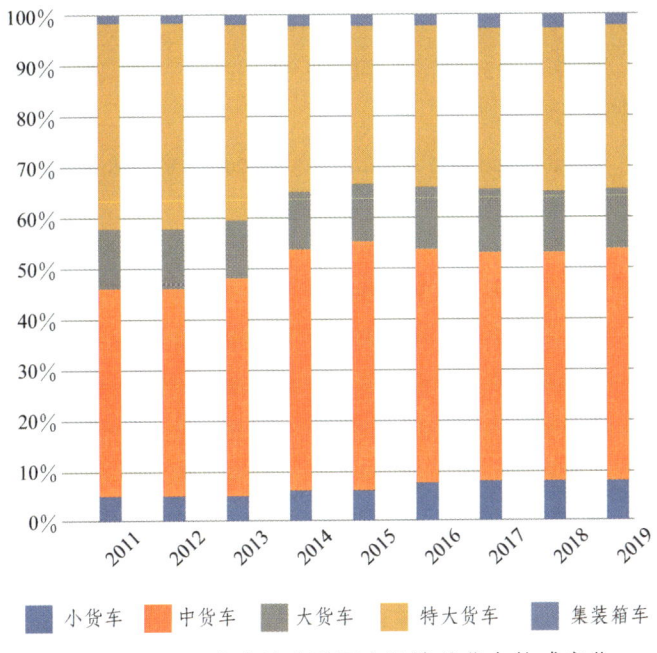

图 1-16 四川省高速公路网交通流的货车构成变化

2. 路段交通量

四川省高速公路网的总体交通量呈现逐年递增态势,交通量较大的路段数量不断增多,并且主要的大交通量路段均分布于成都市及其周边,尤其集中于 SA2 成都第二绕城高速公路的围合区域以内。如图 1-17 所示,2015—2019 年全省主要高速公路交通量,除了 G0512 成乐高速公路因扩容改造分流影响同比减少 11.06%,G5 京昆高速公路广陕段因养护施工影响同比减少 20.51% 之外,其余高速公路均有不同程度增长;其中,G4202 成都绕城高速公路的交通量最大,截至 2019 年底日均交通量达到 18.56 万辆,同比增长 6.87%。

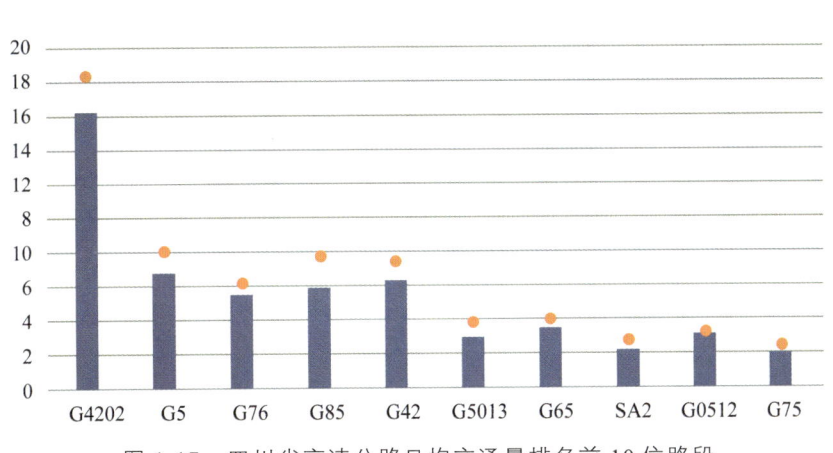

图 1-17 四川省高速公路日均交通量排名前 10 位路段

四川省高速公路网的路段客货车分布如图 1-18 所示，排名前 8 位的高速公路货车比例均超过了 50%。其中，G5012 恩广高速公路、G75 兰海高速公路、G65 包茂高速公路的货车占比更是接近 60%。

图 1-18　四川省高速公路货车占比排名前 10 位路段

1.3.2　服务质量情况

1. 通行速度

随着高速公路交通量的持续快速增大，四川省高速公路网的车辆平均运行速度整体呈逐年降低态势，2015—2019 年的平均年降低率达到 2.59%。其中，客车的运行速度降低最为显著，货车的运行速度相对较稳定，如图 1-19 所示。

图 1-19　2015—2019 年四川省高速公路网通行速度变化趋势

从图 1-20 所示的四川省出现车辆平均运行速度下降较明显的路段分布来看，全年平均运行速度较高的路段，其年均车速下降相对较严重，但是，全年速度较低的 S6 成都双流机场高速公路、S1 成万高速公路、G4202 成都绕城高速公路均位于成都市内，受早晚高峰交通流影响较大，速度波动的离散性较为明显。

图 1-20　四川省高速公路通行速度排名后 10 位路段

从图 1-21 所示的四川省高速公路车辆平均运行速度较低的市（州）分布情况来看，成都、攀枝花、广元、宜宾、绵阳 5 市的高速公路速度较低，其中，攀枝花市的高速公路里程较短、货车流量较大，速度波动差异性显著。

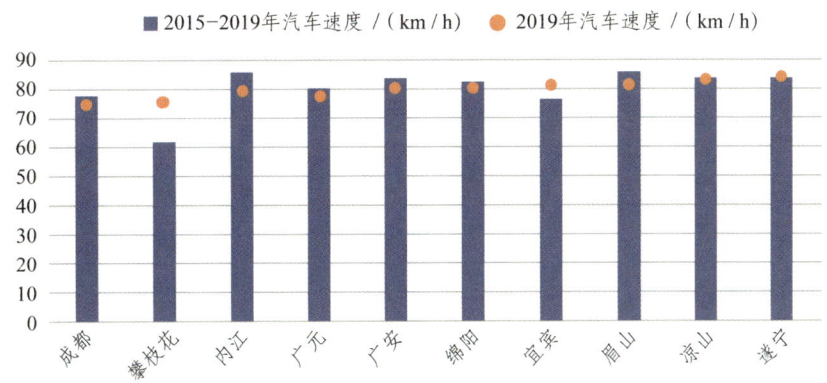

图 1-21　四川省高速公路速度排名后 10 位地区

2. 拥堵情况

按照交通运输部路网监测与应急处置中心对高速公路交通运行状态和拥挤度的分级标准（见表 1-8），将四川省公路交通情况调查系统和高速公路联网收费数据库统计的全省高速公路断面交通量与设计交通量相比，得到如表 1-9 所示的 2015—2019 年全省高速公路拥挤度变化情况。可见高峰时段处于"中轻度拥堵"状态的路段里程占比连续五年超 60%，处于"畅通"状态的路段里程比例则连年降低，四川省高速公路网的总体通行效率持续下降，部分路段拥堵情况日益严重。

表 1-8　交通运行状态分级

序号	拥挤度	交通运行状态
1	0~0.17	畅通
2	0.18~0.34	基本畅通
3	0.35~0.65	轻度拥堵
4	0.66~1.00	中度拥堵
5	>1.00	严重拥堵

表 1-9　2015—2019 年四川省高速公路网高峰时段拥堵情况统计

交通运行状态	2015 年	2016 年	2017 年	2018 年	2019 年
畅通	0.00%	9.58%	4.54%	2.96%	3.16%
基本畅通	9.06%	8.67%	16.11%	18.96%	12.60%
轻度拥堵	90.94%	60.38%	58.81%	33.00%	10.53%
中度拥堵	0.00%	21.37%	20.54%	44.41%	54.06%
严重拥堵	0.00%	0.00%	0.00%	0.67%	19.64%

如图 1-22 所示，四川省高速公路网拥挤度逐年递增，且年增长率基本保持在 10% 以上，路网拥堵情况日益严重，缓堵保畅工作刻不容缓。

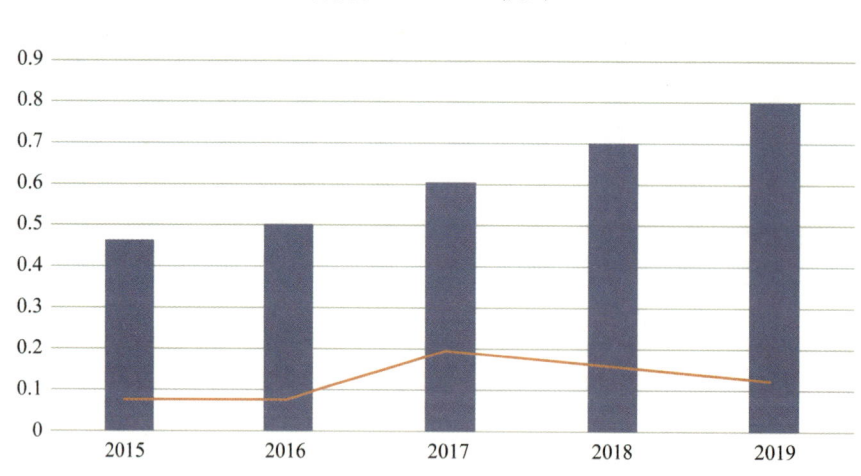

图 1-22　2015—2019 年四川省高速公路网拥挤度变化情况

从图 1-23 所示的 2015—2019 年四川省高速公路网易发生交通拥堵路段分布来看，拥挤度较高的 G4202 成都绕城高速公路、S6 成都双流机场高速公路均位于成都市内，反映出成都市作为我国西南地区的重要交通枢纽，部分高速公路的通行量已趋于饱和，需要尽快对高速公路网进行扩能改造，以增加其总体通行保畅可靠性。

从图 1-24 所示的 2015—2019 年四川省高速公路网易发生交通拥堵路段市（州）分布来看，成都、德阳、眉山、乐山、资阳 5 市高速公路拥堵程度排名靠前，需要加强高速公路缓堵保畅工作，防止拥堵态势进一步恶化。

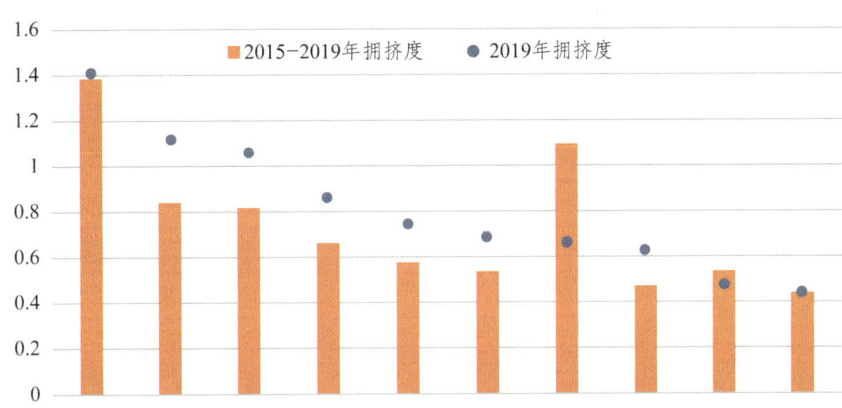

图 1-23　四川省高速公路拥挤度排名前 10 位路段

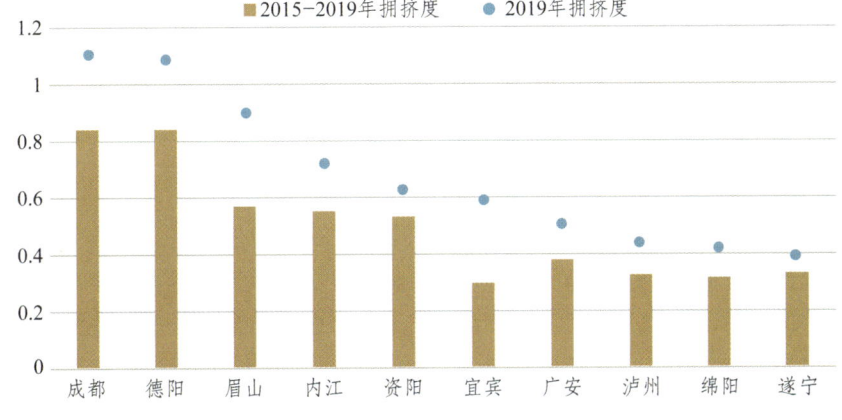

图 1-24　四川省高速公路拥挤度排名前 10 位市（州）

四川省高速公路网的交通拥堵与节假日交通量变化密切相关，发生较密集的路段主要集中在中心城市至地区枢纽城市、主要旅游景区的高速公路辐射放射线及其联络线、过境线、连接线，并且有极强的潮汐特征，在节假日前半程以离开中心城市为主，在节假日后半程以返回中心城市为主。根据北京掌行通信息技术有限公司发布的《2019年国庆假期四川路网运行分析评估报告》，当年四川省国庆假期高速公路的拥堵路段主要集中在爆发性大流量区域的高速公路分汇流路段、桥隧路段、繁忙服务区、灾损抢修施工区、热门景区相关和易受恶劣天气影响等通行能力瓶颈路段，尤其是货车比例较高的路段最易导致缓行或拥堵情况发生，如表 1-10 所示。

表 1-10　2019 年国庆假期高速公路拥堵路段

排名	公路编号	拥堵路段	拥堵主要原因
1	G4215	永兴服务区至富加段	长隧道，汇流路段，车道减少
2	G5	蒲江至雅安北段	汇流路段，交通量大，抢修施工占道

续表

排名	公路编号	拥堵路段	拥堵主要原因
3	G42	仓山至义和段	汇流路段，长大纵坡，交通量大
4	S2	福洪枢纽至兴隆段	长隧道，汇流路段，交通量大
5	G4217	绵虒至汶川段	基础设施严重受损，通行能力下降
6	G4202	全路段	分汇流段，交通量大
7	G5	双流南至青龙场枢纽段	汇流路段，交通量
8	G76	资阳至石盘段	交通量大
9	G4217	崇义至都江堰西段	通往多个热门景区道路，交通量大
10	G5013	简阳东至童家枢纽段	汇流路段，交通量大

除了交通量增加造成的交通拥堵之外，"十二五"以来四川省高速公路路网发布的各类阻断事件数量也逐年递增，且年均增速达到 44.68%，如图 1-25 和图 1-26 所示。其中，计划性阻断信息报送发布远高于突发性阻断信息报送发布增速，而突发性阻断信息中的恶劣天气原因占比逐年降低，大交通流等其他类原因的占比逐年攀升。

3. 信息化水平

"十二五"以来，四川省高速公路信息化管理水平和出行信息发布的及时性和准确性显著提升，在基本实现对主干线的交通广播、移动通信信号，以及对服务区的免费 WiFi 服务、信息查询服务的全覆盖基础上，整合微信、微博等信息发布渠道和开发熊猫高速 App，并将道路信息与高德、百度共享，实现阻断信息及时发布和路况查询、一键救援等功能，建立了包括交通广播、可变信息板、互联网在内的多渠道、高频率、全覆盖信息发布体系。

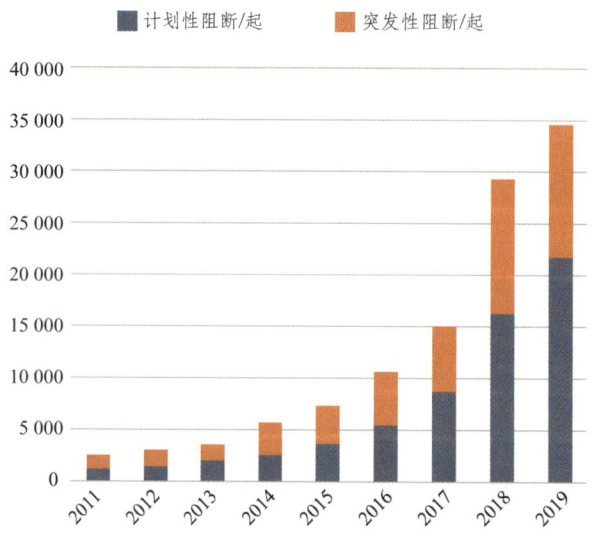

图 1-25　2011—2019 年四川省高速公路阻断事件统计

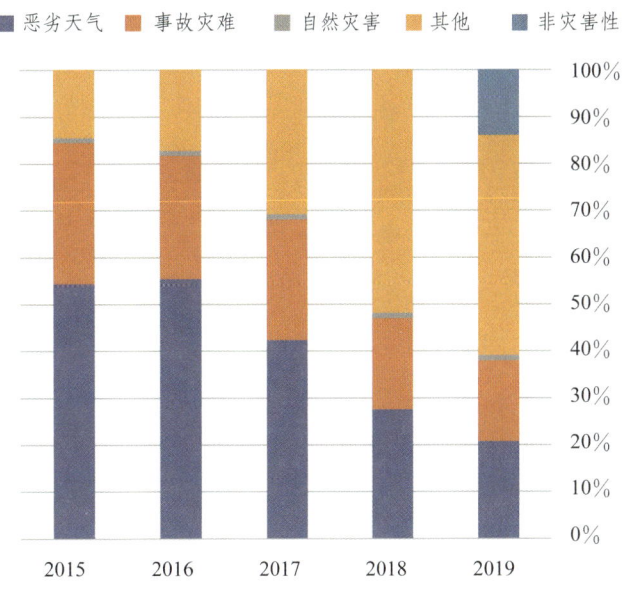

图 1-26　2015—2019 年四川省高速公路阻断原因分布

1.3.3　交通安全情况

1. 交通安全整体形势

得益于高速公路安全管理机制的建立健全和技术手段的持续改进，四川省近年来的高速公路交通安全形势总体向好。对 2017—2019 年全省高速公路交通事故的统计结果表明，一般以上交通事故发生量持续降低，同时保持了 3 年无重大、特别重大交通事故发生，如表 1-11 所示。

表 1-11　2017—2019 年四川省高速公路交通事故统计

年度	事故总数/起	道路运输事故/起	一般事故/起	较大事故/起	重大事故/起	特大事故/起
2017	523	136	514	9	0	0
2018	426	84	425	1	0	0
2019	327	105	326	0	0	0
合计	1 276	325	1 265	10	0	0

2. 交通事故分布特征

（1）月度分布。

四川省高速公路交通事故的月份分布差异明显，并且各年度的月度变化规律也不尽相同，但总体来看，每年的 1 月、4 月、7 月和 8 月等月份的交通事故相对多发，而 3 月和 10 月、11 月的交通事故相对发生较少，如图 1-27 所示。

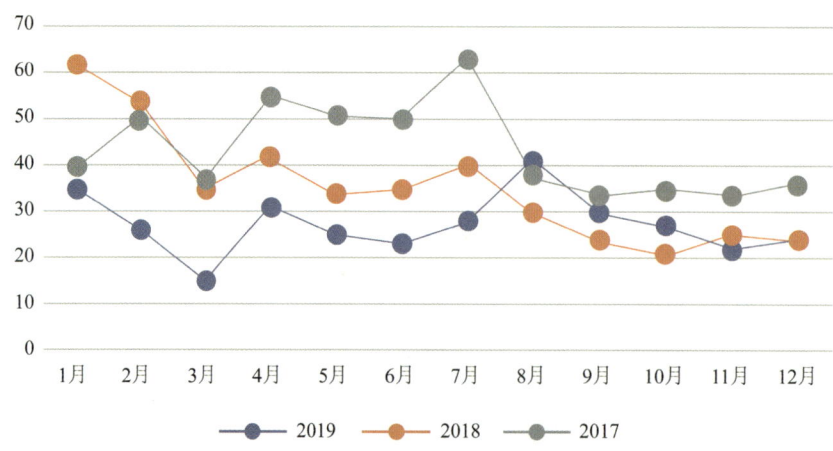

图 1-27　2017—2019 年四川省高速公路交通事故数月变情况

（2）伤亡分布。

2017—2019 年，四川省高速公路虽无重大、特别重大交通事故发生，但事故造成的死亡人数和重伤人数却分别占到了同期伤亡总人数的 49.40% 和 10.10%，如图 1-28 所示，需要进一步采取有效的交通安全管理措施，降低交通事故的严重程度。

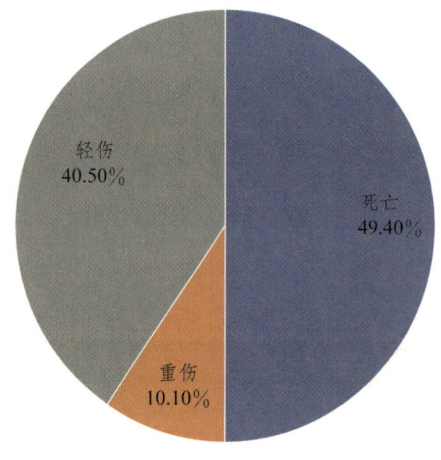

图 1-28　2017—2019 年四川省高速公路交通事故伤亡分布

（3）天气分布。

四川省高速公路交通事故中，发生于晴天的事故占 55.98%，发生于阴、雨、雪、雾等不良天气的事故占 44.02%，如图 1-29 所示。根据当地的气候环境和天气特征判断，天气因素与事故发生之间具有明显相关性。

（4）成因分布。

从四川省高速公路交通事故的形成原因来看，由驾驶员操作不当引发的事故居于首位，共 1 031 起，占总事故的 81.57%；由汽车机械故障引发的事故次之，占总事故的 2.37%；而值得注意的是由行人违法横穿高速公路等其他原因造成的事故占总事故的 15.51%，如图 1-30 所示。

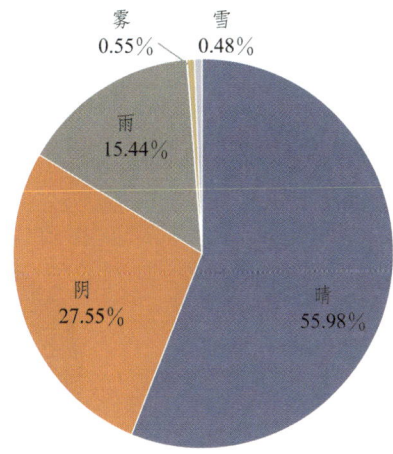

图 1-29　2017—2019 年四川省高速公路交通事故天气分布

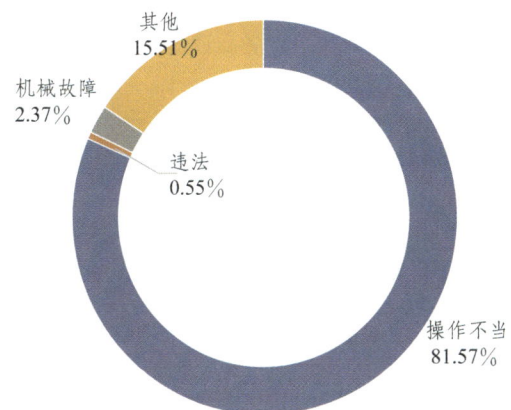

图 1-30　2017—2019 年四川省高速公路交通事故成因分布

（5）车型分布。

如图 1-31 所示，四川省高速公路交通事故的车型分布以货车最多，共 722 起，占总事故的 56.58%；其次是轿车，共 484 起，占总事故的 37.93%。

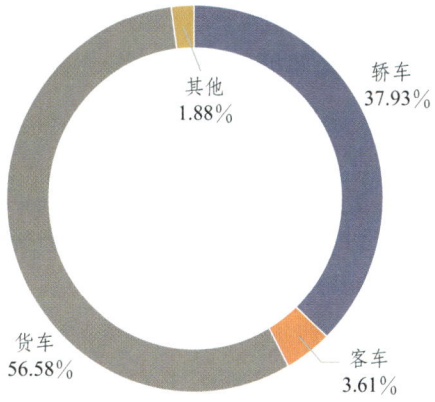

图 1-31　2017—2019 年四川省高速公路交通事故车型分布

（6）形态分布。

四川省高速公路交通事故中以汽车碰撞汽车事故的占比最高，占全部事故的73.00%；其次是汽车碰撞行人事故、占全部事故的15.51%；而汽车发生坠落、燃烧等其他形态事故的占比相对较少，如图1-32所示。

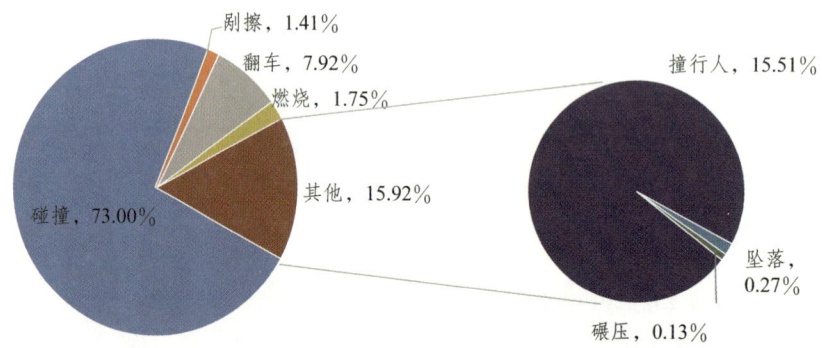

图1-32　2017—2019年四川省高速公路交通事故形态分布

1.4　四川省高速公路扩改建设现状

四川省高速公路以双向四车道为主，在部分路龄较长的路段普遍存在着交通流量大、车型构成复杂和交通拥堵常发、服务水平偏低等问题，难以适应地方经济社会发展和居民生活出行对公路快速交通的要求，迫切需要对部分交通饱和度较高路段实施扩容改造。然而相比国内其他省份，四川省高速公路扩改工程起步较晚。截至2019年底，四川省仅完成了对成彭高速公路、成乐高速公路青龙场至眉山试验段的扩改工程建设，对成绵高速公路、成南高速公路、成渝高速公路等路龄较长、拥挤度较高、交通量较大的高速公路从2020年起才陆续开始进行扩改建设。

1.4.1　成乐高速公路扩改工程

G0512成乐高速公路是《国家公路网规划（2013—2030年）》中重要的联络线之一，是连接成都与眉山、乐山两市最为便捷的高速公路大通道，也是连接成都双流机场的又一条快速通道。成乐高速公路于1999年建成，采用设计速度100 km/h、双向四车道高速公路标准建设，自建成通车以来，交通量一直保持较高增长速度。其中，青龙场至眉山段2015年现状观测交通量为37 153 pcu/d，达到设计交通量的70%，周末、节假日因旅游交通量激增而产生常发性交通拥堵事件。为有效优化区域高速公路网结构，有力提升成都至乐山方向的交通承载能力，切实解决成乐高速公路常发性拥堵问题，全面提高交通出行服务质量水平，四川省发展和改革委员会于2017年正式核准成乐高速公路实施扩改建设。

成乐高速公路扩改项目主线起于成都市三环路川藏立交，止于乐雅高速公路冷山枢纽互通，全长约 138.4 km，采用沥青混凝土路面，分段选取技术标准。其中，起点至青龙场段长约 41.51 km，采用新线方案扩改建设，并且对起点至成都绕城高速公路段长约 2.95 km 采用设计速度 80 km/h、路基宽度 28.5 m、双向 6 车道高速公路技术标准；对成都绕城高速公路至青龙场段长约 38.56 km 采用设计速度 120 km/h、路基宽度 42 m、双向 8 车道高速公路技术标准；青龙场至辜李坝段长约 85.55 km，采用原路加宽方式扩改建设，设计速度 100 km/h、路基宽度 41 m、双向 8 车道高速公路技术标准；新建乐山城区过境线长约 11.36 km，采用新线方式扩改建设，设计速度 100 km/h、路基宽度 33.5 m、双向 6 车道高速公路技术标准。

成乐高速公路是四川省首批实施扩改建设的最大规模在役高速公路，为了确保项目建设施工期间的区域路网通行顺畅，探索总结原路扩改建设施工与交通组织、安全管理技术及经验，为整个工程建设项目的顺利推进打下坚实基础，扩改项目按照工程总体规划采取分段建设施工方案，先期选取了靠近成都的青龙场至眉山段作为试验段，于 2017 年 4 月 25 日开工建设。

如图 1-33 所示，青龙场至眉山试验段总体呈南北走向，起于青龙互通立交，向南经眉山市彭山区的彭山互通，到达终点眉山互通立交以南。试验段全线长 28 km，采用设计速度 100 km/h、路基宽度 41 m，双向 8 车道高速公路技术标准，设计洪水频率特大桥取 1/300，大、中、小桥、涵洞及路基取 1/100，扩改方式采取"原路加宽+双侧拼接"形式进行扩改建设，并同步扩改全线交通工程及安全设施、技术等级为 A 级。扩改建设期间总体按照"边通车、边施工、边收费"的原则进行施工与交通组织。

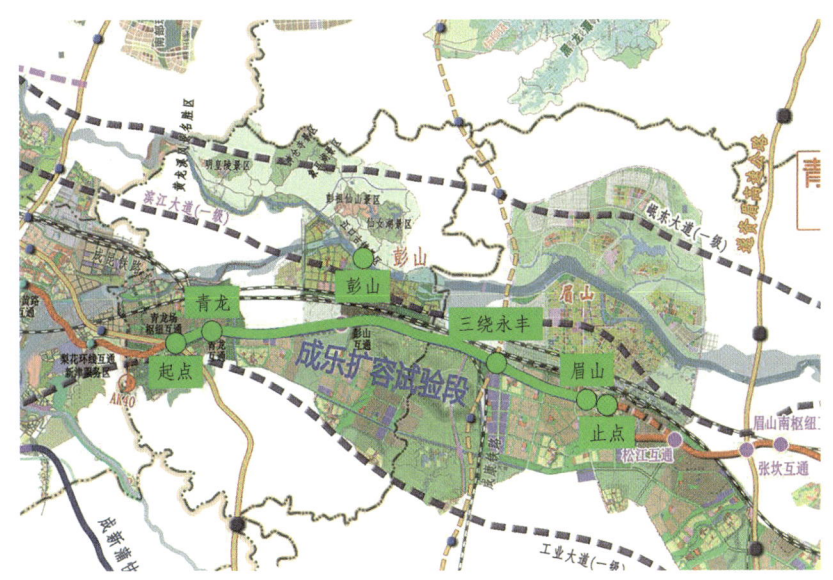

图 1-33　成乐高速扩改工程试验段概况

成乐高速公路青龙场至眉山试验段的扩改工程采用设计施工总承包（EPC）模式发包建设，于 2019 年 12 月建成通车，扩改建设前后的对比情况如图 1-34 和图 1-35 所示。

在试验段建设过程中探索、验证并积累的相关施工组织与交通安全管控技术和经验，对成乐高速公路后续待扩改路段以及未来其他高速公路的扩改工程建设具有借鉴和指导价值。

图 1-34　成乐高速公路试验段扩改前情况

图 1-35　成乐高速公路试验段扩改后情况

1.4.2　其他高速公路扩改工程

除成乐高速公路外，四川省还有成彭高速公路、成南高速公路、成绵广高速公路、成渝高速公路等其他高速公路同期或陆续开始实施扩改建设。

1. 成彭高速公路扩改工程

成彭高速公路是 S1 成万高速公路的成都至彭州段，于 2004 年 10 月 1 日建成通车，全长 19 km，双向 4 车道，起于成都绕城高速公路大丰立交桥，经新都区新繁街道办，止于彭州市牡丹大道。随着沿线区域经济快速发展，成彭高速公路交通量快速增长，到 2015 年底，成都出入城路段交通量高达近 8 万辆/日，交通出现严重拥堵状况。为提高成彭高速公路转换效率，缓解交通拥堵状况，提升通行能力和服务水平，该路于 2016 年 10 月开工实施扩改建设。

成彭高速公路是四川省首条实施"四改八"扩改高速公路。扩改工程起于金丰高架桥，止于成彭高速公路与成绵复线高速公路互通立交桥匝道起点，并由四段组成，全线长 18.44 km。其中，起点至新成彭高速公路主线收费站段采用一级公路标准，设计速度 60 km/h，双向 6 车道，路基宽度 26 m；新成彭高速公路主线收费站至大丰枢纽立交止点段采用高速公路技术标准，设计速度 80 km/h，双向 6 车道，路基宽度 31 m；大丰枢纽立交止点至成都第二绕城高速公路段采用高速公路技术标准，设计速度 100 km/h，双向 8 车道，路基宽度 38.5 m；成都第二绕城高速公路至止点段采用高速公路技术标准，设计速度 100 km/h，双向 6 车道，路基宽度 33 m。

成彭高速公路扩改项目总投资 20.36 亿元，共需扩孔延长、新建或加宽桥梁 40 座，新建或加长涵洞及通道 101 道，对金丰高架、大丰互通、龙桥互通、新繁互通 4 座互通式立交实施改造，并同步建成全线智能管理系统，使 ETC 车道占比达到 61%。项目建设采用顶升高架分离道路、厂拌冷再生沥青混凝土施工技术，并以"边改造建设、边缓堵保通、边保收促收"为原则进行交通组织。

成彭高速公路扩改工程于 2018 年 7 月 12 日竣工通车，扩改前后的情况如图 1-36 和图 1-37 所示。

图 1-36　成彭高速公路扩改前情况

图 1-37　成彭高速公路扩改后情况

2. 成南高速公路扩改工程

成南高速公路是指 G42 沪蓉高速公路的四川境内成都至南充段，是国家"十纵十横"综合运输大通道中横六线"沿江运输通道"的组成部分。该路于 2002 年建成通车，全线采用高速公路标准建设，线路全长 215 km，有双洞隧道 2 座（1 482 m），特大桥 3

座（4 344 m）。

由于成南高速公路的成都方向入城段和成巴高速共线，节假日拥堵情况较为严重，2018年9月四川省发展和改革委员会核准该路全线实施扩改建设，并于2020年6月实质性开工建设，预计2023年建成通车。项目采用"原路加宽为主、局部新建复线"方式进行扩改建设，扩改线路起于南充东观枢纽互通，止于成都绕城高速螺蛳坝枢纽互通。其中，南充过境线复线段采用高速公路技术标准，设计速度100 km/h，双向6车道；南充韩家湾枢纽至二绕清泉枢纽段采用高速公路技术标准，设计速度100 km/h，双向8车道；成都第二绕城高速清泉枢纽至成都绕城高速螺蛳坝枢纽互通段，采用高速公路技术标准，设计速度120 km/h，双向8车道；成都入城复线段采用新建复线高速公路，起于G4202成都第二绕城高速公路成巴枢纽互通，止于龙港路，采用设计速度120 km/h，双向6车道。

3. 成绵广高速公路扩改工程

成绵广高速公路是G5京昆高速公路在四川境内的重要组成部分，也是四川省规划实施的"一条线"经济交通干线。成绵广高速公路原为双向四车道，并按照当初建设顺序分为成绵高速公路和绵广高速公路两段。其中，成绵高速公路全长92.27 km，于1988年12月建成通车，路基宽度约24 m，设计行车速度100 km/h；绵广高速公路全长157 km，于2002年12月建成通车，路基宽24.5 m，设计时速100 km/h。由于所处通道地位重要，成绵广高速公路自建成通车以来交通量逐年增长，路段运行交通压力大，货车占比较高，路段拥挤度大于0.8，拥挤情况日趋严重。为完善全省高速公路网，缓解成绵广高速公路交通压力，提高路网综合服务水平和通道通行能力，促进区域优势资源开发，推动经济社会快速发展，四川省发展和改革委员会于2019年和2020年先后批复对成绵高速公路段和绵广高速公路段实施扩改建设。

成绵高速公路扩改段起于绵阳游仙区魏城镇附近，止于成都绕城高速公路，接成都市龙潭路主干线。项目路线全长约127.5 km，设互通式立交20处、互通连接线6条、连接线长度32.4 km。全线新增交通强国试点任务等信息化工程建设内容，采用双向8车道并分段取不同路基宽度及设计速度高速公路技术标准建设。其中，魏城枢纽至永明枢纽新建段的设计速度100 km/h，路基宽度41.5 m；绵阳南环线原路加宽段的设计速度100 km/h，路基宽度41.5 m；关帝枢纽至成青枢纽新建段的设计速度120 km/h，路基宽度42 m。

绵广高速公路扩改段起于广元市周家河，接已建的G75兰州至海口高速公路广元至南充段，经广元市昭化区、剑阁县、止于绵阳市魏城镇东南侧，与先期开工建设的成绵高速公路扩改段相接。项目路线全长约124 km，其中桥梁长约42 km、隧道长约34 km，并设12处互通式立交、10条互通立交连接线。全线采用双向六车道高速公路标准建设，设计速度120 km/h，路基宽度34.5 m。

4. 成渝高速公路

成渝高速公路是指 G76 厦蓉高速公路的成都至重庆段，起于四川省成都市，并经省内的资阳市和内江市，接重庆市荣昌区，路线全长 337.5 km，设双向 4 车道，设计速度 80 km/h。作为川渝地区建成通车的第一条高速公路，该路自 1995 年 9 月全线竣工通车以来，虽然随着周边其他高速公路、高速铁路的陆续建成开通而不再是成渝间的唯一高速通道，但在二十余年的时间里交通量一直持续增长，并且货车占比较高，连续多年拥挤度大于 1，路段拥堵较为严重，亟待扩容升级改造。

成渝高速公路采取"原地扩容+新建段落"方式，按双向 8 车道高速公路标准进行扩改建设。根据扩改工程项目设计方案，项目推荐路线起于成都高洞附近，新建复线接东西轴线；后偏离东西轴线经石盘至成都第二绕城高速（二绕）外侧并入既有成渝高速公路；二绕至成都第三绕城高速（三绕）段经简阳原路扩改建设；路线自三绕内侧新建复线偏离原成渝高速公路，跨沱江、经资阳城区北侧、资中城区北侧至内江双才镇附近接在建内江绕城高速公路；内江城区利用在建内江绕城高速公路北段扩改建设；在田家附近偏离内江绕城高速公路，新建复线经界市镇北侧、周兴镇南侧，在川渝界（桑家坡）接待建成渝高速公路扩改工程重庆段。项目全线新建大中桥梁 177 座，利用成渝高速公路桥梁（桥梁上部构造拆除新建、墩台利用）17 座；新建隧道 1 座，设互通立交 31 处，其中主线 28 处，隆昌连接线 3 处；改建石桥服务区，新设服务区 2 处，新设停车区 3 处。

1.4.3 扩改建设存在的问题

随着成渝地区双城经济圈建设和各高速公路沿线经济社会发展，为提升高速公路网的通行能力和服务水平，四川省内部分建成较早的高速公路已逐渐进入扩改建设的高峰期。为保障高速公路扩改建设期间的交通安全与畅通，四川省交通运输厅于 2020 年 7 月 10 日发布实施了《四川省高速公路改扩建施工保通保畅指南（试行）》，但由于四川省开始实施高速公路扩改的时间短、任务重，相比东、中部地区缺少高速公路扩改工程建设经验，加之地理区位特殊、环境条件复杂，在工程建设施工和交通安全保障技术与措施方面仍存在不少问题与不足。

1. 缺乏适合地方需要的标准规范

四川省高速公路扩改工程起步较晚，虽然能借鉴国内已有高速公路扩改工程的成功经验，但由于我国高速公路扩改建设总体上起步较晚，相关工程技术和标准仍处于进一步探索总结阶段。目前，全国高速公路扩改工程的设计和施工主要依据《公路工程技术标准》（JTG B01—2014）、《高速公路改扩建设计细则》（JTG/T L11—2014）及《高速公路改扩建交通工程与沿线设施设计细则》（JTG/T L80—2014）。但我国幅员辽阔，各地区的自然环境、建筑材料、施工条件等影响高速公路扩改工程因素差异较大，使得部分标准在具体适用中仍存在诸多条件、技术、方法等不合的情况，有必要针对这些地方差异探讨相关适用的工程设计、施工技术和方法。尤其是建设施工期间的交通组织与安全管控问题与当地的经济社会区位和发展形态、发展水平，以及路网条件等因素息息相关，在实践中需要结合当地实际情况制订切实有效的实施方案。然而，目前各地采用的交通组织方法差异较大、水平参差不齐，探索过程与研究多有重复，对四川的借鉴作用有限，需要及时探索总结已有工程建设经验和相关新技术、新方法，制订地方性高速公路扩改工程技术标准规范。

2. 尚未形成系统保障方案

高速公路扩改工程涉及内容广泛，既包括扩改方式选择、路线设计、施工工艺、分流交通组织、作业区设置、临时交通设施设置技术，又包括相关方案的审批、实施、应急管理机制等。目前，在部分关键问题上已有一些研究成果，但这些研究成果相对较为零散，未能形成系统框架和完整体系，在实际高速公路扩改工程项目中的应用过程往往存在简单化、堆砌化的现象，对适用环境、交互影响、系统完善等重要问题考虑不周，缺乏行之有效的综合性交通保障方案。

3. 对于管理体制机制研究较少

高速公路扩改工程是一个复杂的系统性工程，不仅需要采用先进的建设施工技术和制订合理可行的施工组织方案与交通组织、交通安全管控方案，还需要通过高效的管理机制和有效的过程管控来保障这些技术和方案的落实到位，才能获得工程建设和交通安全保畅的预期效果。目前，关于高速公路扩改工程的研究主要集中在扩改方式选择、设计细则以及交通组织方案制订等方面，对相关的施工作业与交通安全管理机制、过程管控方法研究较少，对实际的扩改建设管理尚需持续深入研究。

1.5 四川省高速公路扩改建设发展趋势

随着我国区域协调发展战略深入推进，西部大开发依然面临艰巨繁重的任务。四川省作为我国西部地区的人口大省和经济强省，需要进一步强化区域交通基础设施建设，扩大既有通道能力，协同衔接长江经济带发展，提升物流发展质量和效率。高速公路作为交通运输骨干通道，提能升级的扩改建设也日显迫切。

1.5.1 扩改建设需求

1. 经济社会发展要求

进入 21 世纪以来，四川省的经济社会发展取得显著成效，地区生产总值增长速度持续保持在 7.5% 以上。尤其在 2020 年，面对突如其来的新冠肺炎疫情冲击和复杂严峻的宏观经济形势，全省经济仍持续回升、稳步向好，顺利完成全年主要目标任务。据四川省统计局 2020 年四川经济形势新闻发布，当年全省地区生产总值 48 598.8 亿元，比上年增长 3.8%。

目前，四川省处于由工业化中前期进入工业化中后期阶段，既面临深度老龄化加速、国际贸易不确定性增多、经济下行压力增大等新形势下的严峻挑战，也面临国家推进"一带一路"建设、实施长江经济带战略、新一轮西部大开发战略和军民融合发展战略等重大发展机遇，对外开放力度持续加大，内陆地区发展的引擎作用日趋凸显。作为全国交通大省，高速公路交通运输作为国民经济社会发展的战略性、先导性、基础性和服务性的行业，在四川省全面迈入现代化经济强省的建设加速发展阶段，面临着"量"与"质"同步提升的全方位考验，需要积极增建设、提品质、强能力，为现代化经济体系建设提供坚实支撑。

2. 交通运输发展需求

据四川省交通运输发展战略和规划科学研究院编制的《四川省综合立体交通网规划纲要——未来综合运输需求预测专题（2021—2050 年）》报告，预计至 2025 年、2035 年、2050 年，全省综合交通客运量（公路含小汽车客运量）年均增长率将分别达到 5.61%~6.36%、2.84%~3.21%、0.67%~1.19%，货运量年均增长率将分别达到 4.47%~5.05%、2.13%~2.00%、0.63%~1.41%。为适应四川省交通运输加快发展需要，全省交通运输网络覆盖范围将进一步扩大，运输网络通行能力和效率进一步提升，根据四川省综合运输战略规划，全省未来将形成以成都为中心的"四向八廊"运输大通道，即向东的长江北走廊、长江南走廊，向南的川黔粤桂走廊、川滇走廊，向西的川藏走廊、川甘青走廊以及向北的川陕京/川陕蒙走廊。

目前，四川省的高速公路分布与经济发展紧密联系，其中甘孜、阿坝、凉山三州地区的路线分布明显不足，在全省 49 个不通高速公路的县（市、区）中，有 40 个集中在上述地区（甘孜 16 个、阿坝 10 个、凉山 14 个）。整体路网中以双向 4 车道路线为主，6 车道、8 车道及其以上车道路线的占比仅为 9.07%，较全国平均水平低 6.81 个百分点，居全国第 16 位。其中，成绵高速公路、成南高速公路、成乐高速公路、成雅高速公路、成渝高速公路等主要通道能力不足，路网供需结构矛盾相对突出，亟需进行改造升级，提高通道交通运输能力。

3. 交通强省建设驱动

按照中共中央国务院《交通强国建设纲要》关于"建设现代化高质量综合立体交通网络"的要求，四川省结合交通强省建设战略需要，确立了"四向拓展、全域开放"和"一干多支、五区协同"的区域交通总体发展格局，全力推进全省高速公路高质量发展。

如图 1-38 所示，依据四川省交通运输发展战略和规划科学研究院编制的《四川省综合立体交通网规划纲要——公路专项规划（2021—2050 年）》，预计全省高速公路到 2035 年的通车里程将达到 $1.61×10^4$ km，并建成"高速化"路线 1 900 km，实现"省会多路放射、省际密切联系、地市互联互通、县县快捷连接"，到 2050 年将全面建成以国家高速公路为骨架、以省级高速公路为补充的四川省高速公路网，高速公路通车里程达到 $1.80×10^4$ km，路网密度达到 3.7 km/100 km^2，力争"县县通高速"，与邻省联系畅通、省内连通高效、国防保障有力，实现"人便于行、物畅其流、开放高效"。

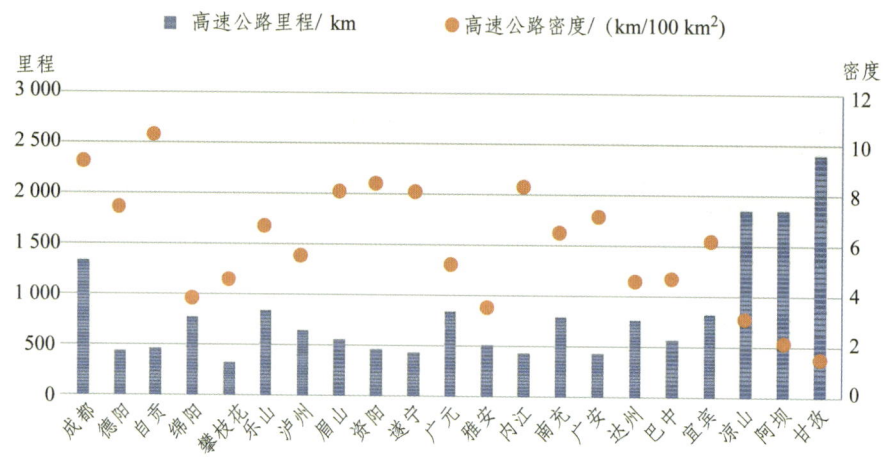

图 1-38　四川省高速公路 2050 年远期规划

按照四川省高速公路发展规划及走廊布局，结合高速公路交通运输需求预测结果，在对外联系大通道同方向上除新建加密高速公路外，将有很大一部分高速公路需要在原有基础上进行改造升级，这也符合土地集约利用、协调区域经济发展及高质量智慧交通建设的新趋势。

1.5.2　扩改建设发展趋势

1. 总体发展趋势

交通运输部《关于高速公路改扩建工程中有关技术问题处理的若干意见》要求，在高速公路扩改规划设计阶段应结合国家路网规划，论证扩改工程对交通与安全的影响，最终确定对已有高速公路进行旧路扩改建设还是路网加密建设。在役高速公路的行车舒适性、通达效果与道路服务水平降低是进行扩改建设的重要原因，而这些因素无一不受交通流中的货车占比影响。据统计，国内已有高速公路扩改工程案例在扩改前的货车比例均达到 40% 以上，其中京港澳高速公路安新段在扩改前的货车比例更是高达 70%。一般认为，当高速公路服务水平较低且货车比例达到或超过 40% 时，应考虑进行扩改建设。

高速公路扩改建设项目应根据《公路工程技术标准》（JTG B01—2014）进行方案论证比选，同时坚持"安全第一、科学规划"原则，优化配置交通骨干网络，全面提升交通基础设施本质安全，从而提高路网运行的安全性、可靠性。四川省作为西部纵深发展着力点，高速公路扩改工程规划、设计等应具有大局思维，满足区域经济、政治、文化、社会、生态等功能需求，在灾害应急救援、路段保通保畅等方面服务大局，切实增强全省高速公路对"一带一路"、长江经济带、西部大开发、成渝地区双城经济圈、西部陆海新通道的引领与服务作用。

公路交通是陆上交通的重要组成部分，高速公路扩改工程应突破固有思维模式、统筹融合发展规划，综合考虑多交通方式联系、区域布局规划等因素，从构建现代综合交通运输体系的视角出发，统筹走廊通道、线位资源，融合枢纽布局和站点资源，充分发挥各种运输方式的比较优势和组合效率，结合高速公路在综合运输体系中的功能作用，加强各级公路之间、公路交通和城市交通之间，公路与其他运输方式之间的协调衔接；推进交旅融合发展，借助高速公路扩改工程规划，打造成渝主轴文化特色走廊、巴蜀缤纷文旅廊道等"交通+"模式，形成多极多轴交通网络布局，为区域发展注入新活力。

随着科学技术进步，未来高速公路交通将向智慧化方向发展。高速公路扩改工程要着力提升高速公路基础设施网与通信网、传感网、能源网的融合，大力推动智慧公路技术应用，推动车路协同发展，充分利用科技进步提升网络能力、改善运行效率，实现资源集约利用。

2. 空间分布趋势

按照四川省"突出南向、加强东向、深化西向、扩大北向"的治蜀兴川长远发展战略部署，未来处于东向、南向和北向的各高速公路走廊客、货运密度将增速较快，如图1-39所示。虽然这些方向的高速公路里程将进一步增长、密度也将进一步提高，但部分修建时间较早的高速公路也将由于建设时的公路技术标准较低而逐渐呈现服务水平下降和交通拥堵严重情况，需要有计划地实施扩改建设。例如，位于长江南走廊的成渝高速公路、成南高速公路和位于川陕京走廊的成绵高速公路、绵广高速公路等路段，在近年来的交通运行负荷高，饱和度较高，供需结构矛盾相对突出，亟需进行高速公路扩改建设，提高通道交通运输能力。

从省内各地区情况来看，成都平原经济区、川东北经济区和川南经济区的经济社会发展形势好，公路运输量增速较快，令当地的高速公路运输服务能力面临巨大挑战。但这些地区的土地集约化利用要求高，使新建高速公路项目的受制约程度较大，因此既有高速公路扩改建设对提升当地高速公路运输服务能力，满足区域经济社会发展需求具有相对优势，是解决交通运输供需矛盾的重要途径。目前，全省已经或即将进行扩改建设的高速公路都基本集中于这些地区，如途径成都、资阳的成渝高速公路，途径成都、南充的成南高速公路等。

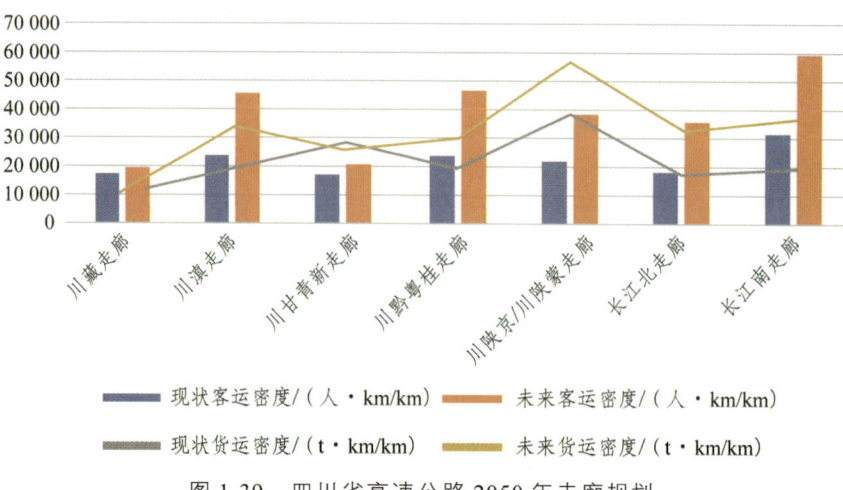

图 1-39 四川省高速公路 2050 年走廊规划

第 2 章 高速公路扩改施工的交通影响及效益分析

与新建高速公路项目不同,对在役高速公路进行扩改建设时需要面对被扩改高速公路已经具有的交通流,需要在扩改工程建设施工的同时,采取必要措施确保这些交通流的正常通行,服务区域经济社会发展和居民生活的交通运输需求。为此,在进行高速公路扩改工程建设前,应当首先研究工程项目扩改方式和施工方式对当地道路交通的影响,科学评价拟采取扩改施工方式的安全效益、经济效益和社会效益。

2.1 高速公路扩改施工方式

高速公路扩改工程的扩改建设方式与扩改施工方式紧密相关,采取不同的扩改建设方式,所能够采用的扩改施工方式也往往有所不同。此外,在具体扩改工程项目中采用何种扩改建设方式和扩改施工方式,还要受项目所在地区的自然环境、土地利用、路网条件和交通运输状况等多种因素影响。

2.1.1 扩改建设方式

高速公路扩改工程的扩改建设方式主要分为单侧加宽、双侧加宽、分离式加宽以及混合式加宽四种。对于具体的待扩改高速公路而言,应结合其所在地区的交通规划、交通现状、地质地形等状况进行分析比较后再做出选择。

1. 两侧加宽建设

两侧加宽建设是高速公路扩改建设的一种常见形式,是指在高速公路的原路基左右两侧进行加宽,并且新修路面与原路面进行拼接,基本保持原有高速公路的线形,通常可以继续使用原道路中央分隔带。这种扩改建设方式主要适用于高速公路红线范围内两边能够同时进行扩建加宽的情况,并且两侧加宽建设能够利用原路线形进行加宽设计。两侧加宽建设方式的优缺点如表 2-1 所示。

表 2-1 两侧加宽建设方式的优缺点分析

优点	为扩改施工的实施提供了有利条件,大大减少了征地和拆迁费用
	新老路的断面能有效组合,路拱规则可以继续使用,路面排水简单
	中央分隔带及内部的排水、通信管道、防撞护栏等设施,可以充分利用
	部分上跨桥梁净空影响不大,主线桥拼宽难度较小,施工较方便
	沿线互通立交,大多为单喇叭型或苜蓿叶型,大部分立交均可通过调整匝道半径,达到匝道线形拟合来完成改建,改动量较小
	工程直接投资相对较少,拼宽后总车道数不超过 8 车道时,两侧加宽方式对断面通行能力的提升效果,比单侧加宽和原路外分离式加宽方式更为明显

	续表
缺点	设计施工技术难度大，施工质量较难控制，特别是新老路基和新老桥梁之间的差异沉降难以控制
	施工工作面小，不利于大型机械开展工作，增加了施工技术难度
	施工需临时中断交通或封闭部分车道，对交通影响较大，增加了交通组织和交通安全保障工作的难度
	拆除重建工作量大。老路加宽后，沿线所有不满足净宽要求的支线上跨桥，互通匝道上跨桥及与主线相连的匝道必须拆除重建或局部改造，路基两侧的防护、防撞护栏等设施，不能重复利用，也需拆除重建
	对于有净空要求的跨河、跨路主线桥梁，加宽改造后受老路横坡的影响，容易导致桥下净高不足
	施工过程中不可预见因素较多，不可预见费用较高，工期相对较长

2. 单侧加宽建设

单侧加宽建设是指高速公路新加宽路基集中在原有道路一侧进行的扩改建设方式，其特点是新老路基的中心线不重合。这种扩改建设方式主要适用于高速公路的某一侧由于道路红线范围内存在不可移动的构造物，而只能在另外一侧进行扩建加宽的情况。单侧加宽建设方式的优缺点如表2-2所示。

表2-2 单侧加宽建设方式的优缺点分析

优点	路基未加宽一侧的边坡防护、排水沟、隔离设施、护栏等设施可以继续使用
	施工对扩改高速公路的交通影响较小，原有高速公路可以维持通行
	新建路基施工集中在原有路基的一侧进行，施工工作面大，有利于大型机械开展工作
缺点	路基中心线发生偏移，平面线形需重新拟合
	原有的中央分隔带改建为行车道之后，其内部原有的设施需拆除，路基加宽侧的设施需拆除重建
	上跨桥梁需拆除重建，原主线桥梁分两幅设置，合并时线形过渡难度大，对高速公路扩改路段交通影响较大
	互通立交加宽侧匝道线形调整幅度大
	原路面高程存在施工误差、不均匀沉降及曲线超高过渡，新老路面高程协调难度大

3. 分离式加宽建设

分离式加宽建设是指在原有高速公路的两侧或一侧适当位置新建两条单向或一条双向高速公路，与原路一起组成更多车道的高速公路扩改建设方式。这种方式主要适用于为了方便跨越某些桥梁、互通或地质环境受限的路段，以期达到降低扩改对其他构造物的影响或降低工程量而采用的加宽方式，并且一般只在局部路段采用。一般情况下，分离式加宽建设的平面线形会与原路分离设计，纵断面也会重新设计，因此相比其他扩改建设方式具有如表 2-3 所示的优缺点。

表 2-3 分离式加宽建设方式的优缺点分析

优点	施工期间对现有交通干扰小，可以维持现有高速公路的功能
	施工质量相对于容易控制，技术风险小
	新路部分可以采用以桥代路的方式，适应性较强
	主线上跨桥梁可以最大限度地得到利用，减少废弃工程量
	能较好地解决两侧加宽所引起的主线桥下限界不足问题
	有利于形成快速集散分离的交通组织方式，提高整条通道的通行能力
缺点	占地较多，工程投资相对较高
	快速车道与集散车道之间车辆转换的灵活性受到一定限制
	总车道数不超过 8 车道时，断面通行能力不如直接拼接方式

4. 组合式加宽建设

组合式加宽建设是指由以上双侧加宽、单侧加宽及分离加宽方式中的两种或两种以上组合形式。这种扩改建设方式适用于道路几何线形发生扭曲、平面线形须重新拟合的扩改项目，对降低工程费用支出和社会负面影响都有积极的作用。

2.1.2 扩改施工方式

高速公路扩改项目建设有别于新建项目建设，建设施工对象是已经承担了一定交通量的在用高速公路，在扩改建设过程中，无论采取何种扩改建设方式都必然要对原有高速公路的交通流产生干扰。为了在顺利完成高速公路扩改建设任务的同时，确保社会交通运输正常运转，有必要采取适当的工程施工方式进行扩改工程建设。高速公路扩改施工方式按照施工期间对施工路段交通流的组织方式不同，大体分为全封闭式、半幅封闭式、全幅区分车型分流式、半幅区分车型分流式、开放式、组合式 6 种。

1. 全封闭施工

全封闭施工是将原有高速公路双向全部封闭，待原有交通全部分流至其他邻近道路之后再组织实施施工。对施工现场进行全封闭，保证不受任何交通的干扰，相当于新建工程施工。其交通分流过程主要考虑交通分流对整体路网的影响以及施工方案的合理性。采取全封闭式施工的主要优点在于施工工期大大缩短、交通安全和施工安全易于保障、不需要交通管理人员进行交通管控，但也存在着对原路交通流和用以分流道路的交通影响较大，尤其是平行道路因交通量突增容易造成交通拥堵的缺点。因此，在实际使用时一般采取分段进行，尽可能避免长距离和大范围全封闭施工。此种施工方式要求原有高速公路有平行道路，并且平行道路的路况较好。

2. 半幅封闭施工

半幅封闭施工是非全封闭式施工的一种，是指同时只封闭原有高速公路的半幅进行施工，另半幅保持交通流通行。根据所封闭半幅交通流的转移情况不同，该方式又分为半幅分流施工和半幅双向行驶施工两种施工方式。

半幅分流施工又称半幅单向通行施工，是指将封闭半幅的交通流通过邻近路网进行完全分流，另外未封闭半幅保持正常单向通行的一种施工方式，适用于有平行道路的高速公路以及高速公路扩改建设施工路段较长的工程项目。此种施工方式要求有平行道路，并且平行道路的车道要经过改造，以适应交通量增长的需求。

半幅双向行驶施工是指在未封闭半幅道路上用交通隔离设施进行双向交通流的隔离，适用于交通量较小的情况，如道路养护工程或者高速公路扩改建设施工路段较短的工程项目，如图 2-1 所示。

半幅封闭施工的优点是工程施工现场干扰小，施工安全易于保证；缺点是对平行公路产生较大的交通压力，同时降低了原有高速公路的服务水平，存在交通安全隐患。

图 2-1　半幅封闭式施工

3. 全幅区分车型分流施工

全幅区分车型分流施工，是将部分车辆分流至其他道路之后再组织施工，即双向限制部分车型驶入高速公路扩改建设施工路段，如图 2-2 所示。其优点是减轻了分流道路和扩改高速公路的交通压力，可实施双侧施工，工作面大，工期稍短；缺点是交通安全性较差，一般要求车辆限速通行，需要配备必要的交通协管人员进行交通管制。

4. 半幅区分车型分流施工

半幅区分车型分流施工，是指限制部分车型驶入半幅高速公路扩改建设施工路段，将此部分车辆分流至其他道路之后组织施工，如图 2-3 所示。半幅分车型分流道路可以是平行道路或其他道路，也可以是对向半幅高速公路的部分路段。这种施工方式的主要优点是能够兼顾原有高速公路半幅和分流道路的通行能力;缺点是对半幅路面施工有交通影响,工期稍长,工程施工期间交通组织较为复杂。

图 2-2　全幅区分车型分流施工

图 2-3　半幅区分车型分流施工

5. 开放施工

开放施工是指在不实施交通管制的情况下组织工程施工,一般适用于交通量较小的路段,多数适用于扩改建设的路基施工,如图 2-4 所示。该施工方式的优点是不影响既有高速公路的交通流,但缺点是施工干扰和交通干扰较大,尤其是在路面施工期间存在较大的交通安全隐患。

图 2-4　开放施工

6. 组合施工

前述各种施工方式都存在一定的利弊，在具体应用时需要根据扩改高速公路的实际交通分流条件和施工条件选定，并且通常不宜采用单一的施工方式，而是根据不同路段的特殊性或者施工工期情况，采取将两种及两种以上施工方式进行组合的方式施工。例如，在路基施工阶段采用开放施工，路面施工阶段采用全幅区分车型分流施工，半幅路面施工完成之后可采用半幅封闭施工或半幅区分车型分流施工等。

上述 6 种扩改建设施工方式中，全封闭施工和半幅封闭施工同属于封闭施工，全幅区分车型分流施工、半幅区分车型分流施工、开放施工同属于非封闭施工。由于扩改建设的高速公路一般都承载了巨大的交通量，采取完全封闭施工或者开放施工的难度极大，所以实际应用最多的是半幅封闭施工和全幅或半幅区分车型分流施工。

2.2 封闭施工的交通影响分析

高速公路扩改建设的对象都是公路网中的既有路线，这些路线在施工前都处于常规运行状态，并且在一定区域范围的路网中承担着网络连通和交通分流功能，对其实施封闭施工势必要利用相邻的其他道路进行交通分流，从而会对相关路网的交通流分布带来影响，严重时可能造成区域路网的通行效率下降或局部交通拥堵。

2.2.1 对路网交通运行的影响

1. 全封闭施工的影响

全封闭施工方式需要对施工现场进行全封闭，彻底中断高速公路原有的交通流，同时将交通量全部转移至邻近道路，这势必打破路网原有的交通流平衡状态，使承担交通分流道路的交通压力大增，造成交通密度增大，运行车速降低，服务水平下降，甚至出现长时间交通拥堵以致交通中断的现象，给社会和经济造成巨大影响。此外，如果高速公路扩改施工路段的原有交通流组成比较复杂，还会进一步加剧对分流道路的交通影响，导致路网整体运行速度偏慢。例如，据 2019 年四川省高速公路网联网收费数据统计，大中型货车平均行驶速度和小车的平均行驶速度相差 15 km/h，当交通流中的大中型货车构成比例越高，对小型车的运行速度的影响会越大，特别是在车流密度较高且车道狭窄时，若领头车为大中型货车，则后车无超车机会，只能跟着前车以较慢速度行驶，从而导致整个交通流车速较慢，降低道路通行能力。

2. 半幅封闭施工的影响

当采用半幅分流施工时，所封闭半幅的交通流完全通过邻近路网进行分流，将引起邻近路网的交通量增多，导致部分路段的车辆密度增加、运行车速降低，严重时造成路段服务水平下降,交通拥堵加剧。而当采取半幅双向行驶施工时,封闭半幅的交通流需导流到未封闭的另半幅,未封闭半幅路面需同时供双向交通流通行,使得每个方向交通流的实际拥有车道数量减少,导致其通行能力下降,服务水平降低,进而引起交通流向周边路网的自组织转移,使周边路网的交通状况发生改变。可见,无论采用何种半幅封闭施工方式,都会对区域路网的交通运行造成影响,因此,对区域路网的影响程度会不会超出路网的承载能力范围,是评价扩改施工路段交通组织方案是否合理的重要依据。

扩改施工对路网交通运行的影响,可通过比较高速公路实施扩改施工前后邻近道路的交通量及服务水平的变化来进行定量评价。以成乐高速扩改青龙场至眉山试验段为例,其路面施工期间采用半幅分流,亦即半幅单向通行方式交通组织方案,并将施工分为两个阶段:在施工第一阶段封闭公路的乐山至成都方向左侧半幅(以下简称"左幅"),将该路幅的乐山至成都方向车辆分流至周边路网,而公路右侧半幅(以下简称"右幅")的成都至乐山方向保持正常单向通行;在施工第二阶段封闭公路右幅,将该路幅的成都至乐山方向车辆调整至左幅单向两车道通行,而乐山至成都方向车辆继续分流至周边路网。在该交通组织方案中,成乐高速公路的乐山到成都方向交通流全部分流至周边道路,会对周边路网产生影响,其中影响最大的道路主要有 S40 广洪高速的洪雅至仁寿段、G4215 蓉遵高速的兴隆至富加段、SA3 成都经济区环线高速的简阳至蒲江段等高速公路和剑南大道、G245 等普通公路。为此,选取上述道路在实施半幅分流施工之前及施工期间的对应月——2018 年 9 月和 2019 年 9 月的交通流量数据进行比较,分析上述道路在成乐高速公路扩改施工期间的交通量及服务水平变化情况,来评价成乐高速扩改半幅分流施工对路网交通运行的影响程度。

如表 2-4 所示,将 2019 年 9 月的交通量及服务水平与施工前的 2018 年 9 月同期相比,上述各条道路的高峰小时流量均明显上升。其中,蓉遵高速公路仁寿至文宫段的高峰小时交通量增长最为显著,相比成乐高速实施扩改前同期增加 1.23 倍,使交通拥堵趋势加重;蓉遵高速文宫至兴隆段的高峰小时交通量增长幅度虽然相对略低,但却导致其服务水平由 E 级降为 F 级,路段交通压力大增;成都经济区环线高速简阳至蒲江段和广洪高速洪雅至仁寿段交通量变化不大,其服务水平仍然很高。总体来看,成乐高速扩改项目对周边路网的蓉遵高速公路兴隆至富加段、G245 交通影响较大,但影响程度在可接受范围之内。

表 2-4 成乐高速扩改前后的邻近道路交通流量及服务水平变化

道路名称	路段	高峰小时流量/辆		服务水平	
		扩改前	扩改后	扩改前	扩改后
G4215 蓉遵高速	富加图—仁寿段	3 475	3 971	F	F
	仁寿—文宫段	3 852	4 771	F	F
	文宫—大林段	3 072	3 671	E	F

续表

道路名称	路段	高峰小时流量/辆		服务水平	
		扩改前	扩改后	扩改前	扩改后
G4215 蓉遵高速	大林—兴隆段	2 995	3 439	E	F
SA3 成都经济区环线高速	简阳—蒲江段	2 342	2 509	B	B
S40 广洪高速	洪雅—仁寿段	1 029	1 188	A	A
剑南大道	乐山—成都方向	1 800	1 910	D	D
G245	乐山—成都方向	1 250	1 615	C	D

2.2.2 对路网交通安全的影响

1. 影响机理

有研究表明，道路交通量的大小直接决定交通流饱和度的大小，而交通流饱和度的大小又会影响交通事故的发生频率和严重程度，即交通量、交通流饱和度和事故率之间存在一定的关系。因此，高速公路扩改工程封闭施工对路网交通安全的影响，主要表现为扩改期间将施工路段的交通量分流至邻近道路，使邻近道路的交通量和交通流饱和度增大，进而增加交通流中车辆之间相互冲突的概率，容易诱发交通事故。

如图 2-5 所示，高速公路的交通事故率与交通流饱和度之间呈如下关系[①]：

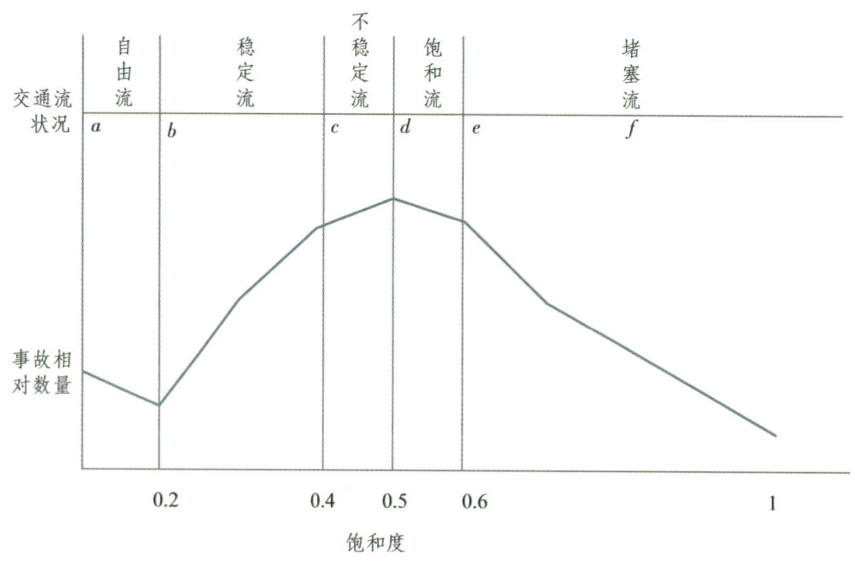

图 2-5 交通事故与交通流饱和度的关系

---

① 缪梦曦：《高速公路改扩建作业区安全保障技术及评价研究》，硕士学位论文，东南大学，2019 年。

（1）$a—b$ 阶段。交通量相对较小，饱和度较低，行车间距相对较大，相互干扰相对较少。驾驶人可在一定程度上任意选择行车速度、行驶方法，大部分驾驶人在高速行驶的同时不会放松警惕，只有较少一部分驾驶人会忽视行驶安全，一旦遇到紧急情况，不能及时有效地采取制动措施，从而导致交通事故的发生。

（2）$b—c$ 阶段。交通量持续增加，道路上的车辆行驶缓慢，大都尾随行驶，形成稳定流，在此状态下，随着道路饱和度的增大，交通事故的数量也会随之增加。

（3）$c—d$ 阶段。随着道路交通量持续增大，逐渐会形成不稳定流。在此状态下，超车和变道的危险性增大，交通事故的发生率也会相应增大。

（4）$d—e$ 阶段。道路交通量继续增加直至最大，超车已无可能，此种情况下，交通流达到饱和，车速相对降低，因此交通事故发生率也会相应减小。

（5）$e—f$ 阶段。道路交通量继续加大，道路出现交通拥堵的现象，此种情况下，车辆只能跟着前车缓慢行驶，因此交通事故发生率也会变得很小。

2. 全封闭施工的影响

当采用全封闭施工方式时，需要将扩改道路的交通量全部转移至邻近道路，使邻近道路的交通量增大，车辆密度增加。这时会降低前后车之间的跟车距离，使后车驾驶人在遇前车运行状态发生改变时的反应时距缩短，进而会增大驾驶人在跟车行驶过程中的心理压力，容易引起驾驶疲劳和心理焦躁，在遇到突发情况时来不及反应甚至做出错误反应而引发交通事故。此外，道路交通量增大，尤其是重型货车增多会加剧路面损坏，缩短公路正常使用年限，致使道路提前进入大中修，增加养护成本。据交通运输部测算，如果行驶公路的车辆超限超载率达到 50% 左右，公路正常使用寿命将缩短约 80%。

3. 半幅封闭施工的影响

当采取半幅分流施工方式时，封闭半幅的交通流完全通过邻近路网进行分流，会一定程度增加邻近路网的安全风险。而采取半幅双向行驶施工方式时，封闭半幅的交通流全部转移到另外半幅路面，未封闭半幅道路需采用锥形桶、水马、新泽西护栏等临时交通隔离设施进行双向交通流隔离，对向行驶的车辆之间存在撞击隔离设施甚至越过隔离设施冲撞对向车道的风险。另外，在夜间驾驶汽车临近会车时，若对向车辆开启远光灯则会导致炫目，大大增加发生交通安全事故的概率。

以成乐高速公路扩改青龙场至眉山试验段为例，在该路段扩改施工之前与施工期间的 2018 年 6—11 月和 2019 年 6—11 月两个时间段内，其邻近的 G4215 蓉遵高速公路、S40 广洪高速公路、SA3 成都经济区环线高速公路、S4216 仁沐高速公路的交通事故指标变化情况如图 2-6 所示。可见，相邻四条高速公路在成乐高速扩改施工期间的交通事故指标值同比施工前期均有不同程度的增长，其总交通事故数量在成乐高速公路扩改期间同比增加 42.86%，总死亡人数同比增加 14.29%，总受伤人数同比增加 66.67%，总财产损失同比增加 23.96%。总体来看，成乐高速扩改项目对区域路网交通安全产生了一定程度的影响，但其影响处于可控状态。

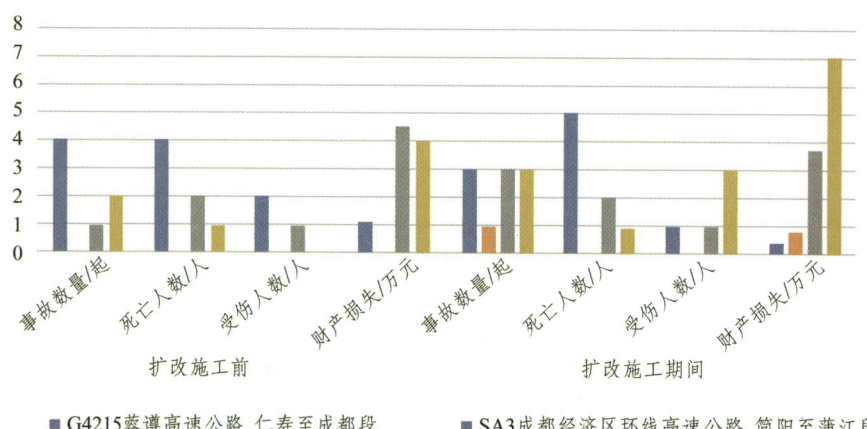

图 2-6　成乐高速扩改试验段施工前后的邻近道路交通事故变化

2.3　非封闭施工的交通影响分析

非封闭施工由于不封闭交通，车辆运行和工程施工同时进行，二者相互影响、相互制约，既对施工秩序带来挑战，又对施工区交通安全带来安全隐患。同时，如果在非封闭施工期间对部分车型进行分流，也会给邻近道路带来交通压力和交通隐患。

2.3.1　对路网交通运行的影响

当采用全幅区分车型分流施工方式时，需要在双向限制部分车型驶入施工路段的情况下进行施工。这种施工方式虽然兼顾了原有高速公路和分流道路的通行能力，但分流的车型会改变分流道路的交通量及交通组成，进而影响到分流道路的通行能力、服务水平等。从实际分流车型看，已有工程案例中主要以重型、中型货车为主。但相比客车，货车由于质量较大，机动性能差，对路面破坏程度大，占用道路资源较多，对交通流影响较大[①]。

当采用半幅区分车型分流施工方式时，需要将单向部分车型分流至其他道路之后再进行施工。这种分流方式的分流总量虽然较全幅区分车型分流施工方式有所降低，但是由于所分流车辆具有单向性，对分流的邻近道路会形成不对称性交通影响，降低

---

① 李悦：《高速公路改扩建若干关键技术研究》，硕士学位论文，长安大学，2012 年，第 11-12 页。

邻近道路在分流方向的通行能力和服务水平，增加交通拥堵发生的概率。同时，由于分流车型也大多是货车，同样会对邻近道路分流方向的路面造成一定破坏，直接增加养护成本。

对于开放式施工，一般应用在扩改建设工程的路基施工阶段，不会影响原有高速公路的交通流，因此路网交通运行几乎不受影响。

2.3.2 对施工区交通运行的影响

无论采取何种非封闭施工方式，高速公路扩改施工期间的道路状况都会和正常情况有很大变化，进而会给施工区的道路环境、驾驶人行为、车辆运行等带来影响。

1. 对施工区道路环境的影响

（1）道路的线形。

在高速公路扩改工程的路面施工期间，因占道施工对部分车道实施封闭，使车流频繁更换车道而造成行驶路线改变，容易在不同车道的车流之间形成横向干扰，进而影响车速以及通畅程度，还会对驾驶人的心理产生一定影响。

（2）路面的平整状况。

在扩改施工过程中，会在加宽路基施工完成，但还未对路面进行铺装之前，或者只进行简单铺装的情况下就让车辆通行，这时由于路面平整度较差，不仅影响车辆行驶速度，也降低了行车舒适度。

（3）车道数量和宽度。

在高速公路扩改项目的路面施工过程，会临时减少可供车辆通行的路面宽度和车道数，导致道路的通行能力降低。与此同时，车道数和车道宽度的变化还将引起路内车流的分离与汇合现象，增大车辆的行驶阻抗，尤其在车流混合度较高、行驶速度较离散情况下，会严重影响车流的整体运行速度。

（4）侧向净空。

在高速公路扩改施工区根据路基拼接设计施工方案对路肩进行破除施工时，会占用高速公路原有最外侧路面，使公路的侧向净空减小，也会造成施工区通行能力降低。

2. 对通过施工区驾驶人行为的影响

车辆在高速公路上通过施工作业区时的驾驶人行为分为三个阶段，即调整、稳定和恢复阶段。其中，调整阶段是指驾驶人在施工区的预告段和上游的过渡段快速获取并加工交通标志信息，用来调整自身的驾驶行为；稳定阶段是指驾驶人在上游的过渡段、下游的缓冲段和施工的作业段驾驶行为较平稳，精神高度紧张，必须随时防止意外情况的发生；恢复阶段是指驾驶人在施工终止段和下游过渡段对一些交通信息的感知和处理，改变驾驶行为，使交通恢复。从感知到判断决策再到动作的不断循环往复，在以上各阶段串联组合，构成了驾驶人的连贯驾驶行为。而高速公路扩改施工会在如下两个方面对驾驶人的驾驶行为构成影响：

（1）对驾驶人信息获取的影响。

出于交通组织和交通安全的需要，扩改施工路段设置了较多的交通标志、标线等设施，驾驶人驾驶汽车进入高速公路施工区，要关注的情况主要包括行车道、前方汽车的行驶情况、相邻车道路况、施工区交通标志标线、交通路障和车辆后视镜、仪表盘等，如此高密度的信息量容易导致驾驶人负担的信息量过多，使其很容易产生驾驶疲劳，降低驾驶可靠性。

（2）对驾驶人驾驶心理的影响。

驾驶人心理特性对交通运行十分重要，施工区行驶的车辆、周围的噪声、空气质量、行驶路径等，都将对驾驶人形成干扰和影响。这些干扰和影响不仅会减弱和抑制其大脑中枢的兴奋性，降低思维能力，而且还会降低其机体的调节能力，使其出现心慌、激动、烦躁等心理焦躁现象，进而严重影响驾驶操作的准确度，容易诱发交通事故。

3. 对通过施工区车辆运行的影响

车辆在高速公路扩改施工区的行驶状态，按照其进入和通过施工区的过程可分为自由流、分合流和跟驰行驶三种状态，车辆在三种状态下的运行特性各有不同。

（1）自由流状态。

当车辆驶临施工区之前，通常处于自由流状态。在此状态下，由于道路交通量较小，道路饱和度较低，车辆行驶自由，驾驶人驾驶车辆以期望车速行驶。当实际运行车速小于期望车速的情况下，驾驶人以加速状态行驶；车辆运行速度超过期望车速的情况下，驾驶人根据实际情况，有减速的趋势。总之，车辆在运行过程中，由于受道路和交通等条件的影响，最终形成一个实际运行车速。当出现紧急情况导致实际车速与期望车速所形成的速度差越大时，驾驶人所采取的紧急避让措施的准确性和及时性就差，车辆运行也就越危险。

（2）分合流状态。

当车辆驶入或驶出施工区时，受通行路幅宽度变化的影响，将分别呈现分合流状态。如果此时在车流内部具有足够的变换车道自由度，为了达到一定的驾驶目的，行驶较快的车辆一般想超过行驶较慢的车辆而变换车道。驾驶人在变换车道前，需要根据道路的实际可插间隙对目标车道是否存在可变换车道区间做出判断，从而依据行驶车道和目标车道前后车辆的行驶轨迹来选择恰当的车道变换时机，车辆运行不稳定性会随驾驶人变换车道的频繁度而增加。

（3）跟驰状态。

在车辆进入施工区后，由于受到施工区内的车速限制，车辆通常处于非自由行驶状态。此时前后相邻两车的车头间距基本上维持在最小车头间距附近，跟驰车辆的行驶状态也会因此受到前车的制约，即便期望超越前方车辆，也往往找不到合适的时机。跟驰车辆受其驾驶人的反应过程等因素影响，在前方车辆运行状态发生改变时，往往并不能实现同步改变,而相较于前方车辆有一定程度的滞后,这种滞后将沿车流向后传递并被放大,严重时可在后方车流形成阻滞或危险冲突。

综上所述,正常车速行驶的车辆在行至扩改工程施工区的警告区始端时,通常减速并不明显,处于自由流状态。随着车辆距离施工区越来越近以及警告标志、限速标志的频繁出现,车辆的减速幅度越来越大。当车辆到达警告区末端时,由于前方道路施工作业,车辆必须在此完成变换车道过程,此时车辆处于分合流状态,车辆寻求变换车道间隙的过程对行车道和超车道的速度影响较大。当车辆驶入扩改施工区后,逐步由不稳定流状态转变为稳定流,车流的速度较稳定,趋于匀速跟驰行驶状态。当车辆进入下游过渡区,车流的速度逐渐提升,驶离下游过渡区进入施工区的终止区后,道路交通条件重新恢复正常,车辆运行也恢复到自由流状态。

2.3.3 对路网交通安全的影响

采用非封闭施工方式时,会将扩改高速公路的原有交通流分流至其他道路,此时,分流的交通量和所分交通量的车型构成都将对承载分流道路的交通安全构成影响。

1. 交通分流的影响

无论是采用全幅还是半幅区分车型分流施工方式,都是限制部分车型驶入高速公路后再实施施工。不论将哪种车型进行分流,都会增加邻近道路的实际通行交通量,进而增大其交通流饱和度,而道路的交通流饱和度与发生交通事故的概率及其严重程度具有一定相关性。此外,车辆在交通分流点进入其他道路或者从其他道路经合流点汇入扩改高速公路时,车辆的行驶都将处于一种不稳定状态,车速会发生显著变化,此时受驾驶人反应滞后的影响,容易引发追尾、碰撞等交通事故。

2. 分流车型的影响

全幅或半幅非封闭施工将施工区内原有部分车型分流至其他道路,将导致承担分流道路的交通组成发生改变。从交通流特性看,交通组成越复杂,车流就会越混乱,车辆之间的相互干扰就越大,交通事故的发生概率就越大。由于在实际分流方案中通常以分流重型、中型货车为主,而这类车辆相比其他类型车辆对交通流的影响更为显著,发生事故的概率相对较大,因此其分流过程对分流道路交通安全的影响也较为明显。

2.3.4 对施工区交通安全的影响

无论采用何种非封闭施工方式,在高速公路扩改施工过程中,由于不封闭施工区交通,车辆运行和扩改施工同时进行,使得车辆运行环境和工程施工作业环境相互制约、相互影响,并危及其通行安全。交通流内部及其与施工作业之间的相互影响可分为横向干扰和纵向干扰两个方面。

1. 横向干扰的影响

横向干扰主要包括交通转换、交通隔离和施工作业区三个方面。

在非封闭施工路段，车辆一般通过交通转换点进行车道转换后再进入和通过施工区，并且通常采取将施工半幅路面的交通流通过交通转换引导至另半幅路面，或者压减施工半幅路面的可通行车道数，将原来的多条车道交通流汇集在较少的车道中通行。而在车辆进入另半幅临时借用车道或本半幅保留车道的变换车道过程，以及在另半幅路面的借道通行期间，都相比高速公路的正常通行状态具有更高的安全风险，容易在与相邻车道车辆的分合流过程和相向通行过程中发生危险冲突，并引发刮碰、追尾乃至对向冲撞交通事故。

为保证施工及交通安全，施工作业区和通行车辆之间会采用临时交通安全设施进行隔离，如果临时安全设施设置不合理或者缺乏足够的防侵入能力，行驶车辆很容易因为驾驶人注意力不集中、操作不当等原因与其他车辆、道路设施发生碰撞事故或者闯入施工作业区，给现场施工人员、施工设备带来危险。

除了高速公路的正常交通流之外，在缺乏现场有效管控的情况下，扩改施工车辆和机具设备的运输、作业过程也可能发生与通过施工区的交通流形成干扰或冲突，甚至出现施工人员和机具设备违规进入车辆通行路面或者施工材料散落路面等危及行车安全的情况。

2. 纵向干扰的影响

纵向干扰主要表现为车流内部前后车辆之间因为速度或轨迹等动态差异引起的相互影响。高速公路施工区的行驶车辆驾驶人，由于受前期在非施工路段正常交通状态的驾驶心理延续影响，在车流密度增大、行驶速度变缓和横向干扰因素增多的情况下，容易产生尽快脱离当前行车环境的焦躁心理，导致其驾驶行为及车辆行驶状态趋于不稳定，跟车过近和频繁加减速现象增多，对其前后方车辆的干扰加剧，事故风险相应增大。有研究表明，车流中的车速差与交通事故率之间存在相关性，其中，当车速差在 -10 ~ 10 km/h 时的相对事故率最低；当车速低于平均车速且车速差越大时，发生事故的概率将相应增大；而与之相比，当车速高于平均车速时有同样车速差，发生事故的概率却相对低很多[①]。

2.4 不同施工方式的效益对比

高速公路扩改建设的施工方式与施工过程的交通安全状况及其管理措施密切相关，但是究竟应当采用何种扩改施工方式，除了与扩改工程项目本身所处的具体环境

---

① 黎毅：《车速与交通事故综合研究》，《公路交通技术》2012 年第 3 期，第 116 页。

和施工、交通条件等有关之外，还应当系统考虑所选用施工方案的安全、社会和经济效益，进行必要的效益对比。

2.4.1 效益对比指标

1. 安全效益对比指标

安全效益是指在发生了安全投资后产生的安全效益，包括在未发生安全事故之前为了防止事故发生而采取的措施，也包括在安全事故后所造成的经济和非经济损失。对于高速公路扩改建设，安全效益主要包括交通安全和施工安全两个方面，安全效益主要考虑发生事故的可能性和严重程度两方面因素。

（1）发生事故的可能性。

发生事故的可能性实际上反映了人、车、路、环境几个交通要素各自的可靠性及相互的协调状况，是高速公路扩改建设安全效益好坏的直接体现。事故的发生是一个具有特定规律的随机事件，其发生概率是客观存在的某个定值。因此，可用概率来描述发生事故的可能性。事故发生的概率越大，安全效益就越差。

（2）发生事故的严重程度。

发生事故的严重程度是有效评价交通安全效益最直观的指标，一般选取发生交通事故后造成的实际损失作为具体的指标内容，具体可概括为物质财产损失、社会服务损失、人员伤亡损失、交通延误损失等四个方面。

2. 经济效益对比指标

经济效益一般是指经济活动中投入与产出的比较关系，即以尽量少的劳动和资金、物资耗费取得尽量多的经营成果，或者以同等的劳动或资金、物资耗费取得更多的经营成果。经济效益是资金占用、成本支出与有用生产成果之间的比较[1]。高速公路扩改建设会使高速公路原有的交通流量向其他道路进行转移，并且也会由于限速等原因降低公路运输效率，所以高速公路扩改建设工程的经济效益为负经济效益，对其经济效益的评价主要考虑通行费流失和施工成本两个方面因素。

（1）通行费流失。

高速公路扩改施工过程中，由于占道施工，势必会关闭部分收费站，将高速公路的部分交通流诱导到其他道路上通行，从而导致高速公路的通行费收入流失。施工期内通行费流失金额与非施工期内正常收费金额的比值，可作为通行费流失情况的主要评价指标，比值越低则越好。

（2）施工成本。

高速公路扩改建设采用不同的施工方式，施工所需的施工机具设备、材料和作业

---

[1] 孔玉生等.《经济效益分析：理论与方法》，江苏大学出版社 2016 年版，第 1-2 页。

人员数量、工期等都将发生相应变化，如果施工方式选择不当，将造成工程项目的建设成本增加，甚至增加数额巨大，因此施工成本是整个扩改建设可行性的一个重要评价指标。施工成本主要以工程建设的资金投入额为依据，比较不同施工方式的工程建设投入资金的多少，当投入的资金越少则效益越优。

  3. 社会效益对比指标

  社会效益一般是指某项目在实施后对社会能起到的积极作用，高速公路作为一种为社会提供通行服务的交通设施，对其扩改建设的施工方式选择，不仅要考虑施工完成后对社会通行效益的改善和提高，更应当考虑施工过程对高速公路既有社会交通运输的影响。因此，对扩改施工社会效益的评价内容主要包括施工路段通行能力、车辆通过施工路段或绕行路网的通行延误和通行成本三个方面因素。

  （1）施工路段通行能力。

  高速公路扩改施工过程中，由于道路环境的改变，将对施工路段的通行能力产生影响，并且不同施工方式造成的影响程度各不相同，通常可用施工路段允许通过车辆的实际交通量和平均车速进行对比。

  （2）通行延误。

  通行延误是指高速公路在扩改施工期间，因为全部或部分封闭交通导致车流经周边路网绕行，或者因为施工路段采取限速、导流措施以及发生交通拥堵、交通事故等，导致车辆到达相同目的地的通行时间较扩改施工以前增加的情况。对通行延误的评价可以用相同起止点之间的通行增加时间与原正常通行时间的比值，以及绕行增加的里程与正常通行里程的比值。

  （3）通行成本。

  通行成本是指高速公路扩改施工过程造成部分交通流绕行，直接增加的交通流通行成本。对通行成本的对比主要考虑交通流因绕行而增加的燃油费、通行费和车辆维护费等经济成本。

2.4.2 不同施工方式的效益定性比较

  1. 安全效益方面

  对于全封闭施工，因其将施工路段原有的交通全部分流至其他道路，因此不存在交通安全方面的隐患，也不需要为了防止交通安全事故发生而进行经费投入，并且其施工周期短，但对分流道路产生了很大的交通安全压力，尤其是平行道路。

  对于半幅封闭施工，所封闭半幅的施工作业现场不存在交通流干扰，施工作业过程的安全风险较小。但另半幅采用双向行驶方式时，由于缺乏可靠的双向交通隔离措施，其交通安全风险远高于单向行驶方式。因此，前者的综合安全效益不及后者，在较长路段的大规模扩改工程施工中不建议采用。

对于非封闭施工，边施工边通行车辆的交错环境会增加施工作业活动与交通流运行之间，以及交通流内部不同车辆个体之间的冲突风险，并且为了防止事故冲突需要增加采取安全措施的费用投入，因此相比封闭施工方式的安全效益较差。其中，全幅分车型分流施工方式因为实施双侧路面同时施工，相比半幅分车型分流施工周期较短，虽然对施工路段的安全效益总体无影响，但对于承载分流的周边路网来说，其安全效益会在一定程度上有所改善；而开放式施工由于在施工路段不组织交通分流和采取专门交通安全管控措施，其施工作业安全与交通安全均最差。

2. 经济效益方面

对于全封闭施工，因其将高速公路扩改施工路段原有交通全部分流至其他道路，因此通行费全部流失，但由于施工过程不受交通流影响，可以最大限度缩短施工工期和减少现场交通安全管控投入，相应的可降低工程造价。

对于半幅封闭施工，当采用另半幅单向行驶时，将导致向路网分流方向的通行费全部流失，其完成双向全幅施工后的总体通行费流失情况与全封闭施工方式基本相当，但相比后者会增加部分交通分流和左右路幅交通导流投入，以及施工现场的材料运输和机具转场成本；当采用另半幅双向行驶时，由于施工路段的通行服务水平降低，将导致部分交通流自主向路网其他道路分流，因此其通行费流失情况要好于前者，同时差于全封闭施工，但与此同时，将大幅增加对施工路段半幅双向通行的交通安全管控投入，而增加项目建设成本。

对于非封闭施工方式，因其施工过程只对交通进行部分分流，通行费流失情况相比封闭施工和半幅封闭且单向通行式施工较好，但相应的会增加对路网交通分流和对施工现场交通安全管控的投入，并且会延长工程建设周期。总体上看，非封闭施工的经济效益只略优于封闭施工。此外，全幅分车型分流施工因为只对部分车型进行分离，并且是双侧施工，施工工期较短，通行费流失情况相对较好，而半幅分车型分流施工只针对半幅施工路段，能够相比全幅分车型分流施工进一步降低通行费流失，但二者均同时需要面对因为施工期间通行服务水平降低而导致交通流自行分流所带来的通行费减少，以及需要相应增加现场交通安全管控措施而带来的建设成本。

3. 社会效益方面

无论是封闭施工还是非封闭施工，对施工路段所在区域的社会交通连通性具有影响，使交通运输和居民出行的路线绕行增多，通行成本增加，并且施工周期的长短将直接决定上述影响的时间范围和影响程度。封闭施工需要将高速公路扩改施工路段的原有交通全部分流至其他道路，造成车辆绕行交通量较大，社会效益影响范围较大，但其施工周期短，社会效益影响时间较短。相比封闭施工，半幅封闭施工的绕行交通流比例较小，社会效益影响范围较小，但其施工周期长，社会效益影响时间变长。相比半幅封闭施工方式，全幅分车型分流施工需要同时将双向交通流部分车型进行分离，导致对社会交通的影响对象和范围扩大，但由于施工工期较短，也使社会效益受影响的时间相应变短。相比半幅封闭施工方式，半幅分车型分流施工只限制部分车型驶入半幅施工路段，绕行交通流的所占比例较小，对社会效益的影响也相对较小，但由于其施工周期较长，对社会效益影响的时间相应变长。

2.4.3 不同施工方式的效益定量比较

1. 定量比较方法

根据所评价对象的具体内容和评价目的的不同，目前可用作效益定量比较的理论方法主要包括层次分析法、主成分分析法、模糊综合评价法、灰色关联度分析法、数据包络分析法和人工神经网络法等 6 种方法。

（1）层次分析法。

层次分析法又称 AHP 法，它是将评价的各个因素进行层次划分，通过建立递阶层次模型和求解判断矩阵特征向量的方法，来计算每一层次的各指标相对上一层次指标的权重。

（2）主成分分析法。

主成分分析法，是通过将大量指标精简为几个代表性强的综合性指标，来达到全面分析系统问题的目的。通过合并转化得到的综合性指标即为主成分，主成分之间互不相关。

（3）模糊综合评价法。

模糊综合评价法利用模糊数学的隶属度理论，首先将一些模糊、不易量化的指标量化，再根据因素对评价对象的隶属度等级进行综合评价。

（4）灰色关联度分析法。

灰色关联度分析法是一种多因素统计分析方法，它是以因素的样本数据为依据，用灰色关联度来描述各因素间的关系强弱、大小和次序。

（5）数据包络分析法。

数据包络分析法，简称 DEA 分析法，是以相对效率为基础，利用生产边界作为横向效率评估准则进行生产效率评价。

（6）人工神经网络法。

人工神经网络法，是一种模仿动物神经网络行为特征，进行分布式并行信息处理的分析评价方法，具有自学习、自适应和强容错性的特点，可以根据用户的期望来不断修改指标权重，直到满意为止。

上述 6 种效益对比方法的优缺点比较如表 2-5 所示。

由于对高速公路扩改工程施工方法的效益对比指标体系应当包括安全效益、经济效益和社会效益三方面指标，每个方面又分别包含若干影响因素，不仅对指标体系的建立过程应当是层次递进的，而且最终形成的效益对比结果也应当是一个允许具有一定定性化的综合值。因此，在上述6种对比方法中，层次分析法较为适合用来确定各项对比指标的权重，模糊综合评价法较为适合用来对各项指标进行汇总形成综合评价结果。此外，针对在实践中进行效益对比所需的部分数据在获取上存在困难，需通过专家打分给出相应对比结果的情况，利用灰色理论能较好解决因评判者存在能力和偏好不同而导致对比信息带有一定灰度的数据来源问题。综合来看，在对高速公路扩改工程不同施工方式进行效益对比时，建议采用层次分析法（AHP）与灰色关联度法或者模糊综合评价法相结合的综合评价法进行综合对比[①]。

表2-5 不同对比方法的优缺点比较

效益对比方法	对比方式	优点	缺点
层次分析法	权重排序	操作简单、实用性强	不能提供优化方案、解决结构复杂问题时误差较大
主成分分析法	主成分贡献率	减少评价指标分析计算的工作量、消除指标间的相互干扰	准确度较低
模糊综合评价法	结果向量分析	能对指标做出量化评价、评价结果包含信息丰富	计算复杂、确定指标权重向量时主观性强
灰色关联度分析法	关联度分析	可以量化评价指标、评价结果客观准确	计算复杂，确定指标权重时主观性强
数据包络分析法	相对有效性分析	客观性强、无须预先给出指标权重	各决策单元间缺乏可比性
人工神经网络法	评价因素值分析	客观性强，可处理大型复杂问题	评价结果单一、需要大量样本数据

2. 定量比较过程及结果

（1）建立评价指标体系。

利用层次分析+模糊综合评价法进行不同扩改施工方式效益比较的第一阶段，需要建立评价指标体系的评价因素集和评价标准集。其中，评价因素集是指由影响评价对象取值的各因素组成的集合，评价因素集中的这些因素均具有模糊性；评价标准集是由对评判对象可能做出的评判结果所组成的集合。

成乐高速公路扩改项目在对各种备选施工方案的安全、社会和经济效益进行定性分析的基础上，筛选建立了由目标层、准则层、指标层构成的递级层次扩改建设施工效益评价指标体系，如表2-6所示。

---

① 王高林：《高速公路改扩建服务质量分析与评价》，硕士学位论文，长安大学，2009年，第60-62页。

表 2-6　高速公路扩改建设施工效益评价指标体系

目标层	准则层/B_i（一级指标）	指标层/B_{ij}（二级指标）
施工效益/B	安全效益/B_1	发生事故的可能性/B_{11}
		发生事故的严重程度/B_{12}
	经济效益/B_2	通行费流失/B_{21}
		施工成本/B_{22}
	社会效益/B_3	通行延误/B_{31}
		通行成本/B_{32}

（2）确定指标权重。

利用层次分析+模糊综合评价法进行不同扩改施工方式效益比较的第二阶段，需要确定各评价因素对评价目标所起作用的大小程度，即权重，并建立评价指标权重集。在实践中，这一阶段一般通过专家组来完成，即选聘多名具有丰富工程建设与交通管理经验的专家，对各评价指标可能影响高速公路扩改施工效益水平的影响程度进行大小排序，并赋予相应指标权重。

成乐高速公路扩改项目专家组的 7 名专家，通过对前期建立的扩改建设施工效益评价指标体系进行分别打分，形成了如表 2-7 所示的一级和二级评价指标权重结果。

表 2-7　各级评价指标的权重分布表

目标层	准则层/B_i（一级指标）	准则层权重	指标层/B_{ij}（二级指标）	指标层权重
施工效益/B	安全效益/B_1	0.54	发生事故的可能性/B_{11}	0.4
			发生事故的严重程度/B_{12}	0.6
	经济效益/B_2	0.16	通行费流失/B_{21}	0.5
			施工成本/B_{22}	0.5
	社会效益/B_3	0.30	通行延误/B_{31}	0.5
			通行成本/B_{32}	0.5

（3）建立评判矩阵。

利用层次分析+模糊综合评价法进行不同扩改施工方式效益比较的第三阶段，需要首先根据调查得到的各项评价指标基础数据，对同一层次上的因素进行优先顺序的两两比较，建立如式 2-1 所示的相对重要度模糊评判矩阵。评判矩阵表示相对于上一层次的某一因素，本层次因素之间的重要性排序，其中 b_{ij} 表示第 i 个因素相对于第 j 个因素的比较结果，$b_{ij}=1/b_{ji}$。

$$\boldsymbol{B} = (b_{ij})_{n \times n} = \begin{Bmatrix} b_{11} & \cdots & b_{1n} \\ \vdots & & \vdots \\ b_{n1} & \cdots & b_{nn} \end{Bmatrix} \qquad (2\text{-}1)$$

然后进行层次单排序。根据评判矩阵计算对于上一层因素而言的本层次与之有联系的因素的重要性权值，并对本层次所有因素按照相对于上一层因素而言的重要性进行排序，并计算判断矩阵满足 $BW = \lambda W$ 的最大特征值 λ_{max} 与对应于最大特征值的正规化特征向量 W_B。W_B 的分量 W_i 就是相应因素单排序的权重。

在完成层次单排序之后，还需要对评判矩阵进行一致性检验，计算一致性指标 CI 与平均随机一致性指标 CR 的比值。当 $CR \leq 0.10$ 时判断矩阵具有完全一致性，通过其计算求得的权重系数 W_i 可以较好地反映上一级指标中各指标的相对重要程度；当 $CR \geq 0.10$ 时，判断矩阵的一致性较弱，需要对两两比较的取值进行修正。其中，n 阶评判矩阵的 $CI = (\lambda_{max} - n)/(n-1)$，当 $CI = 0$ 时评判矩阵具有完全一致性，当 CI 增大时判断矩阵的一致性变差；RI 的取值如表 2-8 所示。

表 2-8 平均随机一致性指标检验值

矩阵阶数	3	4	5	6	7	8	9	10	11	12	13
RI	0.52	0.89	1.12	1.26	1.3	1.41	1.4	1.49	1.52	1.54	1.5

（4）计算综合评价结果。

当评判矩阵的一致性检验通过后，就可以对模糊权重集 A 和模糊评判矩阵 R 进行 $B = A*R$ 的模糊矩阵运算，得到结论向量 B，对所构建的扩改建设施工效益评价指标体系进行定量综合评价。

为了便于对模糊综合评价结果的理解和使用，可以按照表 2-9 所示模糊综合评价等级划分标准，将计算得出的具体分值转换为相应的扩改建设施工效益状况评价等级。

表 2-9 模糊综合评价等级划分标准

等级	一级	二级	三级	四级	五级
分值区间	[90, 100]	[80, 90)	[70, 80)	[60, 70)	[0, 60)
效益状况	好	较好	一般	较差	差

成乐高速公路扩改项目运用模糊综合评价模型对备选的 5 种施工方式的评价指标作计算，结果如表 2-10 所示，可见 5 种施工方式在成乐高速扩改工程项目中应用的效益状况综合评价得分均不足 90 分，未达到"好"的水平，只有全封闭施工和半幅封闭施工的综合评价得分达到 80 分以上，属于"较好"水平，其中半幅封闭式的综合评价分值更高，达到了 85.08 分。因此，成乐高速扩改工程项目决定选用半幅封闭式施工，并针对该施工方式在安全效益、社会效益和经济效益方面的不足，进一步研究并落实相关技术和管理措施，确保施工过程的施工作业安全和施工路段及分流路网的交通安全畅通，方便社会交通运输和居民出行，并严把施工质量和施工成本，提高扩改施工过程的综合效益。

表 2-10 不同施工方式效益对比

对比指标	施工方式				
	全封闭式	半幅封闭式	全幅分车型分流式	半幅分车型分流式	开放式
安全效益/B_1	92.28	90.65	65.38	73.59	50.29
经济效益/B_2	75.21	82.30	74.29	87.82	92.46
社会效益/B_3	65.83	76.55	84.55	83.55	91.83
综合评价/B	81.61	85.08	72.56	78.85	69.50
评价等级	较好	较好	一般	一般	较差

第 3 章　成乐高速公路扩改施工交通组织

对在役高速公路进行扩改建设，无论采用哪种建设施工方式，其施工过程都难免对施工路段乃至当地路网的原有交通运行构成影响，其中受影响最大的自然当数施工路段自身，极可能造成施工沿线的交通运输和居民出行困难，干扰区域经济社会平稳运行。为了最大限度化解高速公路扩改建设工程施工作业与交通保畅之间的矛盾，需要针对工程项目的具体建设任务和所处区域交通运输需求，在合理选定建设工程的扩改方式和施工方式基础上，通过路网交通分流、施工路段交通组织和交通应急疏导等措施，确保对受施工影响交通运输路线的路网或路内连通，并维持连通路线的车辆通行秩序，提高其通行效率和畅通水平。

3.1　路网交通分流

路网交通分流是指在高速公路扩改工程施工期间，扩改路段受施工因素影响而封闭交通，或者出现通行能力下降、交通安全风险增高时，为了确保区域经济社会运行和居民出行对交通运输的基本需求，而利用其周边路网分担全部或者部分交通量的交通组织措施。在高速公路扩改施工过程中是否需要采取路网交通分流措施，以及具体如何实施路网交通分流，主要取决于扩改工程施工作业对施工路段道路结构和交通运行的实际影响程度，以及当地路网的结构特征和交通流分布情况。

3.1.1　路网交通分流方式

1. 路网交通分流基本方式

与高速公路常用扩改施工方式相对应，扩改施工期间的交通组织基本方式主要有以下 6 种方式。

（1）全幅全车型分流。

如果对高速公路扩改路段实施全封闭，停止所有进出口进出车辆，实行无交通干扰条件下的扩改施工，就需要采取全幅全车型分流的交通组织方式。这种方式要求在综合考虑施工路段原有交通量及周围路网交通现状的前提下，进行区域路网交通分流，将扩改路段原有的全部交通流均衡地分流至周边路网。

（2）全幅分车型分流。

全幅分车型分流是指将扩改施工路段原有交通流中的部分车型分流到其他道路上，以降低扩改施工路段的道路饱和度，进而达到利用半幅路施工另半幅路双向通行，或者同时利用左右幅的部分路面施工另外部分路面通行的方式。此方式需要合理选择分流车型，并在综合分析周边路网通行条件后制订合理的分流方案。

（3）半幅全车型分流。

半幅全车型分流是指将扩改施工路段某一方向交通流全部分流至其他道路上，然后再对该方向的半幅路进行封闭式扩改施工。此方式需要单方向分流原有半幅路的全部交通流至周边路网的平行道路，在未施工半幅道路上实行单向交通，因此要求平行道路应当对分流出的单向交通量具有足够的接纳能力。

（4）半幅分车型分流。

半幅分车型分流是指将扩改施工路段某一方向交通流的部分车型分流至其他道路上，然后再对该方向进行半幅路封闭或者部分车道封闭式施工。这种方式的分流强度较半幅全车型分流方式弱，但在半幅路封闭式施工情况下需要采取另半幅路双向通行。

（5）全幅全车型通行。

全幅全车型通行是指在高速公路扩改施工过程不对原有的交通流做任何的限制通行措施。这种方式主要适用于交通流量小、路面施工横向干扰少的情况。

（6）组合通行。

组合通行是指在高速公路扩改过程中，在扩改工程全线针对不同路段因地制宜地灵活采用上述5种交通分流方式中的任意2种或2种以上方式的组合。

2. 成乐高速的路网交通分流方式

（1）路网交通分流需求。

成乐高速扩改工程项目采取原路两侧加宽的扩改方式，在原25 m宽的公路两侧各加宽8 m，车道数由双向4车道增加到双向8车道，扩改前后的断面如图3-1和图3-2所示。其扩改工程的大部分施工作业均在原路两旁进行，并在中后期需要进行新旧路面拼接和路侧护栏等设施移改，对施工期间的车辆通行有影响。

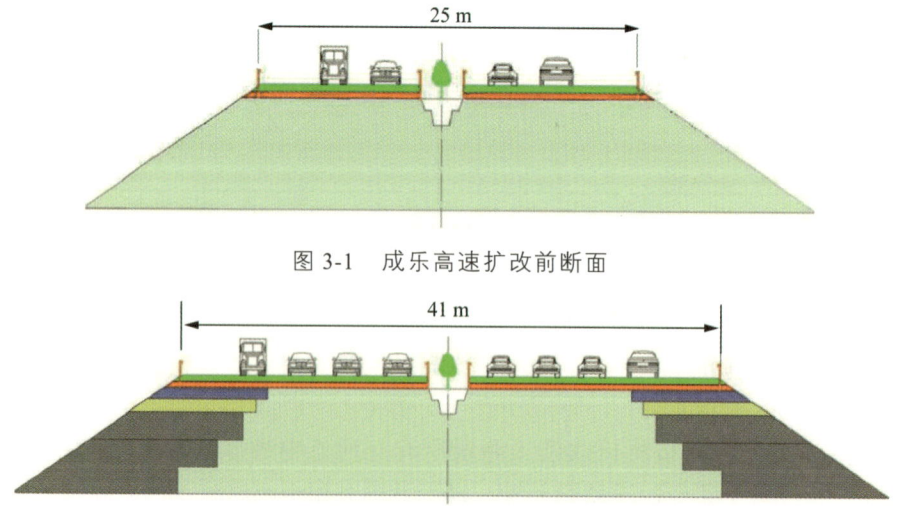

图 3-1 成乐高速扩改前断面

图 3-2 成乐高速扩改后断面

按照成乐高速扩改工程施工方案，对路段的扩改施工分四阶段进行。其中，第一阶段进行新建部分的路基施工，第二阶段进行新建部分的水稳层和路面下面层施工，第三阶段进行新旧道路的路面中上面层施工，第四阶段完善施工道路相关的交通附属设施，如图3-3所示。其中，第一阶段和第二阶段的施工作业都在原路面以外进行，基本不影响高速公路的原有交通，不需要实施路内或路网交通分流措施。但是，第三阶段的施工作业需要部分或者全部占用施工路段的原有车道或半幅路面，对高速公路的原有交通有很大影响，必须根据施工需要对施工路段的交通实施路网分流。

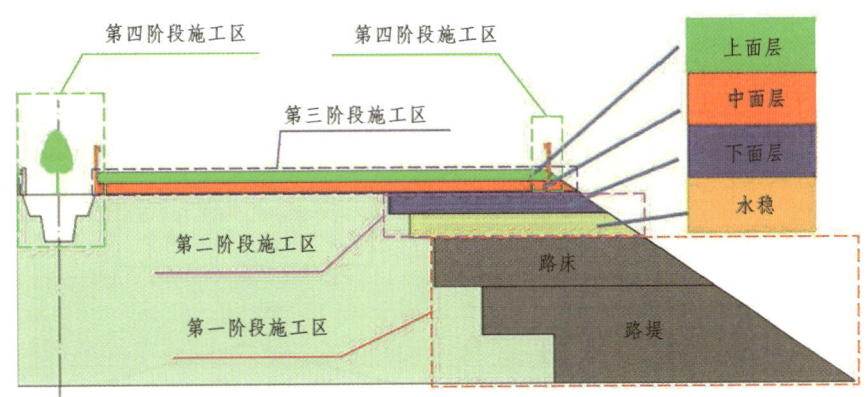

图3-3　成乐高速扩改工程分阶段施工方案示意

（2）分流方式选定原则。

在高速公路扩改期间，为了降低扩改施工对高速公路正常交通带来的影响，需要按照安全优先、提高效率、兼顾公平、系统最优的原则来选定应当采取的路网交通分流方式。对进行扩改施工的高速公路实施路网交通分流，必须以确保施工区的施工作业安全、车辆通行安全和交通畅通有序为首要前提和出发点，在具体的施工组织和交通组织方案设计中充分考虑保持施工路段通行对扩改工程施工成本、施工进度和施工质量的影响，以及因为实施路网交通分流而给社会交通运输和出行者带来的通行成本增加、交通不便和给扩改施工路段运营单位带来的运营收入损失。采取合理手段和措施，既有效平衡扩改工程施工方、道路运营方以及道路用户三者之间的利益，又最大限度减少交通分流对路网交通的影响，有效提高施工路段和分流路网的通行效率和安全水平，使路网分流方案达到系统最优。

（3）分流方式选定流程。

在确定高速公路扩改施工路网交通分流方式时，应当首先对施工路段及周边路网的路网结构、道路等级、服务水平及交通流情况等进行必要的调查，然后根据扩改施工对施工路段通行能力的影响程度以及路网承载条件，分析确定具体的路网分流方式，并选定有关的分流路径、分流车型、分流交通量和分流管理措施等。

成乐高速扩改工程项目路面中上面层施工期间，路网交通分流方式的分析确定流程如图3-4所示。

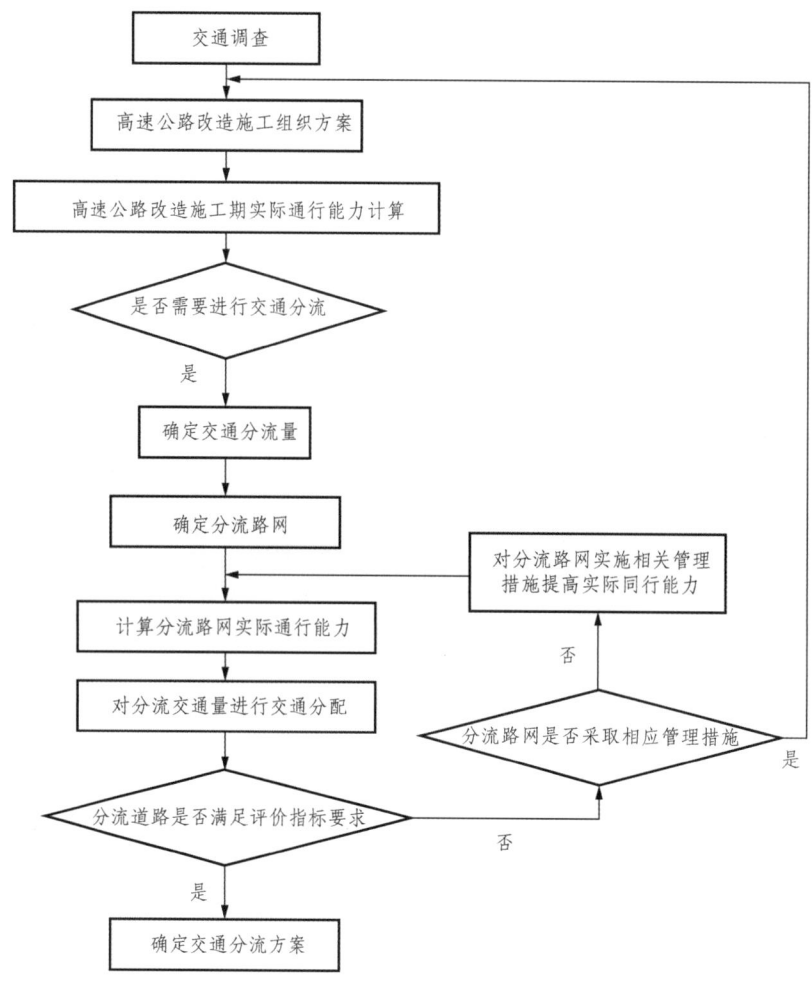

图 3-4 路网交通分流方式选定流程

（4）分流方式选定结果。

成乐高速地处四川中部，是国家公路网规划的重要联络线，既是连接成都与眉山、乐山的黄金旅游通道，又是 G5 京昆高速与 G93 成渝环线的共用段，常年的旅游交通量和当地、过境客、货运交通量巨大，交通干线地位突出，加之扩改工程施工周期长，不适宜采用全封闭方式施工。尤其是扩改工程项目的试验段，由于所处地理位置特殊，虽然周边有 G245、S103 等国省干道与之大致平行，但由于同期有成都经济区环线高速和工业大道在建，使得周边路网同时接纳试验段两个方向分流的能力较弱。

通过对周边路网的调查分析，成乐高速的乐山至成都方向有多条可分流路径且绕行距离短，具备在远端诱导分流的同时采取近端强制分流的条件，但成都至乐山方向由于受青龙场、邓双等上游互通分流条件有限和中途分流路径少且绕行距离远的影响，导致采取远端诱导分流效果不明显和近端强制分流代价高昂等困难，不具备利用现有路网实现快速迂回通行的条件。如果采用全封闭施工势必造成严重交通拥堵和区域性高速出行困难，社会影响较大。为此，当地政府部门及成乐高速运营公司均要求成乐高速在扩改期间尽最大努力保持道路通行，并要优先保障成都至乐山方向的车辆通行。

为确保扩改施工顺利进行，并保障施工期间的区域正常交通运输需要，成乐高速扩改工程项目决定在施工期间采取分阶段实施路网交通分流，并按照"高速分流为主、国省干线为辅"的整体思路和交通诱导与节点强制分流相结合的方式进行。具体方法如下：

① 在第一阶段路基施工、第二阶段水稳层和路面下面层施工期间维持原路双向4车道正常通行，以及在第四阶段完善施工道路相关的交通附属设施期间保证全线至少双向4车道通行，不进行路网交通强制分流，并将桥梁、跨线桥、互通立交等相关关键节点的施工避开节假日出行高峰时段，使施工期的双向4车道能够达到三级以上服务水平。

② 在第三阶段新旧路的路面中上面层施工期间采取全程半幅封闭施工，由双向4车道通行变为单向2车道通行，并在施工路段的左右幅路面交替施工过程中，始终保持成都至乐山单方向车辆通行，并将乐山至成都方向的车辆按照交通诱导与节点强制相结合的方式逐级分流到周边路网其他道路绕行。

3.1.2 路网交通分流车型

1. 车型因素对施工区交通的影响

不同类型车辆，由于在质量、几何尺寸、交通运行特性等方面存在差异，而在对道路交通和高速公路施工作业的影响方面也存在差异，尤其以重型货车的影响最为显著。首先，重型货车在道路上能够达到的最高行驶速度和加减速、转弯能力均不及中小型车辆，但在通行过程中需要的车道宽度和车辆间纵横向安全间距却比中小型车辆大，并容易引起车流的车速离散，对扩改高速公路施工区的道路通行能力和交通安全都影响很大，是造成交通事故的重要因素。

其次，重型货车在运行过程中振动性强，加之质量大，导致车辆行驶过程对道路设施的损坏程度比其他车辆严重，并尤其对新建路基、路面和桥梁拼宽施工质量的影响最为突出。例如，表3-1所示，车辆对路面的破坏程度与其轴载呈正相关性，其中以轴载10 t以上的货车最为明显。

表3-1 汽车轴载质量对路面的破坏系数

轴载质量/t	路面的破坏系数（10 t标准轴载）	轴载质量/t	路面的破坏系数（10 t标准轴载）
2	0.000 7	9	0.619 2
3	0.004 2	10	1.000 0
4	0.015 5	11	1.542 9
5	0.042 7	12	2.292 3
6	0.097 9	13	4.622 6
7	0.197 3	14	4.622 6
8	0.362 3	15	6.327 3

2. 常规车型分流方式及适用条件

按照国内高速公路交通管理和扩改工程经验，一般将高速公路上行驶的车辆按其使用性质分为客车和货车两种类型，并在扩改施工过程中针对不同类型车型对施工作业和交通安全的影响情况，相应采取客车分流和货车分流两种不同的路网分流方式。

（1）客车分流。

客车分流的具体车型包括各类小型客车、中型客车以及大型客车。由于在高速公路上通行的小型客车所占比例较大，其机动灵活、行驶速度快，相较其他类型车辆而言的交通分流难度低、分流效果明显。而各种大中型客车大多属于公共交通范畴，实施路网分流的社会影响大，因此按照公交优先原则，一般以分流小型客车为主。当施工区及其周边路网存在以下情况时，宜采取路网客车分流措施：

① 周边分流路线技术等级低，平纵横线形差，难以满足重载运输工具的通行。

② 货车在车辆组成中所占比例高，分流货车产生的车辆通行费损失较大。

③ 客车所占比例较低，满足客车分流后，剩余交通量在施工期道路通行能力范围内，且高速公路道路资源得到充分利用。

④ 周边分流道路沿线多为居民居住、生活区，分流货车带来的交通污染大，影响沿线居民正常的生活秩序。

⑤ 周边路网较发达，客车绕行增加的通行费用较少或通行时间较短。

⑥ 扩改路段主要承载中长途交通量，并且以货运为主。

⑦ 扩改施工路段能维持双向 2 车道通行，通过分流小型客车能使施工路段达到三级以上服务水平。

（2）货车分流。

货车分流的具体车型包括小型货车、中型货车和重型货车，但一般主要针对四轴及以上的重型货车，并且对其中的特勤车辆、鲜活农产品运输车辆、应急救援车辆等不进行分流。当施工区及其周边路网存在以下情况时，宜采取路网货车分流措施：

① 周边分流路线的技术等级高，平纵横线形好，能够承载分出的重载货车。

② 客车通行费所占比例高，分流客车产生的通行费损失大。

③ 货车所占比例较低，满足货车分流后，剩余交通量在施工期道路通行能力范围内，且高速公路道路资源得到充分利用。

④ 现状交通量大，分流货车可减轻对扩改路段通行能力、服务水平、交通安全和施工的影响。

⑤ 当扩改施工路段能维持双向 4 车道通行时，通过分流货车能维持较高的服务水平，并提高交通安全性。

⑥ 当扩改路段主要承载短途交通并主要以客运为主时，分流货车有利于区域正常联系和交往。

3. 成乐高速的分流车型

成乐高速扩改工程项目的路网分流主要存在于第三阶段的路面中上面层施工期间，由于采用成都至乐山单向 2 车道通行方案，除了需要在整个第三阶段将乐山至成都方向所有车型不加区分的全部强制分流到其他道路之外，对于成都至乐山方向车辆，则因为在单向 2 车道通行过程中没有对向冲突风险，并且施工路段的通行能力也基本能够满足各种车型的通行需求，而不需要采取强制性部分车型分流措施。尽管如此，包括在扩改施工的第一、第二和第三阶段施工过程中，由于施工路段存在车辆限速措施和不同程度的路侧施工干扰，将交通流中的部分重型货车分流至其他道路，会有助于提升施工路段的交通运行顺畅和安全水平，缓解由于路段限速而给施工路段带来的通行压力。因此，仍有必要在扩改施工期间允许通行方向的重型货车采取远端诱导分流措施，由车辆驾驶人自主决定是否分流并选择相应的分流路径。

在成乐高速扩改工程试验段施工期间，针对成都至乐山方向重型货车较多而分流条件相对较差的情况，将成都方向的成都第一绕城高速与成仁高速枢纽立交和成都第二绕城高速与成仁高速枢纽立交设立交通诱导点，设置前方成乐高速公路扩改施工提示和建议重型货车绕行的交通标志标牌，诱导车流中部分原计划驶向成乐高速的长途过境重型货车，自然分流到成仁高速→遂资眉高速→仁沐新高速→乐山绕城高速，或者成仁高速→遂资眉高速→成乐高速眉山至乐山段→乐山绕城高速绕行，如图 3-5 所示。

图 3-5　成都至乐山方向的重型货车诱导分流措施

3.1.3　路网交通分流路径

1. 分流路网类型

我国的公路交通网络可分为国家干线公路网和区域次级公路网两级，高速公路在扩改期间的路网交通分流也相应地可按这两个层次进行路径选择。

（1）国家干线公路网。

国家干线公路网是以区域中心城市为枢纽的高速公路网络，其功能主要是承担区域间、省际间以及大中城市间的快速客货运输,并为应对自然灾害等突发性事件提供快速交通保障。国家干线公路网在路网分流中主要承担跨区域长途交通和部分区域间中途交通。其中,跨区域长途交通是指跨越高速公路扩改工程全程或起、终点均不在沿线区间内的出行车辆,对这类交通应以诱导其通过分流路网外围路线绕行的方式分流;区域间中途交通是指起点或终点的其中之一在高速公路扩改工程沿线区间内的出行车辆,由于这部分交通在原交通流中的占比通常较大,是交通分流的主要对象,一般宜采取外围诱导分流和近端强制分流。

(2)区域次级公路网。

区域次级公路网是以区域城市群各城市为次级枢纽或节点形成的公路交通网络,其主要承担区域内的短途交通和部分中长途交通。其中,区域内短途交通是指起点和终点均在高速公路扩改工程沿线区间的出行车辆,该部分交通与高速公路扩改路段走向一致,而且与区域经济、社会活动密切关联,对路网分流较为敏感。在实施路网分流时,要根据与高速公路扩改路段平行的国道、省道和其他道路构成的路网结构情况以及扩改工程施工需要,灵活确定分流路径,以充分发挥当地的城市或乡镇次级枢纽和节点的调节作用,分时段、分路段进行分流。必要时,可以通过开辟临时便道的方式,来实现扩改施工路段与周边次级路网之间的交通转换。

2. 分流路径匹配

对交通分流路径的选择,应当首先根据扩改高速公路的历史收费记录拆分得出各收费站的交通起讫点数据,同时结合扩改高速公路所处区域路网的总体交通情况和主要交通产生源分布情况,分析不同始发地与目的地交通流的短途、中途和长途交通量的比例构成,明确扩改高速公路的主要分流对象。然后,针对不同交通起讫点交通流的出行距离、出行量以及对因分流而增加行程时间和通行距离的敏感性和承受度,结合当地路网结构特征,合理匹配扩改施工期间的路网交通分流路径。

(1)远程高速公路分流。

远程高速公路分流,是指从交通需求的产生和吸引源头上引导跨区域长途交通量通过高速公路网的其他主干路线分流。长途交通量一般占高速公路常规交通量的10%~20%,在远程对这部分交通量实施引导分流,可以有效降低扩改路段的交通压力和提高服务水平。当具备下列条件之一时,可考虑采取远程高速公路网分流:

① 扩改高速公路采取双向2车道通行,但道路服务水平低于三级。

② 扩改高速公路在扩改前的交通量增长快速,并且在施工时的交通量已达到40 000 pcu/d以上,且服务水平低于三级。

③ 扩改高速公路周边公路网不发达,且等级普遍较低。

④ 扩改高速公路全线禁止货车通行,并且扩改施工工期长或者施工路线长。

⑤ 与扩改高速公路平行的其他国省干道也在同时进行扩改施工,无法承担交通分流。

⑥因恶劣天气、意外事故、自然灾害等因素等导致扩改高速公路不具备通行条件。

（2）中途干线公路分流。

中途干线公路分流，是指在扩改高速公路两端及周边的交通枢纽和路网节点，引导区域间中途交通通过公路网的其他国省高速公路或一、二级干线公路分流。中途交通一般占高速公路常规交通量的45%~70%，是扩改高速公路的主要使用者，将其分流对施工区的交通影响最为显著。通常在下列情况可考虑采取中途快速路网分流：

①扩改高速公路采取双向2车道通行，并且交通量低于20 000 pcu/d。

②扩改高速公路周边具有平行于扩改高速公路的其他国省高速公路或一、二级干线公路。

③因恶劣天气、意外事故、自然灾害等因素导致扩改高速公路不具备通行条件。

（3）短途普通道路分流。

短途普通道路分流，是指在扩改高速公路周边的路网节点，引导区域内的短途交通通过当地的其他普通公路和城市道路分流。短途交通一般占高速公路常规交通量的10%~45%，这类交通对分流的敏感性较强，并且受扩改高速公路沿线进出口匝道施工的影响较大，需要结合当地路网结构和主要交通起讫点分布确定分流路径，并加强分流点管理。通常在下列情况可考虑采取短途普通路网分流：

①扩改高速公路采取2车道通行，并且交通量低于20 000 pcu/d。

②扩改高速公路周边的公路网和城市道路网发达，并且技术等级较高。

3. 成乐高速的分流路径

（1）分流条件。

成乐高速的两个方向分流条件存在较大差异。其中，乐山往成都方向的主要可用分流路线如图3-6所示。该方向具备在乐山方向上游实施远程高速公路诱导分流的基础上，对乐山至眉山沿线各收费站以及成乐高速与遂资眉高速相交的眉山南枢纽实施中、短途强制分流的可选择路径较为丰富。其中，乐山往成都方向交通可途经乐自高速、成丽高速（仁沐新高速）、遂洪高速（遂资眉高速）、成仁高速至成都第一绕城高速，增加的绕行距离约为20 km；夹江、青神往成都方向交通可途经成乐高速乐山至眉山段、遂洪高速（遂资眉高速）、成仁高速至成都第一绕城高速，增加的绕行距离约为29 km；眉山、彭山往成都方向交通可途经眉山太和、土地、悦兴收费站驶入成都第三绕城高速，再进入成仁高速、成雅高速到达成都，增加的绕行距离约为20 km，此外，该方向交通也可通过国道G245、剑南大道、岷东大道、滨江大道等地方道路到达成都。

成都往乐山方向的主要可用分流路线如图3-7所示。该方向虽然可在成都方向的上游采取远端分流措施，引导车辆选择经由成仁高速、仁沐新高速和乐山绕城高速绕行前往乐山，增加的行程约为20 km，但由于成都至乐山方向的车辆一般从成雅高速公路驶出，并经青龙场枢纽转入成乐高速前往乐山，导致对该方向分流路径的选择相对受限。其中，在青龙场枢纽互通分流经成雅高速、乐雅高速公路前往乐山的行程将由原来的

90 km 增加至 153 km，在青龙场枢纽互通分流经成雅高速、乐雅高速、遂资眉高速、成乐高速眉山至乐山段前往乐山的行程将由原来的 90 km 增加至 180 km，增幅均较大。此外，对于驶入成雅高速公路前往青龙、彭山方向的车辆，除了只能通过成雅高速新津南收费站出站经国道 G245（原省道 S103）绕行，没有其他分流道路可选之外，在国道 G245 和成雅高速新津南站还分别存在着路段通行能力有限和收费站出口车道数少、出站车辆需要经过 135°反向掉头后才能进入国道 G245，容易造成严重拥堵和安全事故。

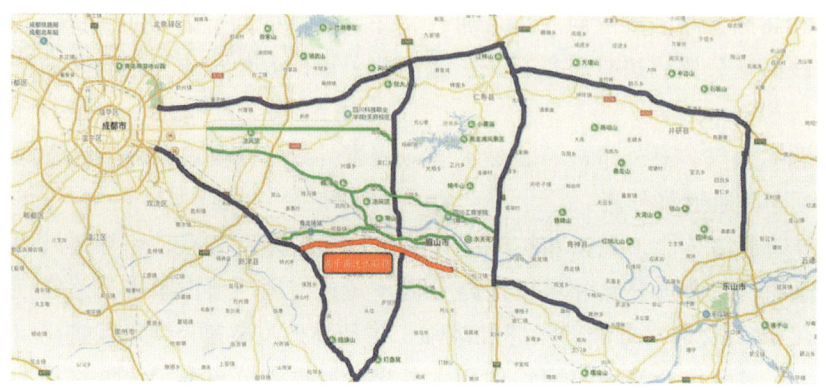

图 3-6　乐山往成都方向的主要分流路径

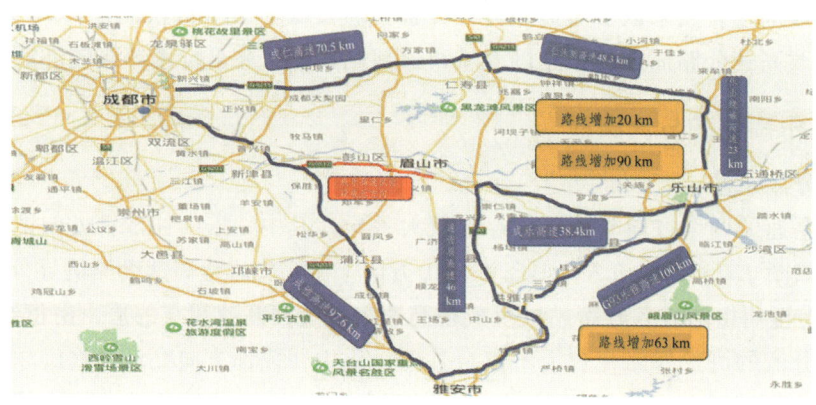

图 3-7　成都往乐山方向的主要分流路径

（2）分流路径。

针对成都至乐山和乐山至成都两个方向及其沿途的路网分流条件，成乐高速扩改项目在试验段施工期间实际选择的主要交通分流路径，从乐山往成都方向有 6 条，从乐山往眉山方向有 2 条，从眉山往成都方向有 3 条，从成都往乐山方向有 2 条，如表 3-2 和图 3-8 所示。

表 3-2　成乐高速扩改施工期间交通分流路径

交通流方向	分流线径
乐山至成都方向	路径 1：在遂资眉高速匝道处分流至遂资眉高速东坡站，再经岷东大道至剑南大道绕行至成都

续表

交通流方向	分流线径
乐山至成都方向	路径2：在遂资眉高速匝道处分流至遂资眉高速东坡站，再经岷东大道至简蒲高速土地收费站至成仁高速绕行至成都
	路径3：在乐山绕城高速上站经蓉丽高速、遂资眉高速至成仁高速绕行至成都
	路径4：在遂资眉高速匝道处分流至遂资眉高速东坡站，再经岷东大道至简蒲高速土地收费站至成雅高速，绕行至成都
	路径5：在遂资眉高速匝道处分流至遂资眉高速，再经成仁高速绕行至成都
	路径6：在遂资眉高速修文收费站分流至工业环线、工业大道，再经简蒲高速悦兴收费站至成雅高速，绕行至成都
乐山至眉山方向	路径1：在青神收费站出站经省道S103线绕行至眉山
	路径2：在遂资眉高速修文收费站出站经工业大道绕行至眉山
眉山至成都方向	路径1：经国道245在新津南收费站经成雅高速绕行至成都
	路径2：经岷东大道在土地收费站进入成都第三绕城高速，然后从黑龙潭收费站经天府大道绕行至成都
	路径3：经岷东大道、剑南大道绕行至成都
成都至乐山方向	路径1：经成仁高速、蓉遵高速、遂资眉高速、蓉丽高速绕行至乐山
	路径2：经成仁高速、蓉遵高速、遂资眉高速、成乐高速绕行至乐山

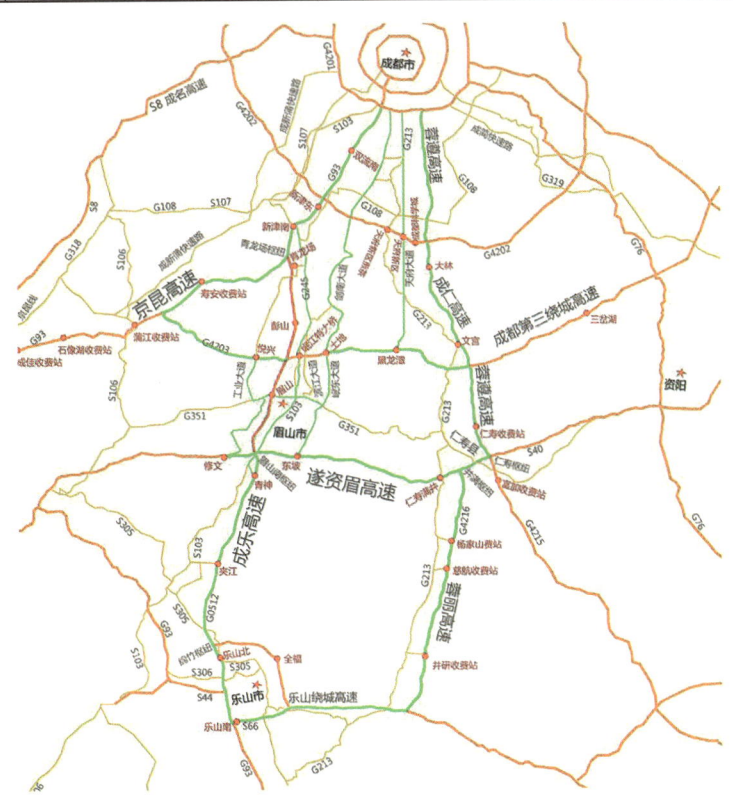

图 3-8　成乐高速扩改交通分流路径

3.1.4 路网分流交通量调配

1. 分流交通量基本调配方法

在对高速公路扩改施工路段的交通进行路网分流时，应当首先准确测算扩改路段在施工期间需要分流交通量的长途、中途、短途构成及其方向和区间分布，并根据在周边路网中拟定的备选分流路径的富余交通量承载能力和迂回连通条件，合理确定分流路径和各分流路径可能分担的交通量类型、方向和区间范围。然后，根据路网结构特征筛选可以直接或间接影响所选分流路径交通量的各交通枢纽、道路交叉口、高速公路收费站等关键分流节点，并对这些分流节点及其相关路段的基础设施条件和交通状况进行调查，评估其能够承担的主要分流对象和分流交通量情况。最后，在确保各分流路线服务水平不受较大影响的前提下，系统平衡地确定路网分流的各路径交通量分配和关键分流节点，并根据各分流节点的分流任务和分流条件落实具体的交通量调配措施。路网分流可采用的交通量调配方法主要有分时段交通分流和分层次交通分流两种。

（1）分时段交通分流。

由于高速公路扩改工程在各个施工阶段的通行条件不同，因而可在不同施工阶段通过采取不同的路网交通分流方法来达到调配分流交通量的目的。

在路基施工阶段，扩改施工路段的通行条件基本保持不变，只有在上跨桥、涵洞通道等结构物施工造成局部路段的通行能力下降时，才需要选择对当地短途交通进行分流。

在水稳层和路面下面层施工阶段，以及对桥梁上部结构拼接施工时，如果全线采用半幅封闭施工，另半幅双向通行的方式，只需要在高峰时段对部分路段的短途交通进行分流；如果全线采用半幅封闭施工，另半幅单向通行的方式，则需要在封闭方向对长途、中途、短途交通同时进行路网分流。

在路面施工阶段，如果采用新建路基及路面下面层行车的半幅双向通行方式，只需在高峰时段对部分路段的短途交通进行分流；如果采用半幅单向通行方式，则需要在封闭方向对长途、中途、短途交通同时进行路网分流。

在交通工程及沿线设施、景观绿化施工阶段，扩改建设路段已至少具备双向 4 车道通行条件，一般不再需要采取交通分流措施。

（2）分层次交通分流。

分层次交通分流是从一种从定量角度对扩改高速公路进行交通分流的方法。该方法立足于扩改高速公路的整个周边路网，从分流车型、节点优先级、节点分流方法及目标饱和度等多角度多层次递进，计算出不同交通时段的交通分流量，使分流后整体路网及特殊路段的交通量分布趋于最优。分层次交通分流由于考虑了交通的不确定性，不仅适用于正常情况下的交通分流，也适用于旅游旺季和节假日期间等非正常情况下的交通分流。分层次交通分流方法的层次递进关系如下：

① 第一层目标饱和度。考虑交通的不确定性,根据分流后扩改施工路段的期望服务水平确定两个不同的分流目标饱和度,进而确定不同分流目标饱和度下的分流方案,便于应对特殊事件情况下的分流。

② 第二层交通分流范围。根据交通分流协调工作难度和损失严重性情况,建议优先考虑短途普通道路交通分流,然后再考虑中途干线公路分流,最后进行远程高速公路分流。

③ 第三层分流车型。明确分流车型,在同一目标饱和度下,优先对重型和中型货车进行分流,再对中小客货车进行分流;

④ 第四层节点优先级。根据节点分流条件的好坏确定节点分流优先级,分流条件越好的越优先分流,并通过优先级高的节点分流缓解优先级低的节点分流压力,优化整体分流方案。

⑤ 第五层节点分流控制方法。节点分流控制方法有匝道出口分流和匝道入口限入两种,分流过程中应优先采用匝道入口限入实施交通分流,然后再选择匝道出口分流。

2. 成乐高速的分流交通量调配

(1) 分流交通量调配措施。

为实现对路网分流的各分流路径交通量调配目标,成乐高速扩改项目按先诱导分流、再强制分流的基本思路,采取了发布施工分流信息和分级设置交通诱导点、交通分流点、交通管制点等措施,并持续跟踪评估交通分流方案和分流措施的分流效果,根据扩改施工、交通运输和应急保畅的需要及时进行调整和改进。

① 发布施工分流信息。

发布施工分流信息的具体措施包括:由高速公路的公安交通管理部门、交通执法部门和运营单位在电视台、FM101.7交通广播、熊猫App等公共信息平台,提前发布成乐高速在扩改施工期间,乐山至成都方向禁止通行时间、区间和建议绕行路线等相关信息;由高速公路的公安交通管理部门联系高德、百度等地图公司更新成乐高速扩改施工路段的乐山至成都方向禁止通行信息,并调整推荐导航路线;在成乐高速的乐山至眉山段沿途以及乐山绕城高速、蓉丽高速、遂资眉高速等周边相关高速公路驶往成乐高速方向的收费站、服务区、跨线天桥悬挂醒目宣传标语,提示成乐高速扩改施工路段的乐山至成都方向禁止通行时间、区间以及建议绕行路线。

② 设置交通诱导点。

根据分流需要,在施工路段及其相关互通高速公路的上游主要交通枢纽、收费站设置交通诱导点,并在其前方增设相应交通诱导指示标志、标牌和可变信息情报板。必要时,可对交通枢纽和收费站采取临时关闭部分入口匝道等措施,限制进入扩改施工路段或其他相关分流路线的交通量,确保驶入各路线的交通量不超过其通行能力,如图3-9所示。

图 3-9 关闭交通枢纽入口匝道

成乐高速扩改工程项目的试验段施工期间,在乐山市区的绵竹枢纽、张徐坝枢纽、安谷枢纽、凌云枢纽,乐山绕城高速与蓉丽高速交叉的三江枢纽,遂资眉高速与蓉丽高速交叉的满井枢纽,遂资眉高速与蓉遵高速交叉的仁寿枢纽,以及遂资眉高速的修文、东坡收费站出口匝道,成乐高速乐山至眉山段的青神收费站出口匝道,均设置了相应交通诱导点,提示需要经由成乐高速扩改试验段的车辆自主提前通过其他高速公路绕行,或者驶出高速公路经由其他普通国省道公路绕行。

③ 设置交通分流点。

成乐高速扩改项目通过在相关交通枢纽和收费站设置交通分流点的方式进行路网交通强制分流,禁止互通相交的其他高速公路和主要干线公路车辆驶入扩改施工路段。例如,试验段施工期间在眉山南枢纽设置交通分流点,对洪雅方向通过遂资眉高速由西向东的车辆禁止左转进入扩改施工路段,并引导前往眉山、彭山、新津片区的车辆继续向东行驶通过东坡收费站出高速经岷东大道绕行,引导前往成都方向的车辆继续向东行驶到仁寿枢纽左转到蓉遵高速绕行;对仁寿方向通过遂资眉高速由东向西的车辆禁止右转进入扩改施工路段,并引导其继续向西行驶通过修文收费站出高速经工业大道绕行;对成乐高速乐山至眉山段由南向北的车辆禁止进入扩改施工路段,并引导前往眉山、彭山、新津片区的车辆右转到遂资眉高速向东行驶通过东坡收费站驶出高速公路,经岷东大道及其他交通诱导点绕行,以及引导前往成都方向的车辆右转到遂资眉高速向东行驶到仁寿枢纽左转到蓉遵高速绕行。

交通分流点一般采取出口匝道控制方式进行强制分流,即在交通枢纽和收费站的主线上游将行驶车辆引流出本高速公路。分流的方式有按车型分流和按目的地分流两种,图 3-10 所示为成乐高速扩改试验段在路面施工期间采取的按目的地强制分流措施。

④ 设置交通管制点。

在成乐高速扩改工程的试验段路面施工期间,为了配合施工路段的半幅封闭施工、半幅单向通行需要,在其沿线的青龙收费站、彭山收费站、眉山收费站设置交通管制点,禁止乐山至成都方向的车辆进入扩改施工路段,并引导其通过工业大道、S103、G245、滨江大道、岷东大道、剑南大道、天府大道等普通国省道公路绕行，如图 3-11 所示。

图 3-10 交通分流点的分流措施

图 3-11 收费站交通管制点

（2）分流前的路网交通量。

按照成乐高速扩改项目的路面施工期间的路网分流要求，从乐山到成都方向的车辆过境交通流将通过乐山绕城高速、蓉遵高速、蓉丽高速、遂资眉高速、成都第三绕城高速、成雅高速等路线绕行。据统计，在扩改施工前成乐高速扩改施工路段和各备选分流绕行高速路线的关键节点高峰、平峰小时断面流量如表 3-3 所示。

表 3-3 成乐高速扩改段关键节点在施工前的平峰、高峰小时断面流量分布

数据点位	行驶方向	工作日/(pcu/h)			周末/(pcu/h)			节假日/(pcu/h)		
		白天平峰	晚上平峰	高峰小时	白天平峰	晚上平峰	高峰小时	白天平峰	晚上平峰	高峰小时
青龙场枢纽	成都—乐山	1 442	865	2 682	1 436	862	2 672	1 906	1 144	3 546
	乐山—成都	1 345	807	2 502	1 382	829	2 571	2 137	1 282	3 975
青龙收费站	成都—乐山	1 428	857	2 656	1 428	857	2 655	1 896	1 138	3 527
	乐山—成都	1 313	788	2 442	1 361	817	2 532	2 114	1 269	3 933
彭山收费站	成都—乐山	1 361	817	2 532	1 363	818	2 535	1 821	1 093	3 387
	乐山—成都	1 397	838	2 599	1 434	860	2 667	2 193	1 316	4 080
眉山收费站	成都—乐山	1 148	689	2 135	1 094	657	2 035	1 628	977	3 028
	乐山—成都	1 744	1 046	3 243	1 675	1 005	3 116	2 417	1 450	4 496
青神收费站	成都—乐山	1 062	637	1 974	1 015	609	1 888	1 591	954	2 959
	乐山—成都	1 816	1 089	3 377	1 747	1 048	3 249	2 527	1 516	4 701

根据各备选分流绕行高速路线的设计通行能力和调查高峰、平峰小时断面流量，计算的剩余通行能力如表 3-4 所示。可见，在对成乐高速的乐山到成都方向实施单向封闭交通期间，除了蓉遵高速的仁寿枢纽至成都段因缺乏剩余通行能力而不具备分流条件之外，其余各分流绕行高速路线对应其上游和区间内各关键节点的待分流交通量情

况，都具有相对富足的剩余通行能力，可以承担分流任务。

表 3-4 备选分流路线在扩改施工前的平峰、高峰小时断面剩余通行能力

公路名称	数据点位	行驶方向	工作日/（pcu/h）			周末/（pcu/h）			节假日/（pcu/h）		
			白天平峰	晚上平峰	高峰小时	白天平峰	晚上平峰	高峰小时	白天平峰	晚上平峰	高峰小时
蓉遵高速	成都—蓉遵高速与成都第二绕城高速节点（兴隆站）	成都—自贡	4 057	4 491	3 286	3 887	4 144	3 221	3 114	3 783	1 678
		自贡—成都	3 913	4 266	3 129	3 869	4 243	3 041	3 023	3 676	1 463
	蓉遵高速与成都第二绕城高速节点（兴隆站）—二峨山隧道	成都—自贡	2 341	2 730	1 611	2 301	2 622	1 537	1 577	2 192	161
		自贡—成都	2 324	2 685	1 595	2 314	2 641	1 538	1 546	2 212	151
	二峨山隧道—蓉遵高速与东山大道节点（万安站）	成都—自贡	2 452	2 719	1 766	2 429	2 696	1 741	1 739	2 353	449
		自贡—成都	2 157	2 556	1 259	2 135	2 550	1 204	1 348	2 083	-259
	蓉遵高速与东山大道节点（万安站）—文官枢纽（文官站）	成都—自贡	2 428	2 694	1 750	2 453	2 807	1 806	1 756	2 400	547
		自贡—成都	2 095	2 537	1 130	2 104	2 505	1 140	1 319	2 085	-280
	文官枢纽（文官站）—蓉遵高速与仁寿大道节点（仁寿站）	成都—自贡	2 512	2 780	1 954	2 640	2 831	2 046	1 869	2 383	709
		自贡—成都	1 978	2 459	944	1 960	2 449	939	1 291	2 042	-327
	蓉遵高速与仁寿大道节点（仁寿站）—仁寿枢纽（富加站）	成都—自贡	2 535	2 908	2 018	2 642	2 945	2 095	2 027	2 471	993
		自贡—成都	1 954	2 426	848	1 896	2 423	815	1 225	2 022	-489
成都第三绕城高速	简阳—蒲江段	蒲江—简阳	3 624	4 013	2 535	3 402	3 972	2 108	3 679	4 201	2 631
		简阳—蒲江	3 651	4 059	2 654	3 394	3 980	2 282	3 601	3 996	2 496
遂资眉高速	仁寿—洪雅段	仁寿—洪雅	2 760	2 922	2 856	2 922	3 306	2 627	2 856	2 817	2 472
		洪雅—仁寿	2 912	2 880	2 863	2 906	3 018	2 673	2 828	3 007	2 537

（3）分流后的路网交通量。

在成乐高速扩改工程路面施工对乐山到成都方向交通实施路网分流期间，2019年10月统计的各相关绕行线路的平峰、高峰交通流量情况如表 3-5 所示，相应的服务水平情况如表 3-6 所示。可见在分流期间除了蓉遵高速自贡往成都方向在成都至成都第二

绕城高速路段的节假日期间高峰时段,以及在成都第二绕城至仁寿枢纽路段的工作日和周末的高峰小时时段、节假日的白天平峰和高峰时段将存在明显拥堵,并且相比其在成乐高速扩改施工路段实施交通分流前的情况并无恶化之外,其余时段和其他高速公路的整体运行状况良好。

表 3-5 流量分配后各分流道路的交通流量

公路名称	数据点位	行驶方向	工作日/(pcu/h)			周末/(pcu/h)			节假日/(pcu/h)		
			白天平峰	晚上平峰	高峰小时	白天平峰	晚上平峰	高峰小时	白天平峰	晚上平峰	高峰小时
蓉遵高速	成都—蓉遵高速与成都第二绕城高速节点（兴隆站）	成都—自贡	831	499	1 546	853	512	1 586	1 677	1 006	3 119
		自贡—成都	2 161	1 296	4 018	2 164	1 298	4 024	3 568	2 140	6 636
	蓉遵高速与成都第二绕城高速节点（兴隆站）—二峨山隧道	成都—自贡	866	520	1 611	895	537	1 665	1 641	985	3 053
		自贡—成都	2 137	1 282	3 975	2 118	1 271	3 940	3 410	2 046	6 343
	二峨山隧道—蓉遵高速与东山大道节点（万安站）	成都—自贡	743	446	1 381	738	443	1 373	1 511	907	2 811
		自贡—成都	2 333	1 399	4 339	2 344	1 406	4 359	3 788	2 272	7 046
	蓉遵高速与东山大道节点（万安站）—文宫枢纽（文宫站）	成都—自贡	736	442	1 369	704	423	1 310	1 466	880	2 727
		自贡—成都	2 404	1 442	4 471	2 379	1 427	4 425	3 794	2 276	7 058
	文宫枢纽（文宫站）—蓉遵高速与仁寿大道节点（仁寿站）	成都—自贡	637	382	1 185	589	353	1 095	1 383	830	2 572
		自贡—成都	2 231	1 338	4 149	2 226	1 336	4 140	3 447	2 068	6 412
	蓉遵高速与仁寿大道节点（仁寿站）—仁寿枢纽（富加站）	成都—自贡	603	362	1 121	550	330	1 023	1 220	732	2 270
		自贡—成都	2 282	1 369	4 244	2 289	1 373	4 257	3 535	2 121	6 576
成都第三绕城高速	简阳—蒲江段	蒲江—简阳	1 506	903	2 801	1 691	1 014	3 145	1 553	932	2 889
		简阳—蒲江	1 349	809	2509	1 515	909	2 817	1 504	902	2 798
遂资眉高速	仁寿—洪雅段	仁寿—洪雅	273	289	353	289	174	538	353	212	657
		洪雅—仁寿	637	507	1 029	639	383	1 188	859	515	1 597

表 3-6 流量分配后各分流道路在不同时期的服务水平

公路名称	数据点位	行驶方向	工作日 白天平峰小时 饱和度	工作日 白天平峰小时 服务水平	工作日 晚上平峰小时 饱和度	工作日 晚上平峰小时 服务水平	工作日 高峰小时 饱和度	工作日 高峰小时 服务水平	周末 白天平峰小时 饱和度	周末 白天平峰小时 服务水平	周末 晚上平峰小时 饱和度	周末 晚上平峰小时 服务水平	周末 高峰小时 饱和度	周末 高峰小时 服务水平	节假日 白天平峰小时 饱和度	节假日 白天平峰小时 服务水平	节假日 晚上平峰小时 饱和度	节假日 晚上平峰小时 服务水平	节假日 高峰小时 饱和度	节假日 高峰小时 服务水平
蓉遵高速	成都—蓉遵高速与成都第二绕城高速节点（兴隆站）	成都—自贡	0.17	A	0.1	A	0.32	A	0.18	A	0.11	A	0.33	A	0.35	A	0.21	A	0.65	C
蓉遵高速	成都第二绕城高速节点（兴隆站）	自贡—成都	0.45	B	0.27	A	0.84	D	0.45	B	0.27	A	0.84	D	0.74	C	0.45	B	1.38	F
蓉遵高速	蓉遵高速与成都第二绕城高速节点（兴隆站）—二峨山隧道	成都—自贡	0.27	A	0.16	A	0.5	B	0.28	A	0.17	A	0.52	B	0.51	B	0.31	A	0.95	E
蓉遵高速	蓉遵高速与成都第二绕城高速节点（兴隆站）—二峨山隧道	自贡—成都	0.67	C	0.4	A	1.24	F	0.66	C	0.4	A	1.23	F	1.07	F	0.64	C	1.98	F
蓉遵高速	二峨山隧道—蓉遵高速与东山大道节点（万安站）	成都—自贡	0.23	A	0.14	A	0.43	A	0.23	A	0.14	A	0.43	A	0.47	B	0.28	A	0.88	E
蓉遵高速	二峨山隧道—蓉遵高速与东山大道节点（万安站）	自贡—成都	0.73	C	0.44	A	1.36	F	0.73	C	0.44	A	1.36	F	1.18	F	0.71	C	2.2	F
蓉遵高速	蓉遵高速与东山大道节点（万安站）—文宫枢纽（文宫站）	成都—自贡	0.23	A	0.14	A	0.43	A	0.22	A	0.13	A	0.41	A	0.46	B	0.27	A	0.85	E
蓉遵高速	蓉遵高速与东山大道节点（万安站）—文宫枢纽（文宫站）	自贡—成都	0.75	D	0.45	A	1.4	F	0.74	C	0.45	B	1.38	F	1.19	F	0.71	C	2.21	F
蓉遵高速	文宫枢纽（文宫站）—蓉遵高速与仁寿大道节点（仁寿站）	成都—自贡	0.2	A	0.12	A	0.37	A	0.18	A	0.11	A	0.34	A	0.43	A	0.26	A	0.8	D
蓉遵高速	文宫枢纽（文宫站）—蓉遵高速与仁寿大道节点（仁寿站）	自贡—成都	0.7	C	0.42	A	1.3	F	0.7	C	0.42	A	1.29	F	1.08	F	0.65	C	2	F
蓉遵高速	蓉遵高速与仁寿大道节点（仁寿站）—仁寿枢纽（富加站）	成都—自贡	0.19	A	0.11	A	0.35	A	0.17	A	0.1	A	0.32	A	0.38	A	0.23	A	0.71	C
蓉遵高速	蓉遵高速与仁寿大道节点（仁寿站）—仁寿枢纽（富加站）	自贡—成都	0.71	C	0.43	A	1.33	F	0.72	C	0.43	A	1.33	F	1.1	F	0.66	B	2.05	F
成都第三绕城高速	简阳—蒲江段	蒲江—简阳	0.31	A	0.19	A	0.58	B	0.35	A	0.21	A	0.66	C	0.32	A	0.19	A	0.6	C
成都第三绕城高速	简阳—蒲江段	简阳—蒲江	0.28	A	0.17	A	0.52	B	0.32	A	0.19	A	0.59	B	0.31	A	0.19	A	0.58	B
遂资眉高速	仁寿—洪雅段	仁寿—洪雅	0.09	A	0.09	A	0.11	A	0.09	A	0.05	A	0.17	A	0.11	A	0.07	A	0.21	A
遂资眉高速	仁寿—洪雅段	洪雅—仁寿	0.2	A	0.16	A	0.32	A	0.2	A	0.12	A	0.37	A	0.27	A	0.16	A	0.5	B

3.2 路段施工区交通组织

高速公路扩改建设项目的路段工程,在路基施工、水稳及下面层施工、路面中上面层施工和道路附属设施施工四个阶段对高速公路原有结构及车辆通行条件的改变及干扰程度存在差异,因而需要采取的交通组织措施也有所不同。

3.2.1 路基施工阶段

1. 路基施工方式及交通影响

针对原路两侧加宽、原路单侧加宽、原路外分离式加宽三种不同的高速公路扩改建设方式,其路基施工也相应分为路基两侧拼宽、路基单侧拼宽和路基分离增建三种施工方式,其施工步骤及特点如表 3-7 所示。

表 3-7 不同路基施工方式的施工步骤及特点

加宽方式	施工步骤	特点
两侧拼宽	1. 填方段:隔离施工区、拆隔离栏、基底清表夯实、桥梁下部结构施工;隔离行车区、拆原有道路侧护栏、地基处理挖台阶填土、铺土工格栅管线、分层压实至路床顶、路基形成。 2. 挖方段:分级支护开挖、逐级支护开挖或设置支挡隔离、抗滑桩挖方至路基形成	1. 基本不影响行车区,部分临时占道施工点在短时间内能快速撤离。 2. 调动大型设备或高边坡防护时可能会短时间占用部分路肩或一条外侧车道。 3. 施工作业区较短、小。 4. 对于维持原有线形及施工便利、应急保畅具有优势
单侧拼宽	1. 填方段:隔离施工区、拆隔离栏、基底清表夯实、桥梁下部结构施工;隔离行车区、拆原有道路侧护栏、地基处理挖台阶填土、铺土工格栅管线、分层压实至路床顶、路基形成。 2. 挖方段:分级支护开挖、逐级支护开挖或设置支挡隔离、抗滑桩挖方至路基形成。 3. 在新建的一侧拼宽完成后,还需进行原路的中央分隔带移位拆建、管线迁改	1. 前期施工工作面较大。 2. 适合单侧高大边坡石质边坡及调坡调线路段。 3. 工期较长,后期施工交通组织转换频繁
分离增建	1. 填方段:基底清表夯实、桥梁下部结构施工;地基处理、填土、铺土工格栅管线、分层压实至路床顶、路基形成。 2. 挖方段:清表、逐级开挖至路基形成	1. 工期较长。 2. 前期施工工作面较大。 3. 适合特大桥、隧道两侧高大边坡石质边坡路段

从表 3-7 不难看出，虽然高速公路扩改工程的路基施工在总体上对交通运营的影响程度较低，但在不同路基施工方式之间仍存在一定差异，相应的，在施工过程仍然具有采取一些必要交通组织措施的需要。

（1）两侧拼宽方式。

路基采取两侧拼宽方式施工的，施工期间的所有作业项目均在高速公路的原路面以外进行，并且除了个别施工路段由于受地理环境的限制而可能在路侧开设方便施工车辆及机具进出施工区的通道口之外，对高速公路的原路面上车辆通行基本没有影响，因此，在此阶段高速公路可维持双向原有各车道的正常通行。但为了避免路基施工作业与车辆通行之间的相互扬尘、噪声等干扰，在施工前期应对施工路段两侧设置施工区隔离及提示，在施工中后期应对施工路段两侧设置行车区隔离及提示，并尽量减少施工道口开口、加强巡查维护临时设施及施工管理。

（2）单侧拼宽方式。

与两侧拼宽方式相似，路基采取单侧拼宽方式施工时，施工期间的所有作业项目均在高速公路的原路面以外进行，对高速公路的原路面上车辆通行基本没有影响，高速公路在施工期间继续维持双向原有各车道的正常通行。但由于这种拼宽方式只在单侧路外进行施工作业，因此，施工过程只需针对路基加宽的一侧在施工前期增设施工隔离及提示，在施工中后期增设行车区隔离及提示，待拼宽的一侧路基施工完成后，再将原路上的交通流导改至新建路面，并对原路的中央分隔带、管线等进行移位拆建和迁改。

（3）分离增建方式。

对于采用分离增建方式进行高速公路扩改建设的，由于其新建部分在未接入原高速公路之前，所有的施工作业均在原高速公路之外进行，对高速公路原路面上的车辆通行完全没有影响。因此，分离增建方式在施工过程可以继续维持原有双向原有各车道的正常通行，而无需针对扩改路段采取专门交通组织措施。

2. 路基施工的交通组织

成乐高速扩改工程除少部分路段采取分离增建方式之外，基本采取两侧拼宽方式扩改，其中，在试验段项目中为缩短工期采取了全线同时施工。在路基施工阶段的主要建设内容包括征地拆迁、便道、便桥、预制场地、临时安全设施等施工准备工作，以及地基处理、主线路基加宽、上跨桥拆建和涵洞、通道改建等。

成乐高速扩改段的路基两侧拼宽有两侧填方、两侧挖方和半填半挖三种方式，如图 3-12 至图 3-14 所示。虽然不同填挖方式的主要施工内容存在差异，并且工程量均较大，但由于主要施工作业活动均在原高速公路的护栏以外进行，不侵占原高速公路的行车道，对正常交通基本无影响，因此采取的交通组织措施以临时隔离为主。

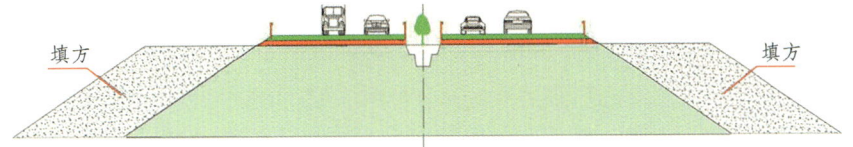

图 3-12 两侧填方段的路基施工交通组织示意

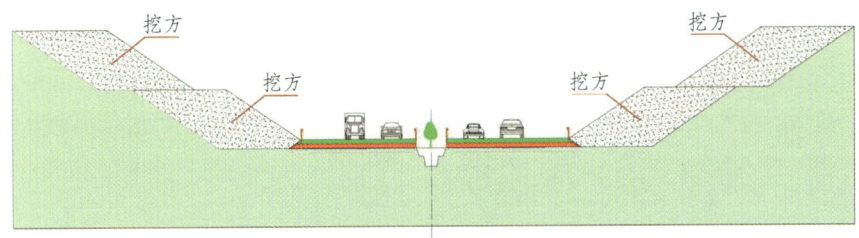

图 3-13 两侧挖方段的路基施工交通组织示意

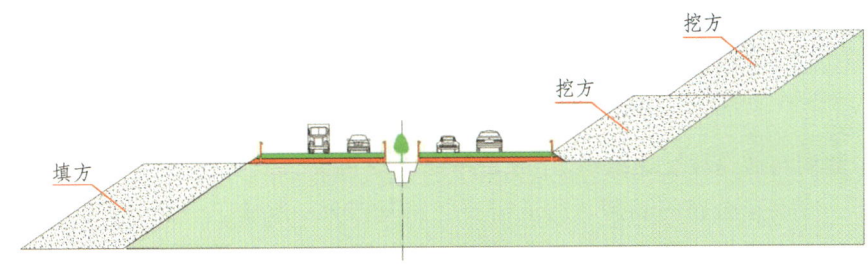

图 3-14 半填半挖段的路基施工交通组织示意

（1）常规路基交通组织。

施工中需要对施工区与行车区进行有效隔离，一般路段的临时隔离板安装在原路侧波形梁护栏外侧，通过抱箍安装在护栏立柱上。不设护栏的低填与浅挖路段采用预制混凝土隔离墩固定隔离板置于土路肩进行隔离。因大型施工设备调度或者施工作业高度增大等需要，可以短时间封闭部分施工路段的应急车道作为临时施工区，但应当同时做好现场安全防护和管控措施。

为保证成乐高速扩改段周边其他道路在施工期间的交通畅通，应当根据扩改施工对其他道路的实际影响情况，通过预先增设便道的方式来满足受影响道路的正常通行，并且为了减少修建临时便道的占地需求，便道应尽量布置在路基加宽范围内。

（2）调高路基交通组织。

调高路基是指对旧路横纵坡度进行调整而需要进行路基填方、挖方的路段。针对调高路基的交通组织一般分为 3 个阶段进行。其中，在主线两侧路基进行拓宽填筑阶段，维持原路的双向 4 车道限速通行；在两侧路基拓宽填筑完成并开始进行左幅原路调高和新旧路面拼接施工阶段，将车流引至右半幅利用拓宽路基上的临时 2 车道和原路的 2 车道保证双向 4 车道行驶，如图 3-15 所示。

当左幅路面施工完工并开始进行右幅原路调高和新旧路面拼接施工阶段，将车流引至左幅利用扩改完成的新旧路面进行双向 4 车道行驶，如图 3-16 所示。

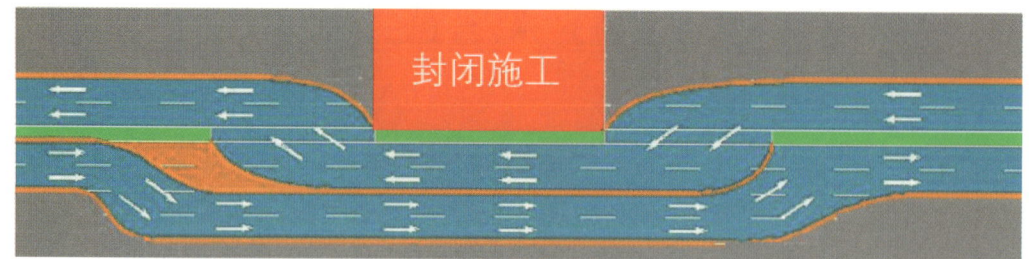

图 3-15　左幅调高路段施工交通组织

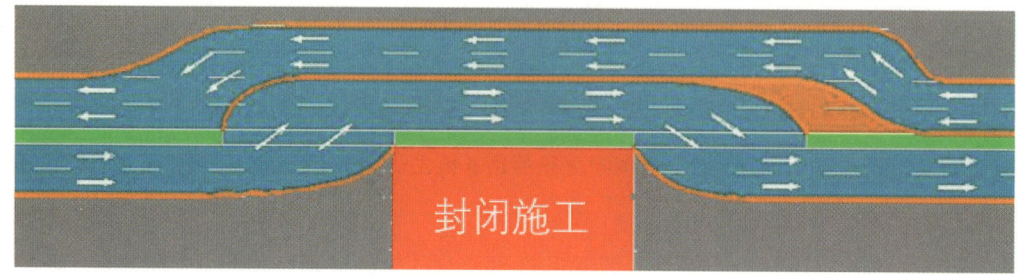

图 3-16　右幅调高路段施工交通组织

（3）涵洞与通道段交通组织。

由于下穿高速公路的涵洞、通道需要与路基部分一起施工，因此在路基填挖施工时，应当首先对涵洞、通道进行加宽施工，待桥涵加宽完成后再进行路基加宽施工，并且在扩改涵洞、通道时，要尽量采用与原结构相同的结构加长加宽。为了保证在涵洞或通道施工过程的主线行车安全，在路基加宽前应先进行路基两侧衔接段的挖基坑、钻孔灌注桩、桥台、墩柱等基础施工，并且为保证路基稳定性，需要在施工前进行预加固处理，如图 3-17 所示。

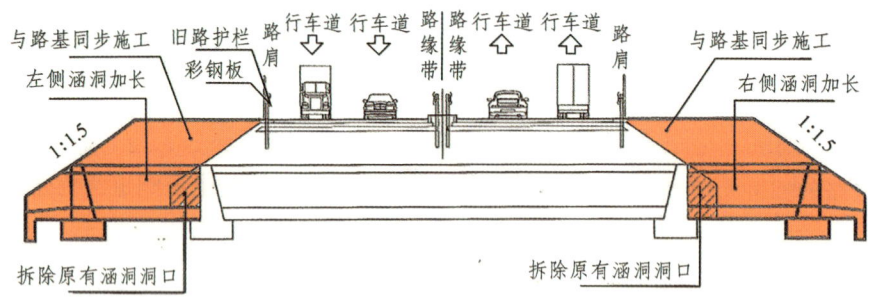

图 3-17　涵洞和通道的改建方法

虽然涵洞、通道扩改在高速公路护栏外施工不影响高速公路的交通流，但是为了方便周边居民及水流能够横穿高速公路主线，相邻的涵洞、通道在扩改时不能同时进行施工，要间隔进行。

3.2.2 水稳及下面层施工阶段

1. 水稳及下面层施工方式及交通影响

一般情况下，高速公路原路的水稳层及路面下面层不需要重新铺设，而新建部分的水稳层及路面下面层的施工方式多种多样，其中最常见的有与路基合并施工、与路面合并施工、单独施工三种方式。

（1）与路基合并施工方式。

这种方式将水稳及下面层施工和路基施工合为一个阶段，即在路基完工后马上进行水稳层及路面下面层的施工。这种施工方式适合于分段施工方式。

（2）与路面合并施工方式。

这种方式将水稳及下面层施工和路面施工合为一个阶段，即在新建部分的水稳层、路面下面层施工完成后，再继续进行新旧道路的路面中上面层施工。这种施工方式适合于全封闭式施工方式。

（3）单独施工方式。

这种方式将水稳及下面层施工单独作为一个阶段，即在新建部分的路基完全完工后，再进行新建部分的水稳层及路面下面层的施工，待水稳层及路面下面层施工完全完工后，这部分路段既可以施画临时交通标线、加装临时安全隔离设施后作为临时车行通道使用，又可以继续进行下一阶段路面中上面层的施工。这种施工方式适合于半幅封闭施工、半幅临时通行的扩改方式。

2. 水稳及下面层施工的交通组织

成乐高速扩改工程在进行新旧路面的中上面层施工时采取半幅封闭式施工、另外半幅车辆临时通行的施工方式。因此，需要将新建部分的水稳层及路面下面层施工作为一个单独的施工阶段，并且先施工半幅完成后将作为下一阶段另半幅封闭施工期间的车辆临时通道。

水稳及下面层施工阶段主要建设内容包括加宽路基部分的水稳及下面层施工、新旧道路的下部搭接，并继续完成上跨桥的拆建、涵洞和通道的改建。由于这一施工阶段需要拆除原路的护栏并部分占用原应急车道，对主线交通存在一定影响，因此其交通组织应在继续维持原路双向 4 车道通行的情况下，加强对路侧的临时交通隔离，如图 3-18 所示。

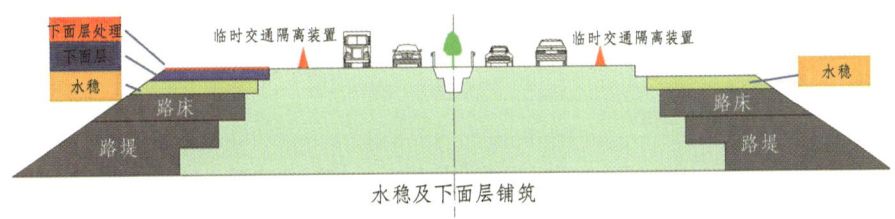

图 3-18 水稳、下面层施工阶段交通组织示意

（1）施工准备阶段的交通组织。

为确保路面拼接质量，在水稳及下面层施工前需拆除原路侧护栏，并将靠近路侧的部分原路面铣刨成台阶状。这期间保持原路的双向 4 车道通行，但由于原路面与加宽路基的落差达 90 cm，存在较大安全隐患，因此需要在应急车道中间（距离原护栏 2.0 m 处）增设临时护栏，护栏旁边每隔 10 m 放锥形筒，以确保行车安全，如图 3-19 所示。

图 3-19　施工准备阶段的临时隔离措施

为了应对各种可能突发事件和车辆故障引发的交通拥堵，在水稳及下面层施工期间应在每 1 km 施工路段上保留一处长度不小于 100 m 的应急车道，其路侧原护栏不拆除，作为交通事故或故障车辆的处理平台。同时方便应急救援和交通疏导，建议保留的应急车道所对应中分带位置应具有开口设置，如图 3-20 所示。

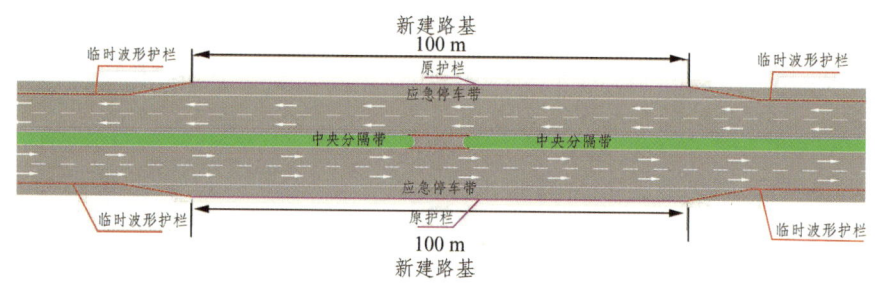

图 3-20　临时应急车道设置

（2）施工阶段的交通组织。

水稳层、下面层施工应在两侧同时进行，车辆在两侧主车道正常双向 4 车道通行。水稳、下面层施工完毕后，需立即安装新路基外侧护栏，为下一步中上面层油面施工时的行车安全做好保障。待下面层施工完后，为了方便在后续另半幅中上面层施工阶段的车辆临时通行，还需在新铺下面层上做稀浆封层处理、施划临时标线和设置临时安全设施，以确保其在后期临时通行期间的路面质量和行车安全，如图 3-21 所示。

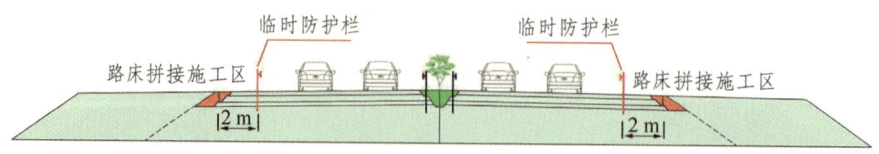

图 3-21　水稳和下面层施工阶段交通组织

待两侧的水稳层及下面层施工完成后，左右路幅的原路和新建部分均共同形成可临时单向或双向 4 车道通行能力。

3.2.3　路面中上面层施工阶段

与路基和水稳及下面层施工主要针对新建部分所不同的是，路面中上面层施工需要将旧路面刨除重新铺设，从而必须占用原路的行车道进行施工，对原路的交通影响很大，因此是高速公路扩改交通组织的核心工作。

1. 中上面层施工方式及交通影响

目前，在高速公路扩改建设中常用的中上面层施工方式主要有小段落间隔施工、以互通为界间隔施工、半幅单向通行施工、半幅先单向再双向通行施工、半幅双向通行施工等方式，不同施工方式对施工路段的交通影响各有差异。

（1）小段落间隔施工方式。

如图 3-22 所示，小段落间隔施工方式以固定的间距（一般取 3~5 km）为一个施工单元，首先将交通导改为半幅双向 4 车道临时通行，同时对向半幅封闭施工，进行沥青中上面层罩面和桥涵加固顶升；待对向半幅封闭施工完成后，再将交通导改至已经完成施工的该半幅双向 4 车道临时通行，原通行半幅封闭施工，进行与前一半幅施工相同的中上面层罩面和桥涵加固顶升；当上述施工结束后，最后转入中央分隔带（中分带）护栏和绿化施工，这时需要占用两侧路幅紧邻中分带的两个车道施工。待中央分隔带护栏和绿化施工结束，本单元的扩改工程全部完成，可依次转入下一个段落施工并直至全线扩改建设完成。

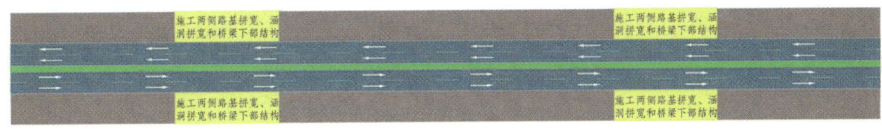

（a）阶段 1

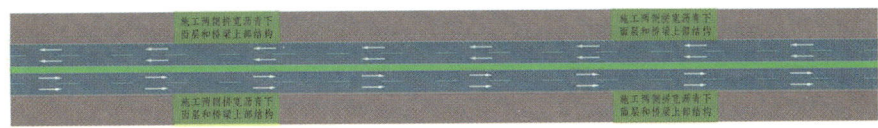

（b）阶段 2

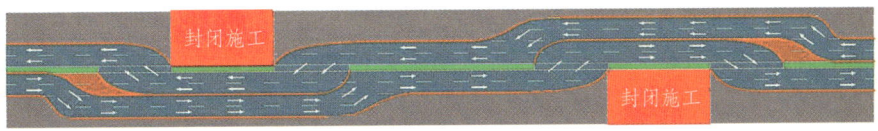

（c）阶段 3

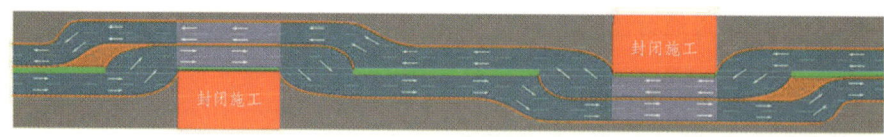

（d）阶段4

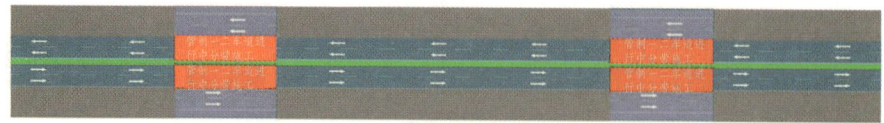

（e）阶段5

图 3-22 小段落间隔施工方式

小段落间隔施工方式对交通的影响主要有如下方面：

① 在施工期间需要采取半幅双向 4 车道通行，由于对向交通流之间临时中央隔离的防撞等级降低、缺乏防眩能力，势必增大发生对向冲撞的概率和事故严重程度，尤其在不能有效实施货车分流的情况下，会进一步增大车辆对向冲撞风险。

② 半幅双向 4 车道通行无应急救援通道，导致应急处置能力降低，应急处置不及时极易诱发二次交通事故。

③ 在吊装临时中央隔离混凝土护栏时，施工场地狭窄，施工车辆、人员通行与社会车辆通行交织，容易影响施工安全和通行安全。

④ 由于交通导改次数多、频率高等原因，导致施工时间长，长时间处于高风险状态，更容易发生安全事故。

（2）以互通为界间隔施工方式。

以互通为界间隔施工方式与小段落间隔施工方式基本相似，只是将封闭施工段落的长度调整为互通与互通之间的连续路段，如图 3-23 所示。

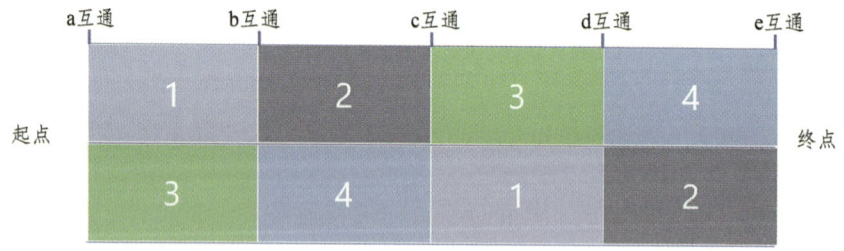

图 3-23 以互通为界间隔施工方式

相比小段落间隔施工方式，以互通为界间隔施工方式虽然可以使每次同时施工段落的长度增加，需要实施交通导改的次数减少，但却对交通存在与小段落间隔施工基本类似的不利影响。其中，由于连续半幅双向 4 车道通行段落的长度增加，将使车辆发生对向冲撞的风险更高，以及因为缺乏应急救援通道而使应急救援更加困难。因此，这种施工方式主要适用于交通量较小且货车比例较低的高速公路扩改工程。

（3）半幅单向通行施工方式。

如图 3-24 所示，半幅单向通行施工方式在施工期间只保留对车流量大或分流绕行困难方向的车辆通行，另一方向的车辆选择周边路网其他道路分流绕行的基础上，首先对施工路段的半幅进行封闭施工，对应另半幅单向 2 车道通行；待封闭半幅施工完成后，将车辆导改至该半幅的新建路面上单向 2 车道通行，另一通行半幅进行封闭施工，同时占用已完成路面施工半幅的紧邻中央分隔带两条车道进行中央分隔带护栏和绿化施工。待上述施工内容完成后，该路段的扩改工程施工全部结束。

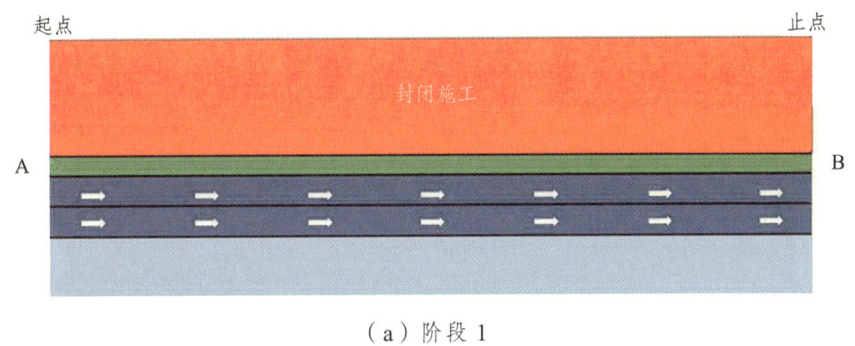

（a）阶段 1

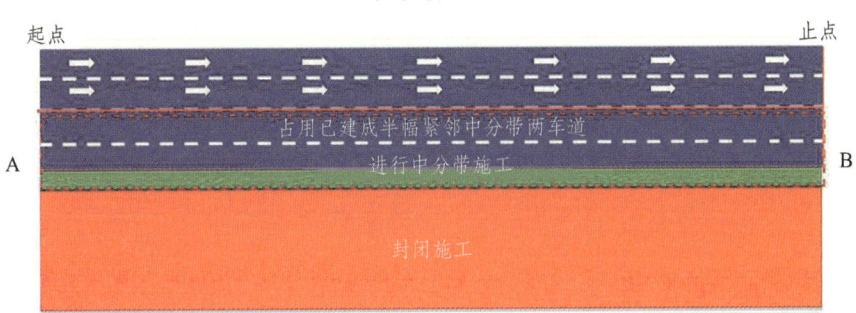

（b）阶段 2（半幅单向通行）

图 3-24 半幅单向通行施工方式

半幅单向通行施工方式完全消除了半幅双向 4 车道通行造成的安全风险，车辆对向冲撞风险低，应急救援通道正常，并且除扩改施工段的起止点因交通导改可能略有拥堵外，其他段落不受影响，对高速公路的运营安全风险和施工安全风险均较低。但由于在施工期间采用单向交通，禁止通行方向的交通需要全部强制分流到周边路网的其他道路，对这一部分的交通影响较大，因此，这种施工方式比较适合交通流量大且周边路网分流条件较好的扩改工程项目。

（4）半幅先单向再双向通行施工方式。

如图 3-25 所示，半幅先单向再双向通行施工方式的第一阶段与半幅单向通行施工方式基本相同，采取半幅施工，对应另半幅单向 2 车道通行，反方向车辆在封闭施工期间分流绕行。但在第二阶段则采取已完工半幅双向 4 车道通行，对应另半幅封闭施工，待另半幅也施工完成后，再将该半幅所对应方向的车辆导改至其新建路面通行，同时占用两侧紧邻中分带的两条车道进行中央分隔带护栏和绿化施工。待上述施工内容完成后，该路段的扩改工程施工全部结束。

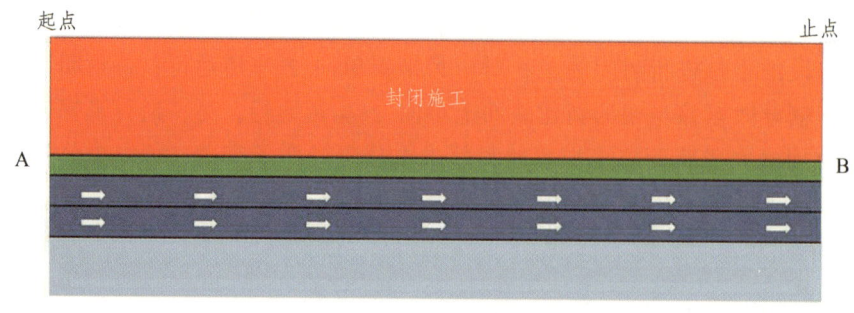

（a）阶段1（半幅单向通行）

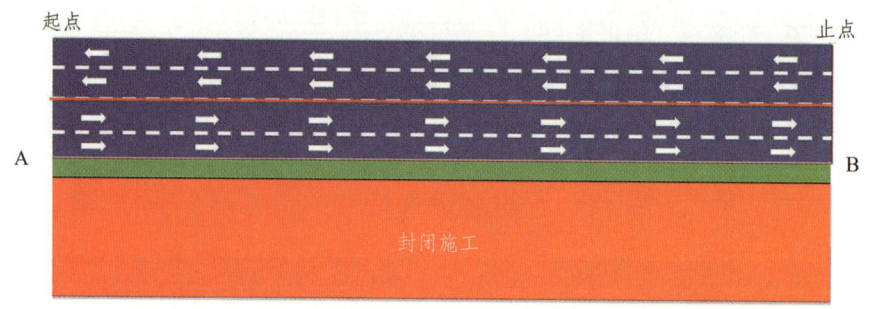

（b）阶段2（半幅双向通行）

（c）阶段3（中分带施工）

图3-25 半幅先单向再双向通行施工方式

半幅先单向再双向通行施工方式的第一阶段采取半幅单向通行，虽然对禁止通行方向的交通影响较大，且在扩改施工段的起止点因交通导改而可能略有拥堵，但是安全风险总体较低。第二阶段由于采取半幅双向通行，并且半幅双向通行距离长和缺乏应急救援通道，不仅车辆发生对向冲撞安全风险急剧上升和发生事故等突发事件时的应急救援能力降低，施工半幅方向的车辆在另半幅通行期间无法进出收费站和服务区，会严重影响通行服务质量。

（5）半幅双向通行施工方式。

如图3-26所示，半幅双向通行施工方式的每一阶段均对半幅进行封闭施工，另半幅双向 4 车道通行。待左右半幅都施工完成后，再占用两侧紧邻中分带的两条车道进行中央分隔带护栏和绿化施工。待上述施工内容完成后，该路段的扩改工程施工全部结束。

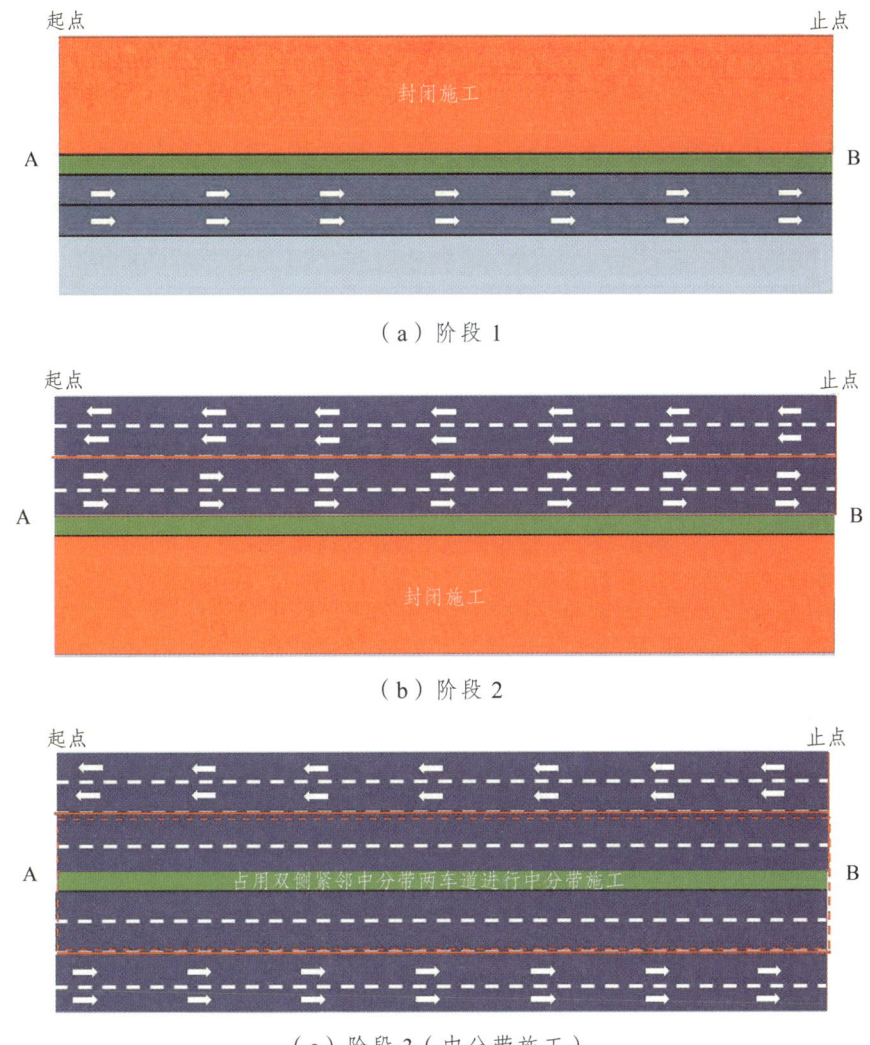

（a）阶段 1

（b）阶段 2

（c）阶段 3（中分带施工）

图 3-26　半幅双向通行施工方式

半幅双向通行施工方式由于全部采用半幅双向通行，不仅车辆发生对向冲撞安全风险大和对交通事故等突发事件的应急救援能力低，而且会导致施工半幅方向的车辆在另外半幅通行期间无法进出收费站和服务区，因而其安全性和服务水平均最差。

2. 中上面层施工的交通组织

成乐高速扩改项目的路面中上面层采取半幅单向通行施工方式，施工过程的交通组织分为左幅中上面层施工和右幅中上面层施工两个阶段进行。

（1）左幅中上面层施工阶段。

左幅中上面层施工阶段的施工内容包括左幅路基中上部的搭接、旧路的路面破碎整治、新路面铺设，以及完成对左幅沿线部分交通工程、沿线设施、绿化等附属工程的施工。

如图 3-27 所示，在这一阶段采取右幅成都至乐山方向单向 2 车道通行，乐山至成都方向的车流通过周边其他的高速公路和普通公路绕行。为此，不仅需要关闭施工路段的左幅（乐山往成都方向）收费站入口匝道，和在其上游互通路段进行强制分流和封闭枢纽互通相应转换匝道，而且需要对单向通行的右幅按限速 60 km/h 进行车道划分和在外侧设置临时隔离设施。

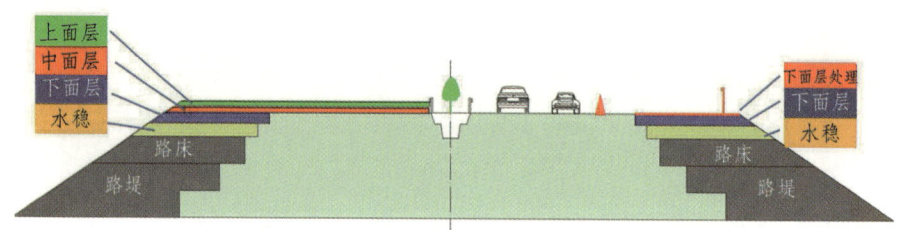

图 3-27　左幅封闭施工阶段交通组织示意

在左幅中上面层施工期间，车辆只能通过右幅行驶由右侧进出收费站和服务区，为引导车辆正确通行，需要在沿线收费站和服务区设置相应交通诱导标识，提示在收费站出站或前往服务区的行驶方向。其中，对沿线收费站的交通诱导标识牌设置应按照下列标准进行：

① 在扩改路段沿线的收费站出口前方 2.5 km 处设置"××出口 2 km""出站车辆、靠右行驶"提示牌，提示前往出站车辆提前靠右行驶。

② 在扩改路段沿线的收费站出口前方 1.5 km 处设置"××出口 1 km""出站车辆、靠右行驶"提示牌，提示前往出站车辆提前靠右行驶。

③ 在扩改路段沿线的收费站出口前方 1 km 处设置"××出口 500 m""出站车辆、靠右行驶"提示牌，提示前往出站车辆提前靠右行驶。

④ 在扩改路段沿线的收费站出口前方 500 m 处，设置"××出口"提示牌，将出站车辆引导至减速车道出站；并设置减速车道以便出站车辆减速出站；在出站减速通道内设置限速标志"限速 40 km/h"，匝道设置限速标志"限速 30 km/h"。

对沿线服务区的交通诱导标识牌设置应按照下列标准进行：

① 在扩改路段沿线的服务区前方 2.5 km 处设置"××服务区出口 2 km""前往服务区、靠右行驶"提示牌，提示前往服务区提前靠右行驶。

② 在扩改路段沿线的服务区前方 1.5 km 处设置"××服务区出口 1 km""前往服务区、靠右行驶"提示牌，提示前往服务区提前靠右行驶。

③ 在扩改路段沿线的服务区前方 1 km 处设置"××服务区出口 500 m""前往服务区、靠右行驶"提示牌，提示前往服务区提前靠右行驶。

④ 在扩改路段沿线的服务区前方 500 m 处，设置"××服务区出口"提示牌，将前往服务区车辆引导至减速车道进服务区；在减速车道内设置限速标志"限速 40 km/h"，匝道设置限速标志"限速 30 km/h"。

（2）右幅中上面层施工阶段。

如图 3-28 所示，与左幅中上面层施工阶段相比，右幅中上面层施工阶段的主要施工内容和交通组织措施都与前者基本相似，只是具体的施工和通行路幅发生了交换，即采取左幅成都至乐山方向单向 2 车道通行、右幅封闭施工，因此，需要将成都至乐山方向车辆由上一阶段的右幅路面通行全部转移到已施工完毕的左幅路面通行，而乐山到成都方向的车流则继续通过周边其他高速公路和普通公路绕行。

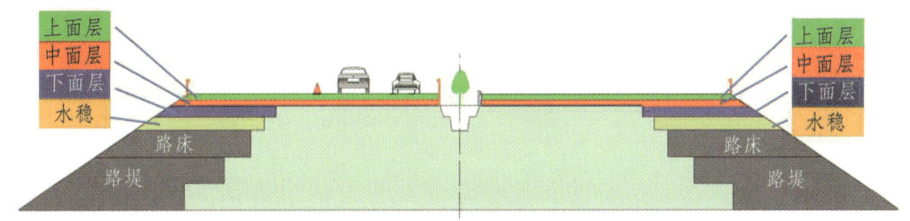

图 3-28 右幅封闭施工阶段交通组织示意

由于在右幅中上面层施工阶段的关闭路幅与左幅中上面层施工阶段相反，但通行车辆的行驶方向却相同，车辆只能通过左幅行驶由左侧进出收费站和服务区，因此，在沿线收费站和服务区设置的交通诱导标识也需要做相应的方向调整：一方面将交通诱导标识的设置位置由右幅路侧移至左幅路侧；另一方面，将交通诱导标识牌中有关在收费站出站车辆或前往服务区车辆的行驶方向提示内容，由左幅中上面层施工阶段的"出站车辆、靠右行驶"改为"出站车辆、靠左行驶"，如图 3-29 所示。

图 3-29 左幅路单向通行阶段设置的左侧出站交通诱导标志

3.2.4 附属设施施工完善阶段

由于扩改路段的大部分附属设施在前期的水稳层和路面层施工过程中已同步施工完成，在路面中上面层施工结束后，只剩余少部分中分带附属设施和道路两侧附属设施需要进一步施工完善。而此时扩改路段的左右侧路幅都已完成全部路面扩改施工，已具备双向通车条件，因此，在此阶段的所有施工作业均可以在开放双侧通行的情况下进行。

1. 中分带附属设施施工的交通组织

在施工完善阶段的中分带附属设施施工一般呈零星分布，在施工时只需利用临时隔离措施对施工区域进行局部性封闭两侧第一车道，并做好封闭施工的提前预报和交通诱导措施，施工路段的双向其余车道保持通行，如图 3-30 所示。

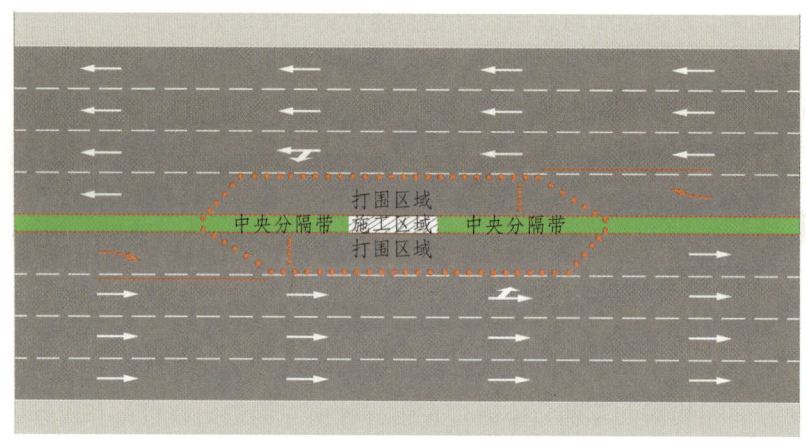

图 3-30　中分带附属设施施工封闭两侧第一车道

2. 道路两侧附属设施施工的交通组织

如图 3-31 所示，在施工完善阶段的道路两侧附属设施施工期间，需要封闭两侧应急车道，并做好封闭施工的提前预报和交通诱导措施，此时施工路段的双向全部车道保持通行。为确保车辆通行安全，对相同路段的道路两侧附属设施与中分带附属设施不能同时施工，而应当按照一定间距错开进行，并做好相应预报和交通诱导措施。

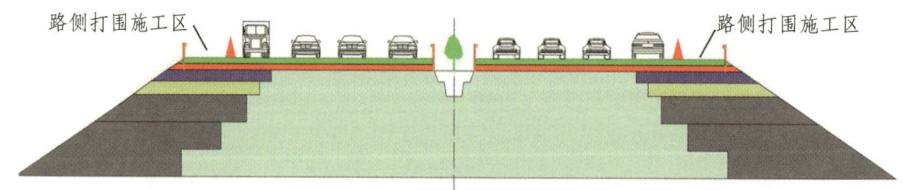

图 3-31　道路两侧附属设施施工封闭应急车道

3.3　桥梁施工区交通组织

3.3.1　主线桥梁施工交通组织

高速公路主线桥梁的扩改建设方式主要有旧桥重建并加宽、旧桥只加宽、新建桥梁等方案,而旧桥的加宽方式又有单侧拼接加宽、两侧拼接加宽、分离增建加宽等多种。本节重点分析常用的旧桥重建并两侧拼宽和旧桥只在两侧拼宽这两种施工方式的交通组织。

1. 桥梁与路段的施工同步性

一般情况下,高速公路的主线由路段、桥梁和隧道构成,在非封闭扩改施工期间对三者的施工和交通组织要协调进行,以保证交通流的正常通行。由于成乐高速扩改工程没有隧道建设项目,因此对桥梁的扩改施工只需要考虑与路段施工的协调,要求桥梁段在路段施工进入路基施工阶段和水稳及下面层施工阶段要保持原有双向全部车道通行;当路段进行左幅路面中上面层施工阶段时,桥梁段同步进行左幅路面中上面层的施工,并保证右幅至少单向 2 车道通行;当路段进行右幅路面中上面层施工阶段时,桥梁段同步进行右幅路面中上面层的施工,并保证左幅至少单向 2 车道通行;当路段施工进入完善交通附属设施阶段时,桥梁段应同步完成左右幅新建桥面的施工,并尽快完成剩余交通附属设施的施工形成扩宽后的双向全部车道通行能力。

2. 桥梁重建施工的交通组织

主线桥梁的重建施工分为两侧新建桥修建、右幅新老桥临时拼宽、左幅老桥拆除重建、右幅老桥拆除重建、恢复全幅双向通行五个阶段。

(1) 两侧新建桥修建阶段。

两侧新建桥修建阶段与路段施工区的路基施工同步进行,主要建设内容包括征地拆迁、便道、便桥、预制场地、临时工程等施工准备工作,及主线桥基础及下部施工、桥梁梁板预制、主线桥除拼接外的上部施工。

这一阶段先不拆除原桥,在老桥两侧同时修建新桥,同时桥两头路基做相应拼宽处理。虽然工程量很大,但对主线交通影响很小,通过采用临时隔离设施及安全设施,维持旧桥双向全部车道通行,如图 3-32 所示。

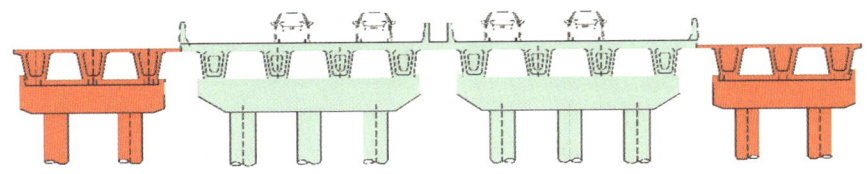

图 3-32 主线桥梁新桥修建阶段交通组织

(2) 右幅新老桥临时拼宽阶段。

待新桥修建完毕后,先占用右幅老桥的应急车道布设隔离墩,并维持该幅老桥的原有全部车道通行,然后拆除其外侧护栏,对该幅的老桥与新桥进行临时拼宽施工,并在拼宽的新桥面施划与该侧老桥对称的临时车道标线,如图 3-33 所示。

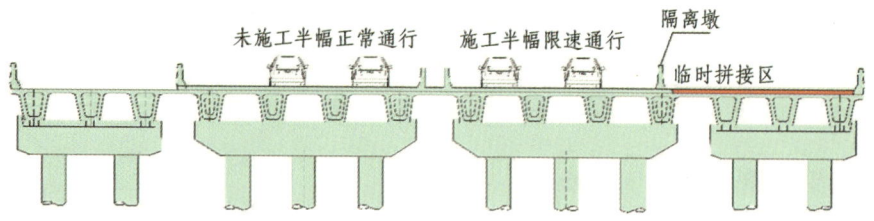

图 3-33　主线桥右幅临时拼宽阶段交通组织

（3）左幅老桥拆除重建阶段。

完成右幅新老桥临时拼接施工和施划新桥临时车道标线后，将双向车辆全部平移转换至该幅新老桥组成的对应车道通行，然后对左幅老桥进行拆除、重建和对半幅新桥的拼接及桥面上面层施工，如图 3-34 所示。

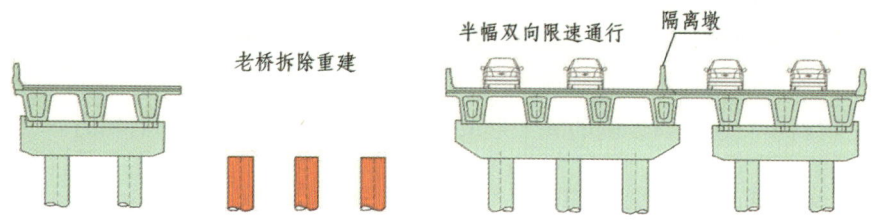

图 3-34　主线桥左幅老桥拆除重建阶段交通组织

（4）右幅老桥拆除重建阶段。

完成左幅老桥的拆除、重建和新桥拼接及桥面施工后，在新桥面中部布设临时隔离墩，然后将双向全部车辆平移转换至该幅新桥的对应车道通行，之后对右幅老桥进行拆除、重建和对半幅新桥的拼接及桥面上面层施工，如图 3-35 所示。

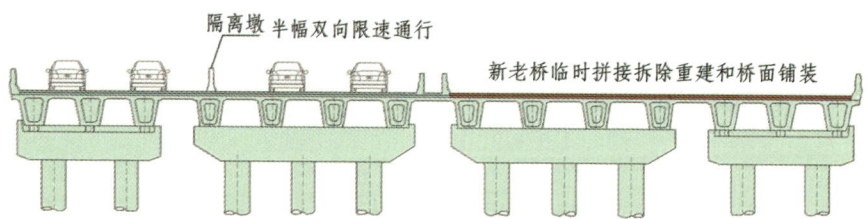

图 3-35　主线桥右幅老桥拆除重建阶段交通组织

（5）恢复全幅双向通行阶段。

当右幅新桥完成拼接后，利用左右幅的新建桥梁恢复车辆的两侧双向通行，如图 3-36 所示。

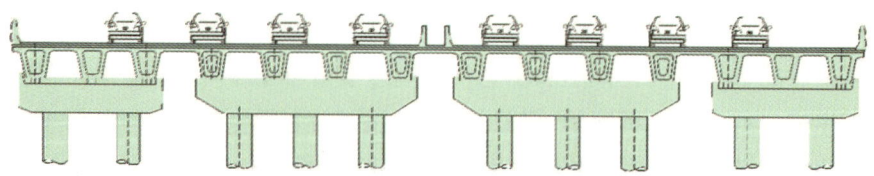

图 3-36　恢复双向通行阶段交通组织

3. 桥梁拼宽施工的交通组织

主线桥梁拼宽分为两侧新建桥修建、右幅老桥防护栏拆除、右幅新老桥临时拼接、左幅新老桥拼接施工、右幅临时拼接拆除重建、恢复桥梁双向通行五个阶段。

（1）两侧新建桥修建阶段。

两侧新建桥修建阶段与路段施工区的路基施工同步进行，主要建设内容包括征地拆迁、便道、便桥、预制场地、临时工程等施工准备工作，及主线桥基础及下部施工、桥梁梁板预制、主线桥除拼接外的上部施工。

这一阶段的桥梁下部和盖梁、梁板安装施工虽然工程量很大，但不影响主线交通，维持旧桥双向全部车道通行。梁板安装时，老桥外侧防撞护栏暂不拆除。新桥梁板安装完成后，先施工新梁板之间的横向连接，新桥与旧桥之间的横向连接暂不施工，然后完成外侧防撞护栏施工，如图 3-37 和图 3-38 所示。

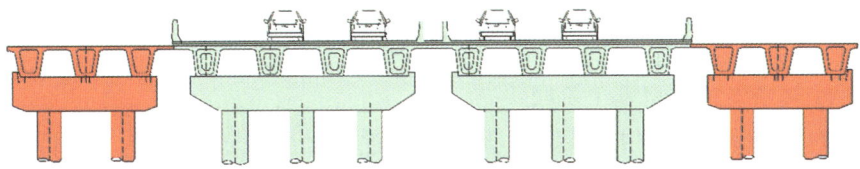

图 3-37　新建桥梁板施工阶段交通组织

图 3-38　新建桥梁板施工现场

（2）右幅老桥防护栏拆除阶段。

当加宽桥外侧防撞护栏施工完毕后，即可对右幅原桥外侧防撞护栏进行拆除。施工时，需在桥上和桥梁前后一定范围内封闭应急车道，在主车道和应急车道标线位置设置 2×1 m 的新泽西水泥护栏隔离，如图 3-39 所示。

（3）右幅新老桥临时拼接阶段。

浇筑右幅新老桥梁横向连接和桥面铺装。因车辆距离拼接区较近对混凝土质量有影响,因此拼接区的桥面铺装为临时铺装,后期需拆除重建,如图3-40所示。

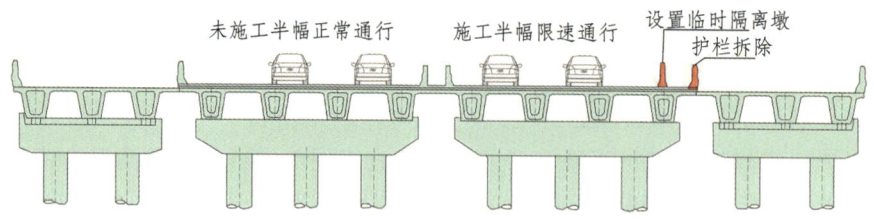

图3-39 右幅老桥防护栏拆除阶段交通组织

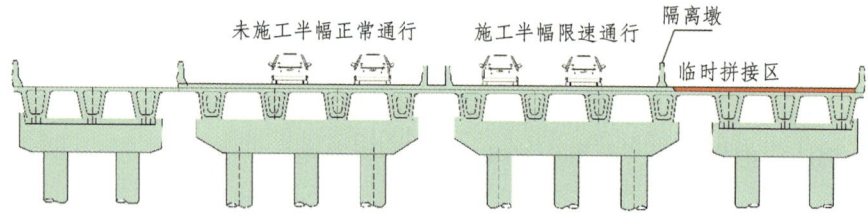

图3-40 右幅临时拼接施工阶段交通组织

(4)左幅新老桥拼接施工阶段。

完成右幅新老桥临时拼接后,车辆全部转换至此半幅双向通行,然后对左幅进行新老桥拼接和桥面铺装施工,如图3-41所示。

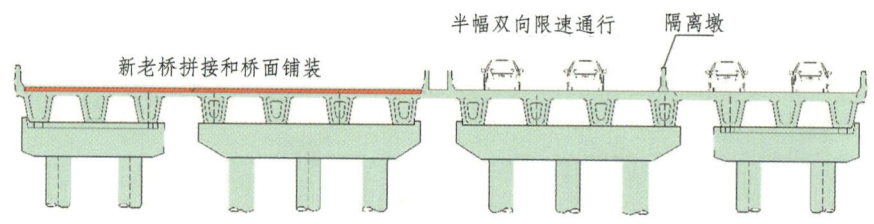

图3-41 左幅新老桥拼接施工阶段交通组织

(5)右幅临时拼接拆除重建阶段。

当左幅完成全部新老桥拼接和桥面铺装后,车辆全部转换至此半幅双向通行,然后对右幅新老桥的临时桥面拼接和铺装进行拆除重建,如图3-42所示。

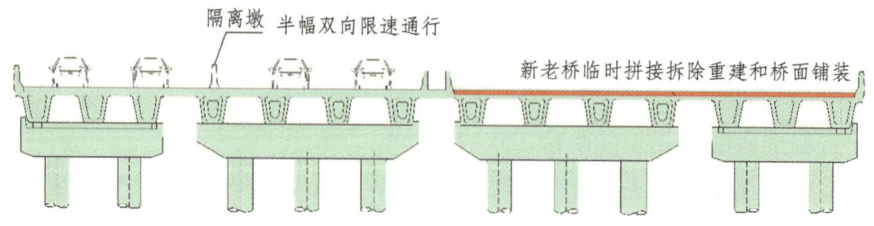

图3-42 临时拼接重建阶段交通组织

(6)恢复桥梁双向通行阶段。

完成右幅新老桥临时桥面拼接和铺装的拆除重建施工后,车辆恢复在桥梁左右幅两侧的双向通行，如图 3-43 所示。

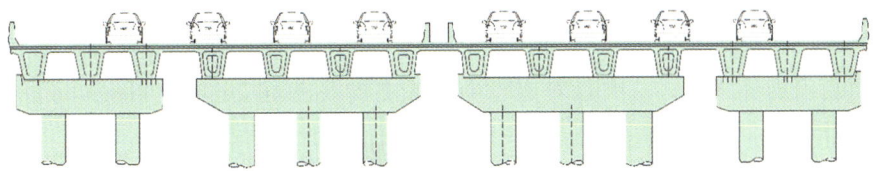

图 3-43　恢复双向通行阶段交通组织图

3.3.2　跨线桥施工交通组织

为满足加宽路基路面的要求，在路基施工期间需要对上跨桥进行同步扩改，其中，对于净空不足的上跨桥需要进行抬高重建，对于跨度不足的上跨桥需要进行拆除重建。上跨桥的扩改方式一般分为原位先拆后建、原位半拆半建、原位扩容、移位先建后拆四种。当有多座上跨桥同时施工时，每座施工的上跨桥之间应保持至少 2 km 的安全间距。为缩短封道施工时间，上跨桥的梁板及两侧防撞护栏、防抛网应在梁场内统一制作完成，在施工现场只进行整体分幅吊装。

1. 原位先拆后建的交通组织

在上跨桥交通流量不大或者有其他必要的情况下，可采取先修建便桥并拆除原桥后，再在原桥位置修建新的上跨桥。具体流程如下：

（1）在原桥的侧面并行修建一座便桥，以确保跨越扩改高速公路主线的道路交通畅通。修建便桥期间需要对主线进行交替封闭半幅路面施工，即切除部分中央分隔带，将封闭半幅的车流引至另半幅借道双向通行，并且建议限速 40 km/h。

（2）当便桥修建完毕后，将跨越主线的交通导改至便桥通行，然后对原上跨桥进行半幅交替拆除，拆除顺序依次为：主跨上部构造→边跨上部结构→边跨墩台→中墩。拆除时，参照便桥修建过程对主线进行交替封闭半幅路面和限制车流通行速度，如图3-44 所示。

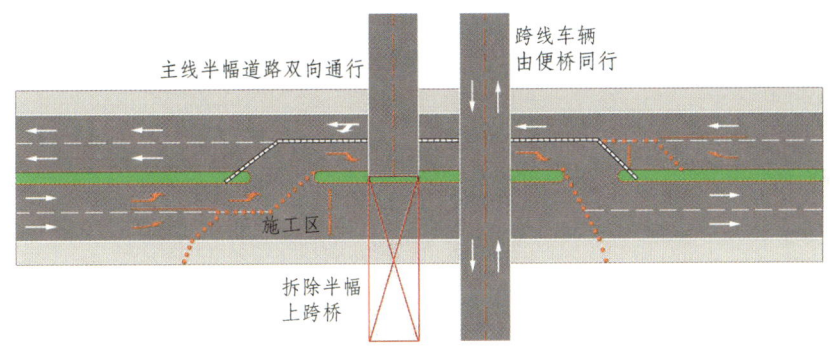

图 3-44　上跨桥原位先拆后建交通组织

（3）对原上跨桥拆除结束后，在原桥位修建新上跨桥。修建过程首先采用水马、锥形桶等安全设施进行打围，封闭原主线两侧的第一车道修建上跨桥中墩，同时拓宽路基修建两侧桥台，然后吊装梁板，或者对特殊的连续梁进行搭设支架施工，如图3-45所示。其中，吊装梁板或者连续梁搭设支架施工仍采取对主线交替分幅封闭、另半幅借道双向通行的施工方式，并且对通行半幅的主线限速40 km/h，如图3-46所示。

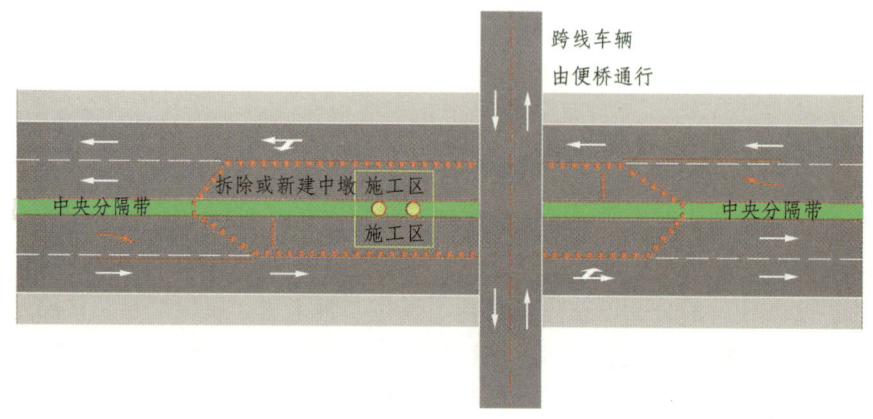

图3-45　封闭原道路两侧第一车道修建中墩交通组织

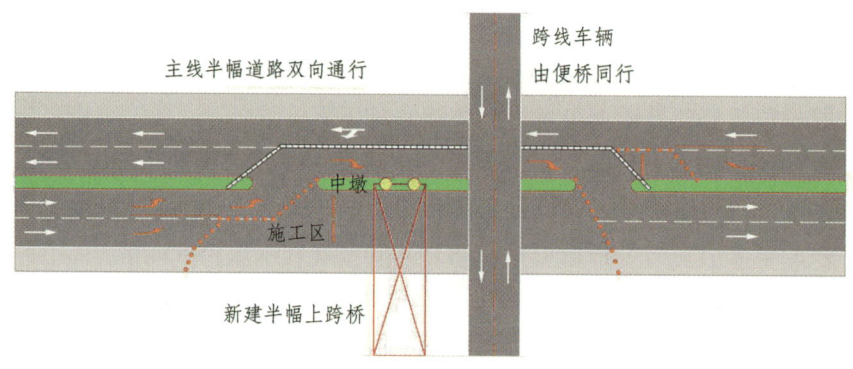

图3-46　上跨桥原位重建交通组织

（4）当新上跨桥建成后，应将跨越主线的交通导改至新上跨桥通行，然后拆除便道。拆除过程参照对原上跨桥的拆除，采取对主线交替封闭半幅路面方式施工。

2. 原位半拆半建的交通组织

对于上跨桥为左右幅分离式结构的，可采用原位半拆半建的方式进行原位重建，具体流程如下：

（1）将上跨桥的中线右侧半幅车辆，导改至左侧半幅与对向车辆双向通行，然后对上跨桥右侧半幅进行拆除。拆除过程应按照对主线进行同步交替封闭半幅另半幅双向通行的顺序，对上跨桥的进行半幅分段施工，即首先拆除如图3-47所示的第1部分，然后再拆除如图3-47所示的第2部分。

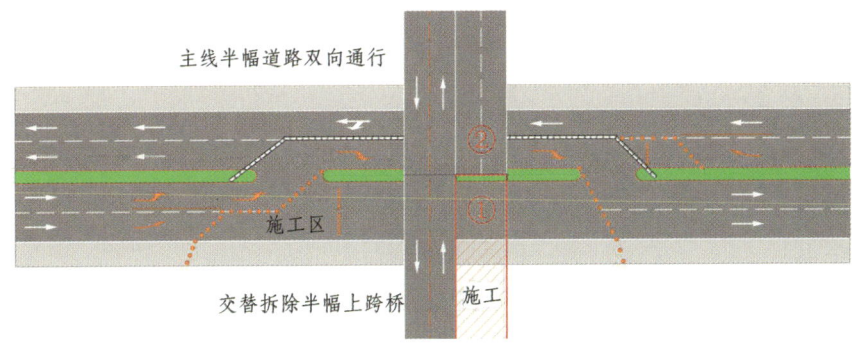

图 3-47 上跨桥半幅拆除阶段交通组织

（2）对上跨桥右侧半幅的拆除顺序为先分段拆除对应主跨和边跨上部构造，然后拆除中墩和旧桥台。拆除完成后，在原位修建新的中墩与两侧桥台，并且在拆除和修建中墩时要各封闭主线两侧靠近中央分隔带的第一车道，如图 3-48 所示。

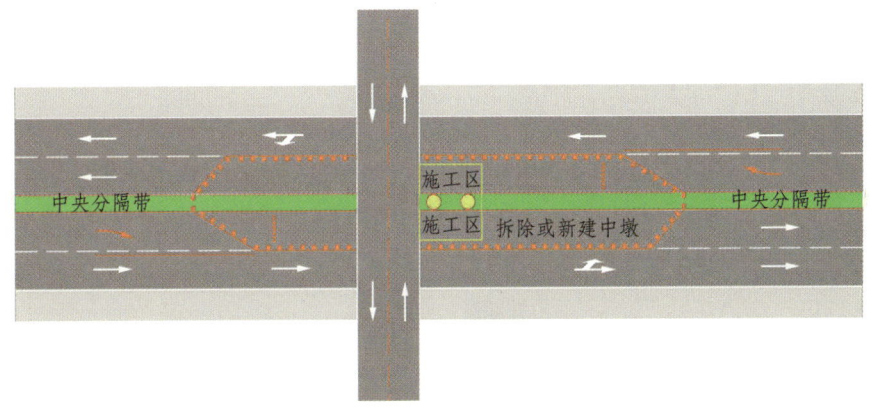

图 3-48 拆除和修建上跨桥中墩时交通组织

（3）参照对旧上跨桥右幅的拆除过程，对主线车流依次实施半幅封闭另半幅双向通行，并对封闭半幅的新上跨桥右侧半幅梁板进行分段吊装，如图 3-49 所示。

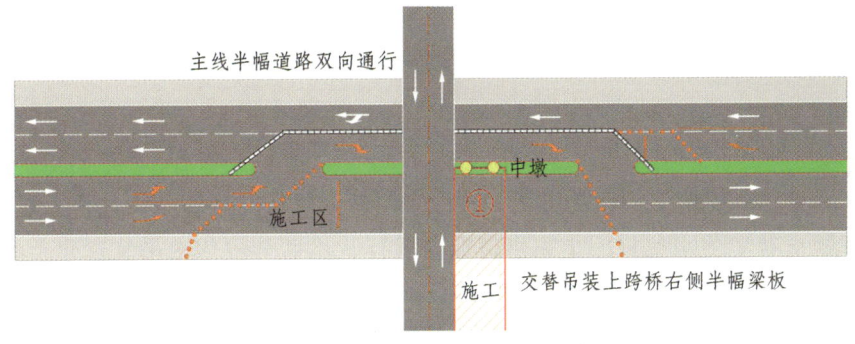

图 3-49 分段吊装上跨桥右侧半幅梁板的交通组织

（4）完成右侧半幅新上跨桥建设后，首先封闭原上跨桥左侧半幅，将跨主线车辆导改至右侧半幅新桥双向通行，然后按照与右侧半幅相同的拆建步骤，对左侧半幅进行旧桥拆除和新桥修建，以及同步对主线车辆依施工顺序交替实施半幅封闭半幅借道双向通行和封闭主线两侧靠近中央分隔带的第一车道，如图 3-50 所示。

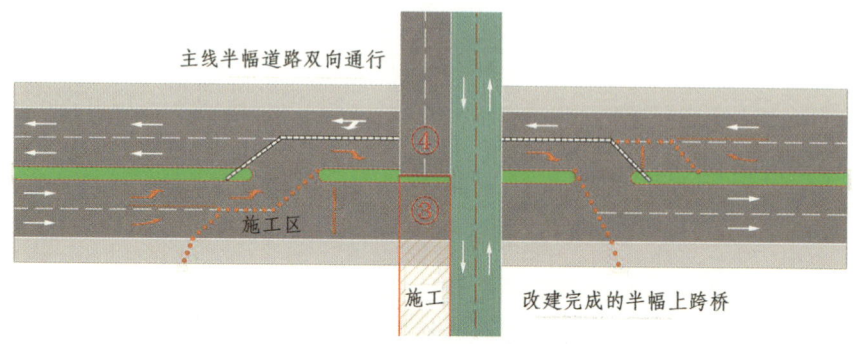

图 3-50　上跨桥左侧半幅拆建的交通组织

3. 原位扩容改建的交通组织

对于需要同步进行扩容建设的上跨桥，可采用先扩建半幅新桥再改建另半幅旧桥的方式，具体流程如下：

（1）新建右半幅新上跨桥的中墩与两侧桥台。首先对上跨桥下方的主线两侧靠近中央分隔带的第一车道进行封闭，然后在原上跨桥的一侧修建右半幅新上跨桥的中墩与两侧桥台，如图 3-51 所示。

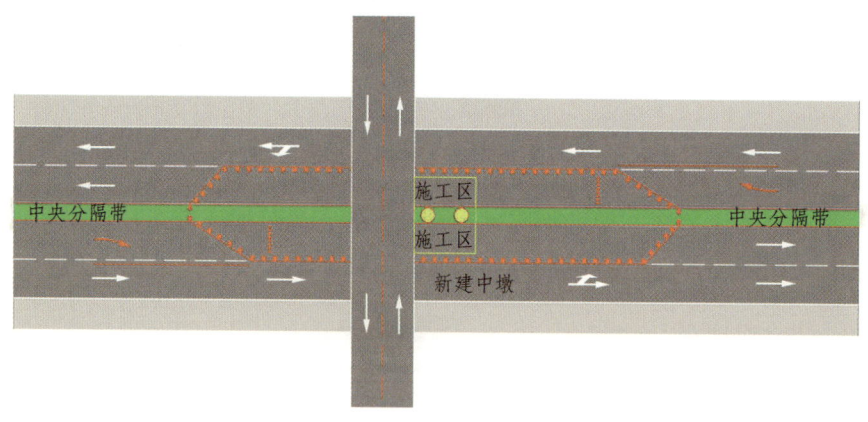

图 3-51　新建右半幅新上跨桥中墩和两侧桥台阶段交通组织

（2）吊装右半幅新上跨桥的梁板。当右半幅新上跨桥的中墩与两侧桥台施工完毕，对主线车辆交替实施半幅封闭半幅借道双向通行，然后分段依次吊装新建半幅上跨桥的梁板，并完成对该半幅新上跨桥的修建，如图 3-52 所示。

（3）拆除旧上跨桥。右幅新上跨桥修建完成后，将原上跨桥上的交通导改至新桥双向通行，然后参照前述方法对旧上跨桥进行分段拆除，拆除期间需要对主线依次交替采取半幅封闭另半幅双向通行交通组织，如图 3-53 所示。

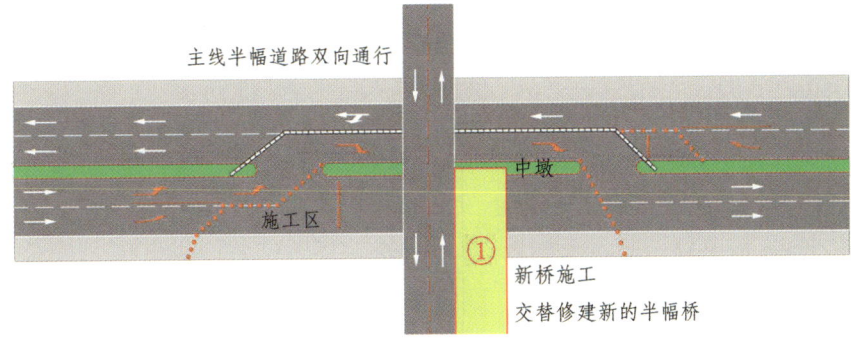

图 3-52 吊装右半幅梁板阶段交通组织

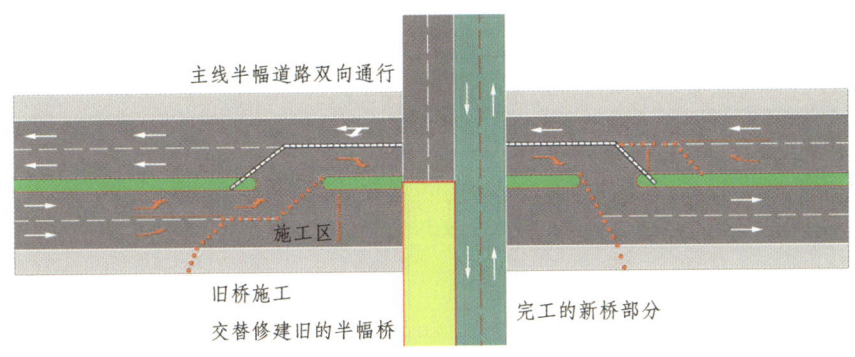

图 3-53 拆除旧上跨桥交通组织

（4）新建左半幅新上跨桥。旧桥拆除完成后，按照与右半幅相同的方式和步骤，完成对左侧半幅新上跨桥的修建。

4. 移位先建后拆的交通组织

对于跨线交通流量较大，需要在施工期间保持原上跨桥正常通车，或者因为上跨道路调整需要移位重建上跨桥的，应当在另外选定的适当位置新建上跨桥。对新上跨桥采取分段建设方式，即首先对主线交通采用半幅封闭、另半幅借道双向通行管控，同时按照顺序分段修建上跨桥，如图 3-54 所示。当新上跨桥建成后，将原上跨桥的交通导改至新上跨桥通行，然后按照与前述修建过程的相同方法对主线交通采用半幅封闭、另半幅借道双向通行管控，再对原上跨桥进行拆除，如图 3-55 所示。

5. 新建跨线桥的交通组织

新建上跨桥的施工过程不受跨线交通影响，其施工过程和交通组织都相比其他上跨桥施工方式简单，只需要参照这些施工方式的新桥修建步骤，首先封闭主线两侧的第一车道进行中墩施工，如图 3-56 所示；然后交替对主线封闭半幅交通、另外半幅双向通行，并依次进行上跨桥上部梁板吊装施工，如图 3-57 所示。

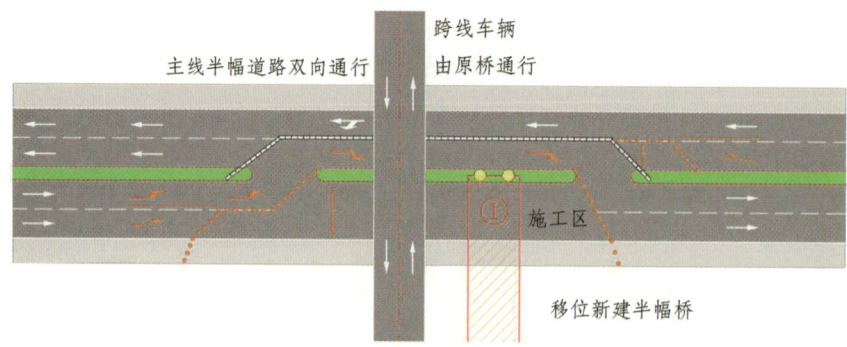

图 3-54　移位新建上跨桥阶段交通组织

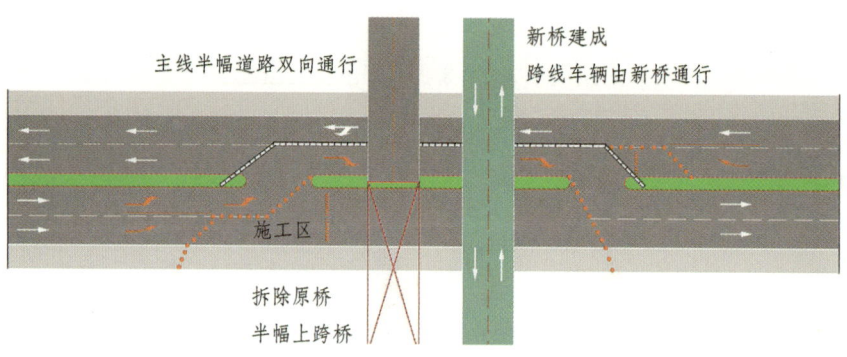

图 3-55　拆除原上跨桥阶段交通组织

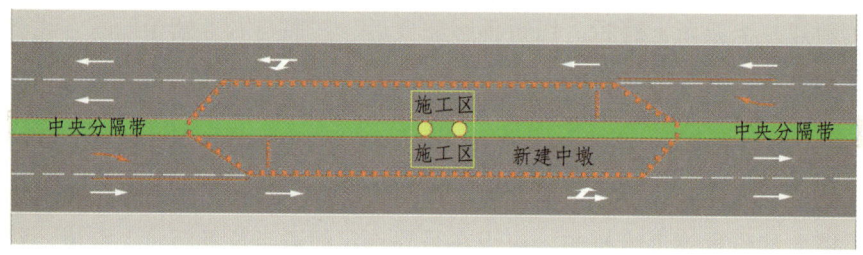

图 3-56　新建上跨桥中墩施工阶段交通组织

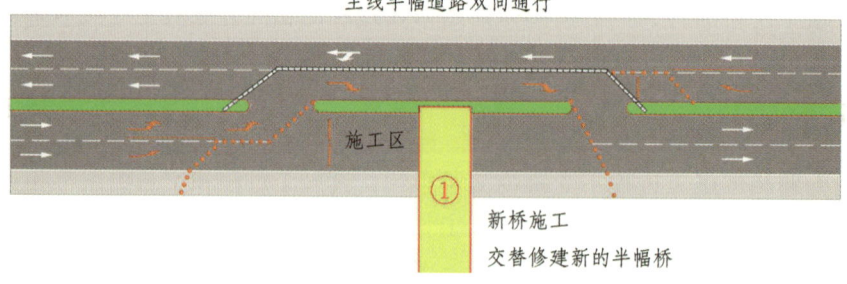

图 3-57　新建上跨桥上部结构施工阶段交通组织

3.4 互通立交施工区交通组织

互通立交的车流行驶路径复杂,其施工对主线与相交道路之间的交通转换有很大影响,扩改施工难度较大。做好互通立交扩改施工期间的交通组织,有利于保障高速公路与其他相交道路之间的交通顺利转换,减少施工对区域社会、经济的影响。

互通立交扩改施工一般包括主线拼接、匝道、跨线桥、连接部四个部分,个别互通立交扩改还需要对相关收费站进行改建,其交通组织也相应涉及路基施工、路面施工和桥梁施工等内容,包括根据互通立交的扩改设计方案、交通量和用地条件等,合理确定各部分扩改施工的顺序,以及每个施工阶段的车辆行驶路径及其转换方式等。

3.4.1 互通立交的扩改施工方式

1. 互通立交的扩改建设类型

互通立交的扩改建设主要包括原位扩建、原位改建、移位重建和新建互通四种类型。

(1)原位扩建。

原位扩建是指不改变互通立交的原有位置和形式,并且保留互通立交的大部分原工程设施,只局部改建其部分匝道。由于互通立交原位扩建具备投资低、工期短、影响范围小等优点,因此在高速公路扩改中被广泛应用。一般而言,当原互通立交符合以下情形时,可以采用原位扩建:

① 互通立交转向交通量较小,且现有互通立交形式、通行能力能够满足预测年限末期交通量要求,仅因为高速公路扩建而需要对其匝道与高速公路的连接部位进行局部调整。

② 互通立交所在区域路网没有发生大的改变,也没有重要的道路调整规划,现有互通立交能够满足区域内未来若干年内的交通需求。

(2)原位改建。

原位改建是在原互通立交位置,根据现有交通条件对互通立交的形式、匝道技术标准等进行扩改。原位改建方式主要适用于互通立交的实际转向交通量增长大于其当初建设时的预测交通量,现有通行能力已难以满足工程末期转向交通量需求的情况。这种扩改方式是在原位置对互通立交进行改建,施工过程对周边环境影响小,同时原有征地和部分工程设施可继续利用,因此在高速公路扩改中也应用较广泛。

(3)移位重建。

移位重建是指由于交通需求或路网结构发生变化,通过原位扩建、原位改建都不能适应地方交通出行的要求,需要在其他适当位置新建互通立交来取代原有互通立交。移位重建方式不受原有互通立交工程设施约束,但其匝道需上跨或下穿高速公路,高速公路两侧也需要增加拼接出入口变速车道。

（4）新建互通。

新建互通一般是由于附近有其他的道路建设，需要与高速公路扩改段的正线之间建立互通立交连接，以满足区域未来转向交通的要求。新建互通虽然在施工的过程中处于全封闭状态，但其新建匝道在上跨或下穿高速公路扩改段正线时需要采取临时交通组织措施。

2. 互通立交分级及扩改施工顺序

（1）互通立交分级。

我国《公路与城市道路设计手册》按相交道路类型和等级将互通立交分为枢纽互通立交和一般互通立交两种等级，高等级道路之间相交时通常采用枢纽互通立交，高等级道路与低等级道路相交时通常采用一般互通立交。如表3-8所示，两种等级互通立交的扩改施工的工程量、工期、桥跨情况、难易程度和社会影响等等均存在明显差异。

表3-8 两种等级互通立交的扩改施工比较

等级	工程量	工期/月	桥跨情况	施工难易程度	扩改社会影响
枢纽互通立交	大	20~24	多层次、匝道相互跨越、匝道大都采用桥梁	桥跨多、路径复杂、控制性工程多	节点重要度高、转向交通流量大、行驶速度高、出现拥堵将造成较大的社会影响
一般互通立交	少	16~20	一般为两层、匝道间跨越较少、匝道多为路堤	桥跨少、路径简单、控制性工程少	转向交通流量较小、行驶速度低

（2）扩改施工顺序。

对于高速公路沿线有多座互通立交需要扩改建设的，为了确保施工区域的正常交通出行，需要考虑扩改高速公路全线各互通立交在路网中的交通功能，按照"空间分隔、时间错开"的原则对全线互通立交的施工进行排序。

① 相邻两个互通立交的扩改施工时间应相互错开，特别是城市范围内的相邻互通立交不能同时改建，因为同时施工将影响相邻两地和城市内外的交通正常转换。

② 同一时段进行扩改的互通立交的间距应该合理，避免短距离内出现多处交通瓶颈。

③ 由于枢纽互通立交和一般互通立交的扩改施工工期不同，为了满足全线施工工期要求，应对不同等级的互通立交按照其扩改所需工期进行施工排序。

3. 施工区交通组织的基本要求

互通立交的结构复杂、结构形式和扩改方式多样，在扩改施工期间的交通组织方式和措施也相对复杂多样，但为了确保交通安全、畅通与施工成效，应当遵循以下基本要求：

(1）对全线互通立交进行分区域、分类型、分功能，合理划分各互通立交的施工时段和施工区段。

(2）尽量使施工对互通立交区域内的社会、经济和交通的影响程度最低。

(3）宏观与微观相结合，宏观上保证互通立交匝道施工顺序的合理性，与全线保通方案相配合，总分考虑互通立交通行能力与分流流量的匹配；微观上设置必要的交通标志、安全设施等，保证互通立交车辆出入的方便和安全。

(4）交通组织应和互通立交范围内的路基、路面、桥梁等扩改施工方案和施工工艺等紧密结合，确保交通组织与施工工序协调一致。

(5）临时通行的道路应该满足基本行驶要求，保证足够的侧向余宽和视距，确保行车安全。

(6）灵活布设临时匝道，优先保障交通量大的匝道的车辆通行，尽量缩短中断交通的时间[①]。

3.4.2 单喇叭形立交的整体交通组织

1. 扩改施工特征

单喇叭形互通立交是高速公路主线与其他道路形成三路互通的交叉形式，有一条匝道上跨或下穿高速公路主线，多用作沿线收费站。对这种互通立交一般采用原位扩建或原位改建方式，可以改建为双喇叭形或者其他形式。

以成乐高速扩改项目的青龙互通为例，该互通是典型的 A 型单喇叭形互通立交，匝道上跨成乐高速主线，共设 a、b、c、d 四条宽度为 8.5 m 的单向单车道匝道和一条宽度为 13.5 m 的对向分离双车道匝道，匝道设计速度为 40 km/h，平曲线最小半径为 47 m，匝道最大纵坡为 3.95%。立交区设有匝道跨主线桥 4～20 m 预应力混凝土简支空心板 1 座，如图 3-58 所示。

按照当地交通规划和现状制约因素，为实现与其他新建道路的交通转换，成乐高速扩改项目确定将青龙互通的原 3 路交叉 A 型单喇叭立交形式改为半直连+环形的十字 4 路交叉立交形式。新建连接线接规划的工业大道，废弃原青龙收费站，同时新建 4 处收费站完成对地方车辆进出高速公路的管理，如图 3-59 所示。

2. 整体交通组织

青龙互通的施工区整体交通组织与扩改工程的施工过程紧密相关，共分为三个阶段进行。

---

① 迪拉娜·努尔夏提：《高速公路改扩建施工期路网交通组织研究》，硕士学位论文，长安大学，2017 年。

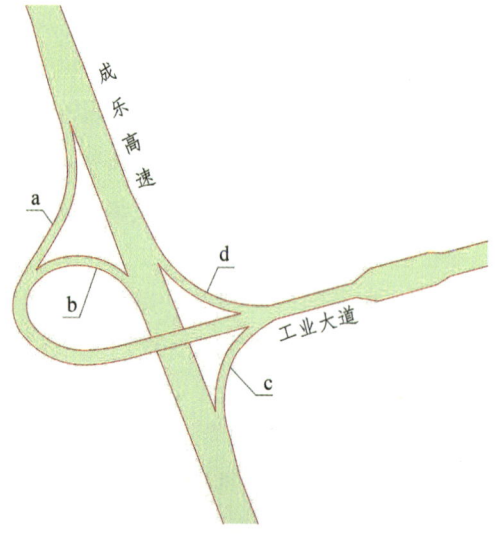

图 3-58 青龙互通立交扩改前状况

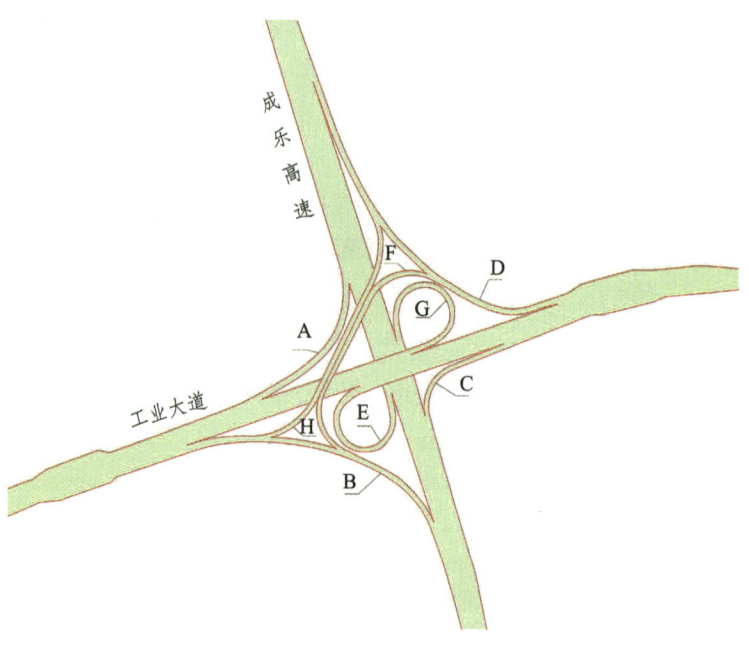

图 3-59 青龙互通立交扩改方案

（1）第一阶段。

结合成乐高速扩改的主线路段施工，对青龙互通的主线两侧对应新匝道位置的路基进行加宽施工，待加宽施工结束后，交替将其中半幅交通导改至另半幅实施双向通行，对该半幅进行路面施工。与此同时，保持原互通立交各匝道正常运行，并新建 B、C、D、E 匝道以及原互通立交区外的 A、F、G、H 匝道部分路段。

待新建 C、D 匝道完成后，废弃原互通立交的 c 和 d 两条匝道，并将其右转交通相应转移至新建的 C、D 匝道。

（2）第二阶段。

待 E 匝道修建完成后，首先将原匝道 a 的交通流导改至 E 匝道，同时封闭原匝道 b，然后拆除原 a、b 匝道及原互通立交的上跨桥部分。由于封闭和拆除原匝道 b 以及上跨桥，将导致被交线路（工业大道）的左转至主线交通流中断，因此，需要事先通过发布公告和在被交线路上游设置交通指示标志标牌，引导被交线路往乐山方向的进站车辆通过 S103 省道绕行约 15 km 至彭山互通立交进入成乐高速，如图 3-60 所示。此外，在拆除上跨桥期间还需要参照对原位先拆后建跨线桥的半幅交替拆除方式，对青龙互通的成乐高速主线进行交通组织。

图 3-60　原 b 匝道及上跨桥拆建施工期间的车辆绕行线路

（3）第三阶段。

待 a、b 匝道及上跨桥拆除完毕，在原 a、b 匝道位置修建 A、F、G、H 匝道，以及在原上跨桥位置修建 F、H 匝道的上跨桥。其中，在上跨桥墩台和桥面铺装施工时，首先封闭主线的左半幅交通，将车辆导改至右半幅双向通行，然后进行左半幅的上跨桥墩台和梁板架设；待左半幅上跨桥施工结束后，将车辆导改至左半幅双向通行，再对右半幅进行上跨桥墩台和梁板架设。最后完成互通立交的其他附属设施施工。

3.4.3　半苜蓿叶形立交的整体交通组织

1. 扩改施工特征

半苜蓿叶形互通立交一般用于两主线形成的十字交叉，高速公路主线上跨或下穿另外一条主线，通过匝道进行交通连接，匝道与主线之间是顺接关系而没有交叉。一般情况下，半苜蓿叶形互通立交可原位扩建为全苜蓿叶形互通立交，也可移位重建为其他形式的互通立交。

成乐高速扩改项目的彭山互通立交属于半苜蓿叶形互通立交结构，该互通立交采取由半苜蓿叶形移位重建为单喇叭形互通立交。扩改前，彭山互通立交的成乐高速主线上跨被交叉道路 X072，共设有 4 条宽度为 8.5 m 的单向单车道匝道，匝道设计速度为 40 km/h，内环匝道平曲线最小半径 50 m，匝道最大纵坡 2.5%，平纵面指标满足现行规范的要求。按照扩改建设方案，彭山互通立交在原桥位的西北角移位重建两座 A 型单喇叭形互通立交，其中一座 A 型单喇叭互通立交接成乐高速主线，另一座 A 型单喇叭互通立交接 X072 主线，两座单喇叭形互通立交之间的连接段设置一处收费站，如图 3-61 所示。

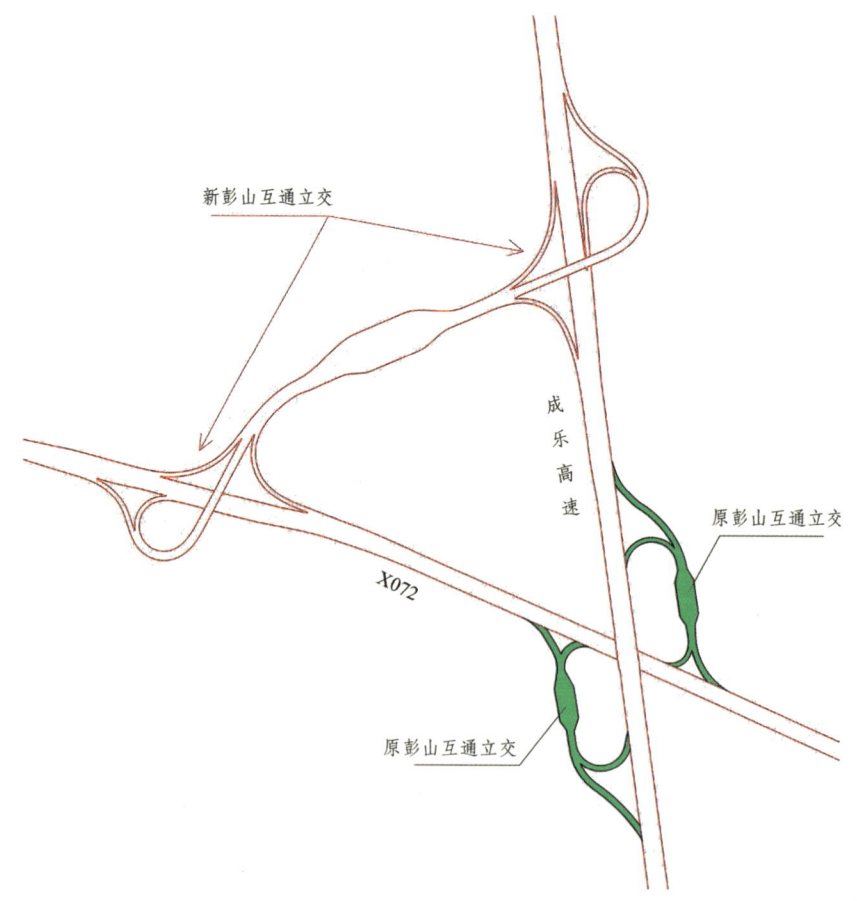

图 3-61　彭山互通立交改建方案

2. 整体交通组织

按照对彭山互通的扩改建设方案,待新单喇叭形互通立交建好投入使用后,将拆除原半苜蓿叶形互通立交,因此,扩改施工过程大体可分为新建单喇叭形互通立交和拆除原半苜蓿叶形互通立交两个阶段。

在新建单喇叭形互通立交施工阶段,首先结合成乐高速主线的路段扩改施工,对新建互通立交的成乐高速主线两侧和X072主线两侧对应匝道位置的路基进行加宽施工,待加宽施工结束后,分别在两条主线交替将其中半幅交通导改至另半幅实施双向通行,并对该半幅进行路面施工。在两条主线实施半幅交通导改至另半幅双向通行期间,参考新建跨线桥的施工方式,对互通立交的上跨桥部分进行桥梁分段施工。

待新建的单喇叭形互通立交修好后,封闭原半苜蓿叶形互通立交的各匝道入口和出口,并将成乐高速与X072之间的转换车流导改至新互通立交,然后对原互通立交进行拆除。

3.4.4 全苜蓿叶形立交的整体交通组织

1. 扩改施工特征

全苜蓿叶形互通立交一般用于两主线形成的十字交叉,高速公路主线上跨或下穿另外一条主线,通过匝道进行交通连接,匝道与主线之间是顺接关系而没有交叉。对全苜蓿叶形互通立交的扩改大多采用原位扩建,即只对原互通立交的部分匝道进行局部改建,而互通立交的整体位置和结构形式基本不变,少部分特殊情况也可采取原位改建或移位重建为其他形式的互通立交。

成乐高速的眉山互通立交为典型的全苜蓿叶形互通立交,其主线以下穿方式与眉州大道(省道106线眉山城区段)交叉,共设6条宽度为8.5 m的单向单车道匝道和2条宽度分别为10.5 m和12 m的单向双车道匝道,匝道设计速度为40 km/h,内环匝道的平曲线最小半径为60 m,匝道最大纵坡2.5%,平纵面指标均满足现行规范的要求,如图3-62所示。

按照成乐高速扩改建设方案,主线在眉山互通立交范围采用两侧拼接加宽方式扩改,单侧加宽7.75 m,互通立交的眉州大道跨线桥部分具备原位改建条件,如图3-63所示。为此,眉山互通立交采取原位加宽重建方式施工,即不改变互通立交的原结构形式,只对眉州大道跨线桥和部分匝道按照成乐高速主线扩改后的车道情况进行重建,并尽量利用原互通立交匝道。

2. 整体交通组织

眉山互通立交的扩改施工内容主要包括眉州大道跨线桥拆除和重建、立交范围内高速公路主线加宽,以及各匝道与主线连接部的局部调整三个部分,如图3-64所示。

图 3-62　眉山互通立交扩改前状况

图 3-63　眉山互通立交跨线桥部分原状

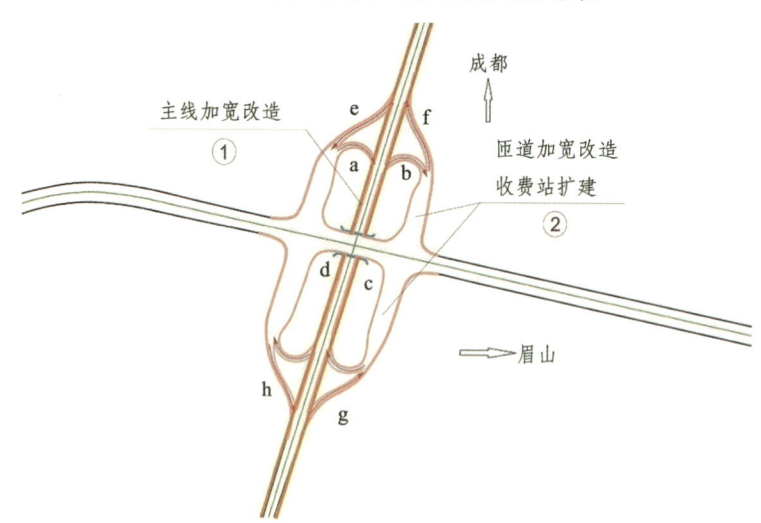

图 3-64　眉山互通立交扩改交通组织

注：1. 阿拉伯数字表示施工顺序；
　　2. 红色箭头表示车流方向。

对立交范围内高速公路主线的加宽施工与一般标准路段一致,可按照对路段施工区的交通组织方式,分为路基施工、水稳及下面层施工、路面中上面层施工、附属设施施工完善四个阶段进行相应交通组织,并在高速公路主线的中央分隔带设置开口,保证主线的加宽改建不影响匝道的车辆出入。

对匝道与主线连接部的局部调整,主要在原互通匝道的外部进行,在施工期内可维持原互通匝道的正常运营,同时在原匝道的外侧进行改建匝道的施工,整个过程对交通的影响很小;收费站在原位置两侧扩建,不影响收费站车辆的通行。

对眉州大道跨线桥的旧桥拆除和新桥修建施工,可参考本书 3.3.2 节跨线桥施工交通组织内容,采取交替封闭成乐高速主线的左侧和右侧半幅交通方式,进行旧桥分段拆除和新桥分段修建施工。其中,在封闭成乐高速主线的半幅交通进行旧桥拆除施工期间,另半幅利用应急车道和墩柱外侧临时道路形成双向 4 车道通行能力,如图 3-65 所示;在封闭成乐高速主线的半幅交通进行新桥架设施工期间,另半幅利用已完成路基施工的新建路段进行双向 4 车道通行,如图 3-66 所示。

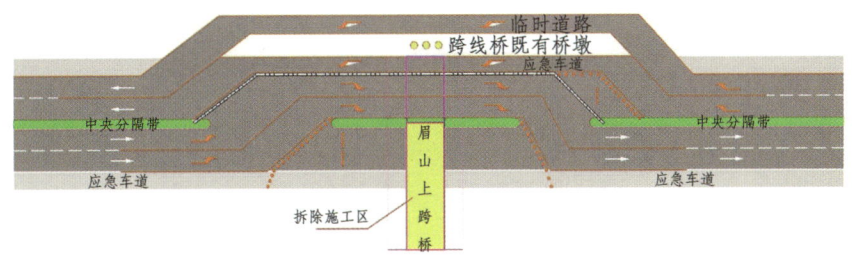

图 3-65　眉山互通立交旧跨线桥拆除期间交通组织

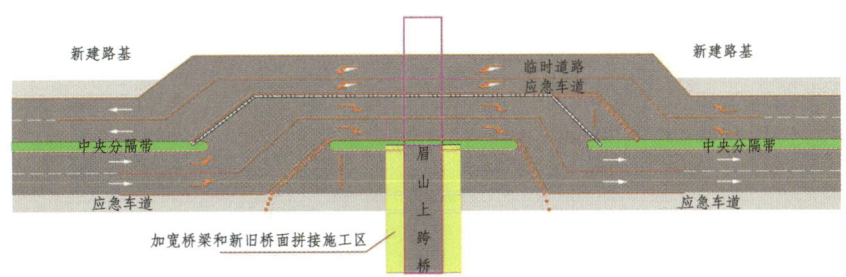

图 3-66　眉山互通立交新跨线桥修建期间交通组织

3.4.5　互通立交施工区的局部交通组织

前述各种类型互通立交扩改施工过程的整体交通组织,是从宏观角度出发,综合考虑各种互通立交扩改工程的建设条件和建设内容,拟定出互通立交的跨线桥、匝道、临时便道等设施的施工顺序,以及在此基础上确定各个施工阶段互通立交的交通转换路径。它属于一种宏观的、整体性的交通组织策略。然而在上述各阶段的具体施工过程中，还存在着大量的车道、路面转换和交通流分流、合流等关键部位的细节交通组织问题，需要按照扩改相关的施工规程和规范，制订更加详细的交通组织方案。

1. 跨线部分施工的交通组织

高速公路主线在互通立交中分下穿和上跨两种形式。两种形式的跨线桥扩改施工对主线交通的影响是不同的，交通组织方法也不尽相同。

（1）主线下穿的交通组织。

针对主线下穿型互通立交需要对跨线桥进行原位重建的，宜采取先修建便道来通行被交线路车辆，并在原跨线桥拆除施工期间交替封闭高速公路主线的半幅交通，另半幅双向通行。其中，在对跨线桥的下部构造进行钻孔成桩、临时支架搭设、桥墩施工时，应按图 3-67 所示封闭高速公路主线的两个方向内侧超车道。

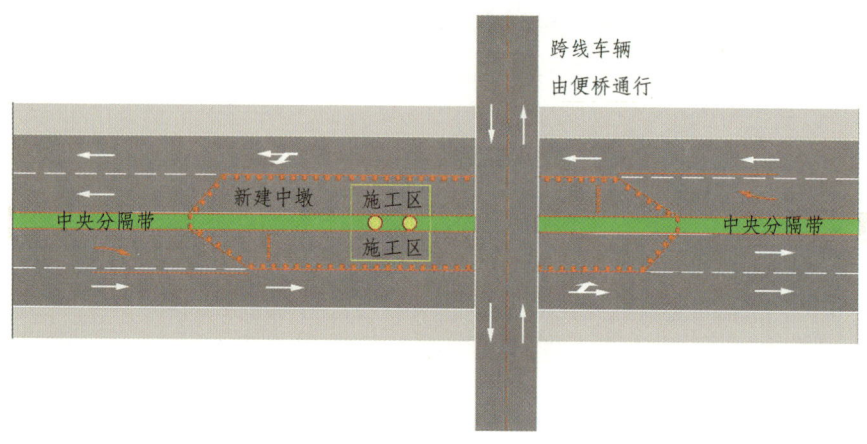

图 3-67　跨线桥下部构造施工期间交通组织

在对跨线桥的上部构造进行架梁及桥梁面铺装施工时，应按图 3-68 和图 3-69 所示，利用新泽西护栏、水马、交通锥等设施和相应的交通标志牌，交替封闭高速公路主线的半幅交通，并引导封闭半幅的车辆至另半幅双向通行。

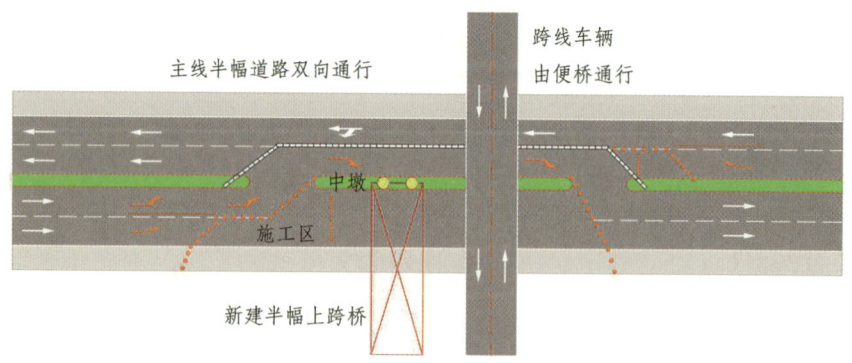

图 3-68　跨线桥上部构造半幅施工时交通组织

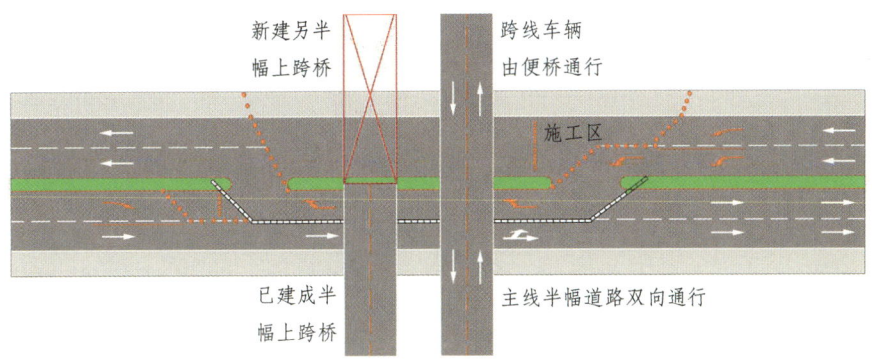

图 3-69 跨线桥上部构造另半幅施工时交通组织

（2）主线上跨的交通组织。

针对主线上跨型互通立交不需要拆除重建原跨线桥的，宜采取先在旧跨线桥两侧新建加宽部分的桥梁，待两侧桥梁加宽部分建成后再依次与旧跨线桥拼接铺装。其中，在对新桥与旧桥进行拼接铺装施工时，应根据左半幅和右半幅依次施工的顺序，按图 3-70 所示先将左半幅的车辆在跨线桥两端的路段区域导改至右半幅双向通行后，再对左半幅进行封闭施工。

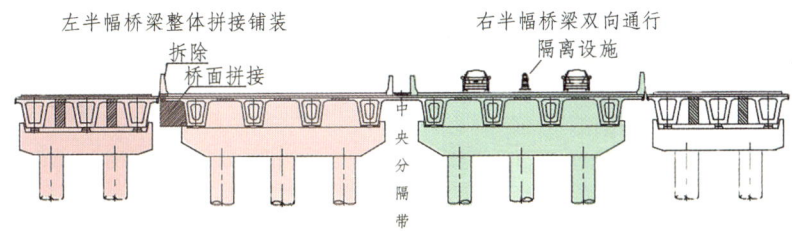

图 3-70 主线上跨桥梁左幅新旧桥拼接阶段交通组织

当跨线桥的左半幅施工完毕后，应按照图 3-71 所示在该半幅设置临时中央隔离设施后，再将双向全部车辆在跨线桥两端的路段区域导改至该半幅双向通行，同时对右半幅进行封闭施工。待右半幅施工完毕，将对向车辆导改回左半幅单向通行，同时拆除右半幅的临时中央隔离设施，如图 3-72 所示。

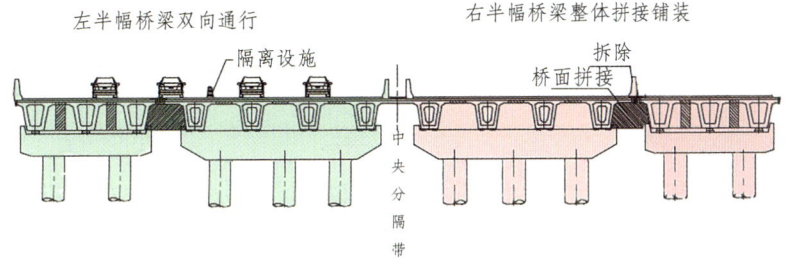

图 3-71 主线上跨桥梁右幅新旧桥拼接阶段交通组织

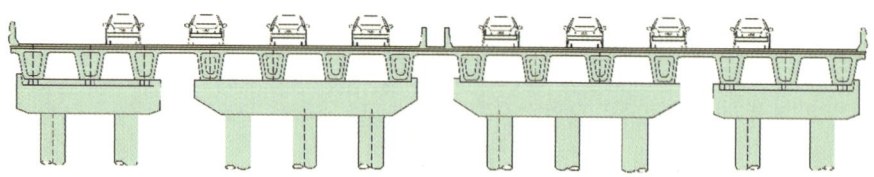

图 3-72 主线上跨桥梁完工后交通组织

2. 匝道部分施工的交通组织

（1）匝道端部的交通组织。

互通匝道出入口端部是车辆分流、合流的区域，同时车辆还需要在该区域进行相应减速或加速行驶。为避免影响车辆进出匝道的效率和防止发生交通事故，在匝道端部施工时，应按照图 3-73 所示设置必要的通行便道，同时做好对行驶车辆的交通诱导与隔离措施。

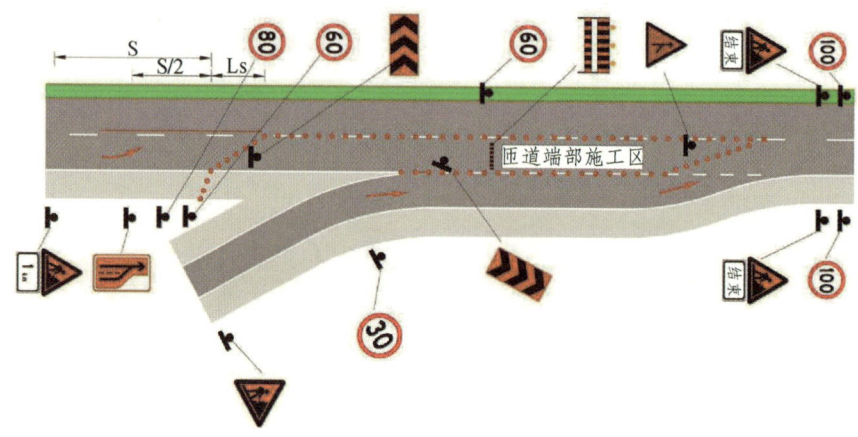

图 3-73 匝道端部交通组织

（2）匝道加宽的交通组织。

为适应高速公路主线的加宽改建，互通立交的匝道的路基横断面宽度和其他线形指标也需要进行相应的调整。其中，对于匝道移位新建的，可以在施工期间利用旧匝道或者另建临时便道承担相应方向的交通连接和转换；对于匝道原位加宽改建的，可以在施工前先利用匝道的路肩开辟临时车道，再对原匝道进行封闭施工。

3.5 服务区施工交通组织

3.5.1 服务区扩改施工方式及交通影响

1. 服务区扩改施工方式及交通影响

高速公路的服务区大多紧贴正线两侧，并且在同一地点按照高速公路的左右半幅对称设置和使用相同的服务区名称。在高速公路扩改项目中，对主线的扩宽不仅会改变服务区的空间布局，而且在主线扩改施工期间还会影响服务区的正常使用，因此要根据主线的扩改需要，对服务区进行相应扩改建设。

对服务区的扩改一般采取原地改建方式，并且对相同地点左右两侧服务区的扩改有同时施工和交替施工两种方式，在具体施工时应根据相邻主线路段、桥梁、隧道、互通立交的左右幅施工情况来选择。

（1）两侧同时施工方式。

对相同地点左右两侧服务区同时扩改施工的，首先应同时关闭主路两侧的服务区，并对高速公路主线两侧进行路基加宽、水稳及下面层施工，以及服务区和进出服务区匝道改建施工。当主线两侧加宽路基、水稳及下面层施工完成后，再按照本书 3.2.3 所述的路面中上面层施工方式，交替对左、右半幅主线、服务区及其匝道进行路面封闭施工。在对高速公路的一侧主线和服务区进行路面施工期间，根据需要可以临时开放另一侧服务区，如图 3-74 所示。

当对同一地点的左右两侧服务区同时进行扩改施工时，其上下游的其他毗邻服务区暂不宜进行主线路基加宽和水稳及下面层施工，并保持服务区开放，以免严重影响高速公路的服务功能。

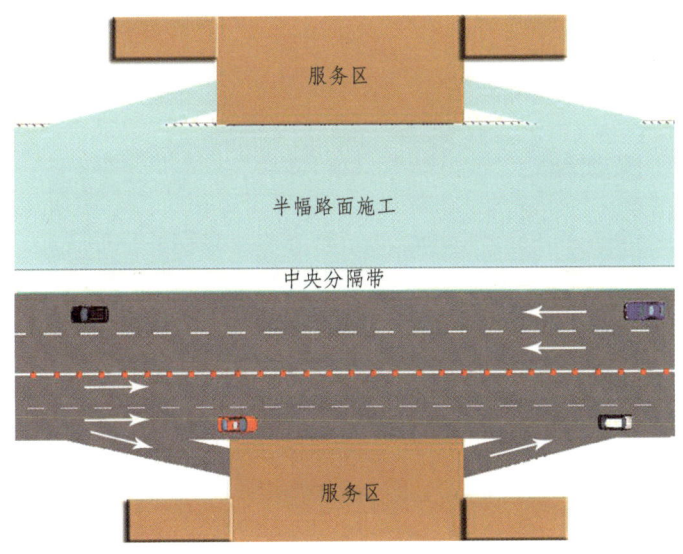

图 3-74　两侧同时施工的单侧服务区临时开放

（2）两侧交替施工方式。

对相同地点左右两侧服务区交替扩改施工的，应首先对高速公路的一侧进行主线路基加宽、水稳及下面层施工，以及服务区和进出服务区匝道的改建施工，而与此同时，对高速公路另一侧的服务区路段暂不进行路基加宽和水稳及下面层施工，使该侧服务区保持开放状态，如图 3-75 所示。

待先施工一侧的主线路基、水稳及下面层和服务区及其进出匝道施工完成后，将全部车辆导改至本侧实行半幅双向通行，同时根据需要可开放本侧服务区。在此之后，关闭另外一侧服务区并封闭其毗邻的主线未扩改路段，进行服务区改建和相应半幅的主线路基加宽、水稳及下面层、中上面层施工，如图 3-76 所示。

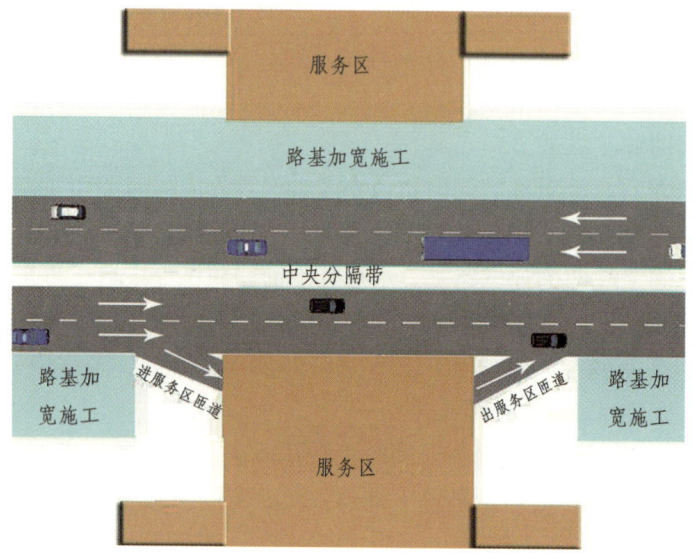

图 3-75　两侧交替施工第一阶段示意

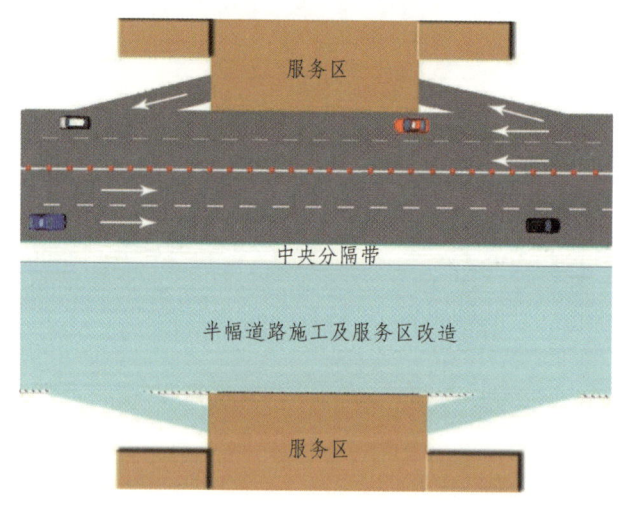

图 3-76　两侧交替施工第二阶段示意

待后施工一侧的服务区及其毗邻半幅主线加宽施工完成后，开放该侧服务区，并将全部车辆导改至本侧主线实行半幅双向通行，然后关闭对侧服务区及其相应半幅主线，进行路面中上面层施工，直至全部施工完成，恢复开放两侧服务区。

2. 成乐高速的服务区施工与交通影响

成乐高速的眉山服务区，是成乐高速扩改建设项目中首座实施原地改建的服务区工程。受成乐高速主线拓宽影响，该服务区内配建的加油站要向路外侧移 10 m 左右重建，并取消加油站内停车位，在施工过程中必须关闭服务区，为此需要在施工过程中采取相应的交通组织措施。

眉山服务区改建工程在成乐高速扩改试验段施工期间进行，由于在试验段施工期间只有这一座服务区需要改建，同时该服务区与周边服务区的距离较近，距离其上游的黑龙潭服务区仅约 22 km，距离其下游的眉山东服务区仅约 29 km。因此，为了与毗邻路段的施工和交通组织相协调，该服务区改建工程采用两侧同时施工方式，即在与眉山服务区毗邻路段进行路基施工和水稳及下面层施工阶段，同步封闭服务区进行服务区改造，并完成服务区进出匝道铺设及其与主线路面衔接；当路段施工进行到路面中上面层施工阶段时，与施工同步交替封闭单侧服务区，同时开放对侧服务区，直至路面中上面层施工完毕后全部开放两侧服务区。

3.5.2 服务区施工的交通组织

由于眉山服务区改建工程与所在高速公路主线的施工同步进行，因此，施工过程的具体交通组织也根据主线与服务区的联合施工进度，分为 4 个阶段进行。为了保障行车安全，在服务区开始改建施工之前及整个改建施工期间，应通过公共媒体和高速公路可变信息板发布服务区封闭施工信息，同时在服务区扩改路段设置必要的交通引导、限速和分离设施。

1. 主线加宽及服务区改建阶段

在主线加宽建设施工的同时关闭两侧服务区，进行主线左右半幅的外侧路基加宽、水稳及下面层施工和服务区改建施工。这期间参照本书 3.2.1 和 3.2.2 有关路段路基和水稳及下面层施工的交通组织方式，保持主线左右半幅车辆的分向行驶。

2. 改建服务区进出通道阶段

当主线左右半幅的外侧路基加宽、水稳及下面层施工和服务区改建施工完成后，继续关闭两侧服务区和保持主线左右半幅车辆的分向行驶，改建进出服务区的匝道。

3. 左侧服务区主线路面施工阶段

当进出服务区的匝道改建完成后，参照本书 3.2.3 有关路面中上面层施工的交通组织方式，封闭与左侧服务区连接的左半幅主线进行路面中上面层施工，并将车辆导改至右半幅主线通行，同时开放右侧的服务区正常使用，如图 3-77 所示。

4. 右侧服务区主线路面施工阶段

待左侧服务区主线路面施工完成后，参照本书 3.2.3 有关路面中上面层施工的交通组织方式，封闭与右侧服务区连接的右半幅主线进行路面中上面层施工，并将车辆导改至左半幅主线通行，同时开放左侧服务区的正常使用，如图 3-78 所示。待右侧半幅主线路面中上面层施工结束，开放该侧服务区的正常使用，同时按照毗邻路段的扩改施工进度恢复两侧服务区所在主线的左右幅双向通行。

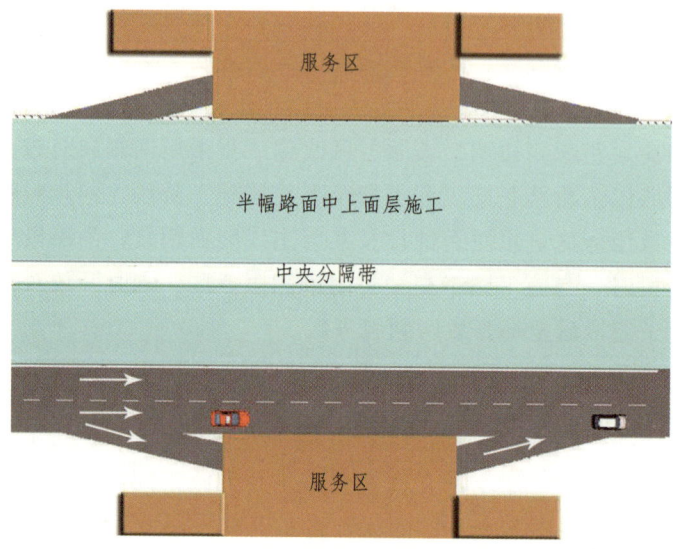

图 3-77　左侧服务区主线中上面层施工交通组织

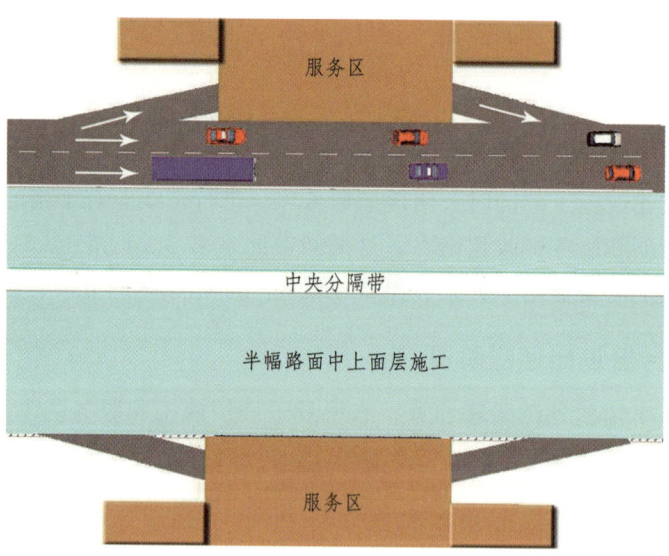

图 3-78　右侧服务区主线中上面层施工交通组织

3.6　扩改施工交通应急疏导

3.6.1　交通应急疏导任务

高速公路在扩改工程施工期间如果发生严重自然灾害、事故灾难、公共卫生事件或者社会安全事件等突发事件，可能使施工路段和路网分流路线发生损毁、通行能力下降或者交通量暴增，从而导致交通拥堵甚至交通中断，给突发事件应对处置工作和经济社会平稳运行带来危害。为了确保应急救援部门和其他相关单位、人员应急处置突发事件的交通需要，以及维护施工路段和路网分流路线的交通安全畅通，应当对发生交通拥堵或交通中断的施工路段或区域路网迅速采取切实有效的应急疏导措施，尽快恢复施工路段或路网分流路线的通行能力和通行秩序，并疏散交通拥堵或交通中断现场的滞留车辆和人员。

按照引起施工路段及其分流路网交通拥堵或交通中断的具体突发事件类型、波及范围、阻断位置和应对处置需要不同，高速公路扩改工程项目在施工期间所要承担的交通应急疏导任务，主要包括施工路段交通应急疏导和路网分流路线应急调配两个方面。

1. 施工路段应急疏导

施工路段需要同时兼顾扩改施工和车辆通行两方面需要，通行能力已经受到较大制约，如果再因为各种突发事件导致严重交通拥堵或中断，给交通运输带来的负面影响将更大，并会严重阻碍对突发事件的及时应对处置。为此，在突发事件导致施工路段交通拥堵或中断时，交通组织工作的首要任务是及时采取清除路面障碍、疏散滞留车辆和人员、恢复道路通行条件等紧急处置措施，确保施工路段的基本畅通。如果在突发事件现场或者受事件影响发生交通拥堵、中断的路段有应急救援车辆、装备和人员需要通行的，应当尽最大努力优先保证其通行。

2. 分流路线应急调配

当突发事件导致施工路段或者部分路网分流路线发生严重交通拥堵或者中断、损毁，在短时间内无法疏导和抢修恢复交通时，为了确保突发事件处置工作的应急交通需要，以及维护社会交通运输的基本通行秩序，避免造成区域性灾害后果扩大和影响社会稳定，必须根据应急指挥部门的统一指挥和部署，按照施工路段和分流路网受突发事件影响的程度，主动联系周边可分流路线的运营管理部门，迅速开展路网交通分流或者调整原有路网交通分流方案，将驶向施工路段或者原受阻分流路线的交通流临时疏散分流到周边路网的其他路线，并对各临时分流路线的交通量进行必要调配，避免发生新的交通拥堵和阻断事件。

3.6.2 交通应急疏导程序

当施工路段或分流路线因各类突发事件导致交通拥堵或交通中断时，扩改高速公路和相关路网分流道路的监控中心或者管理部门，应当按照图3-79所示的交通应急疏导处置流程，迅速开展如下交通应急疏导工作：

（1）现场安全人员发现交通拥堵或交通中断时，应当在确保安全的情况下迅速采取现场交通排堵和疏导措施，并向道路监控中心或者管理部门报告。监控中心或者管理部门值班人员通过监控系统发现交通拥堵、交通中断或者接到现场人员报告后，应当立即指派相关道路运营管理单位派员赶赴现场进行应急处置，并通知公安交通管理部门和交通执法部门。同时，通过上游可变信息板和可变交通标志提示车辆驾驶人注意行车安全，并根据需要由公安交通管理部门及时对外发布路段交通拥堵或交通中断信息。

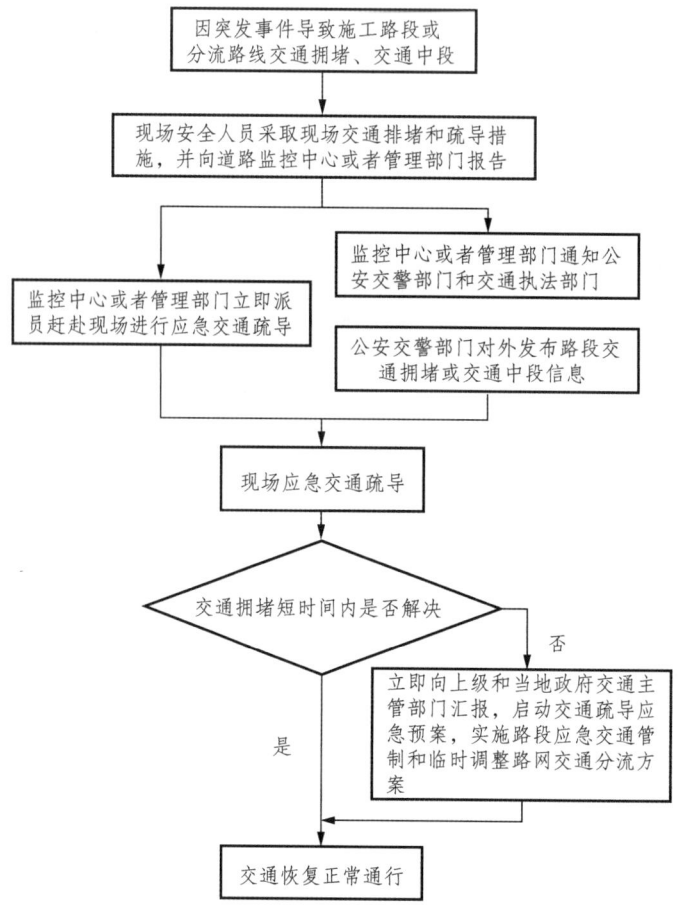

图 3-79　交通应急疏导处置流程

（2）交通拥堵或交通中断路段的运营管理单位人员到达现场后，应当首先迅速采取现场安全防护措施，然后处置引发交通拥堵和交通中断的交通事故或者其他突发事件现场，清理影响车辆通行的障碍物，并尽快疏散滞留车辆和人员，维持现场秩序，恢复道路正常交通。在运营管理单位人员到达现场和进行现场处置过程中，应当及时向监控中心报告到达情况、处置进度和需要其他部门或单位协助处理的困难和问题。

（3）如果交通中断路段短时间难以恢复交通的，监控中心或者管理部门值班人员应当立即向上级汇报，并按职责和程序及时报告当地政府交通运输主管部门，按照规定联系相关道路运营管理单位、公安交通管理部门、交通执法部门启动交通疏导应急预案，实施路段应急交通管制和临时调整路网交通分流方案，同时向社会发布公告和向阻断点上游车辆发布交通分流信息。

（4）当交通拥堵或交通中断得到有效缓解、消除，或者对突发事件应急处置结束后，要及时调整对相关路段及应急分流路网的交通管制和分流措施，使交通恢复到正常运行状态。

3.6.3　交通应急疏导措施

1. 疏通受阻道路

当突发事件导致施工路段或者路网分流路线发生严重交通阻断或损毁时，应当首先迅速采取措施控制引起道路阻断或损毁的危险因素，并清除路面障碍物或临时性修复受损毁道路的路面、桥涵等基础设施，以及设置必要的临时护栏和交通锥、水马等安全防护和隔离措施。然后指挥疏导现场的滞留车辆有序驶离，并在确保安全的前提下先行恢复道路的全部或部分车道通行，并持续观察道路及其通行状态，及时排除可能重新引发交通阻断或道路损毁的隐患，待突发事件处置结束后再全面清理、修复受损道路。对于短期无法临时修复的受损道路，但又有应急救援车辆、人员和装备通行需要的，可以利用交通阻断路段的施工区已成型路基或者侧向并行道路开辟临时应急救援通道。

2. 交通应急分流

为了确保应急救援交通畅通或者社会交通运输正常进行，防止发生交通阻断或损毁路段的交通拥堵规模持续扩大，对于短期内无法疏通受阻道路交通或者现场交通能力恢复条件有限、需要优先保障应急救援车辆、人员、装备通行的，应当及时对交通阻断或损毁路段实施临时交通管制，和在其上游交通枢纽、收费站出口匝道等节点对来车实施应急交通分流措施。并在应急交通分流过程中，根据当前路网的交通运行状况及时合理调配各分流路线的分流交通量，防止发生新增大面积路网交通拥堵。

3. 维持通行秩序

在发生自然灾害、事故灾难、公共卫生事件或者社会安全事件等突发事件，并造成施工路段或者路网分流路线发生严重交通阻断或损毁情况下，现场车辆驾驶人和乘员往往处于应激心理状态，容易表现出惊慌失措、恐惧或相互争抢逃遁等行为，不仅会扰乱现场通行秩序，使交通流严重紊乱而导致交通疏导困难和道路通行能力严重下降，严重时还会引起不同车辆之间相互冲突，危及现场行车安全和应急救援安全。因此，在交通疏导过程中应当尽快采取车辆和人员疏散措施，并特别注意在车辆疏散过程和现场恢复通行的初期，采取分组疏散或放行、由公安或交通执法车辆带队通过等有效方式维护现场通行秩序，并严格控制车辆行驶速度，禁止超车和随意停车、倒车、逆向行驶等违法行为。对于有故意扰乱现场通行秩序或者不服从交通管理的，由高速公路公安部门依法采取现场强制措施并追究其法律责任。

在维持现场通行秩序过程中，应当优先保证应急救援车辆和人员、装备安全通过。对于道路发生交通中断的，可以通过控制最近出入口匝道和交通枢纽上游来车的方式，在确保安全的前提下允许应急救援车辆和人员、装备临时逆向行驶，并经由最近匝道驶入或驶出高速公路。

3.6.4 施工区应急疏通方法

1. 半幅单向通行路段

对于采取半幅单向通行的施工路段，在因为突发事件造成通行中断时，应当根据突发事件的性质、影响范围、严重程度和交通中断的具体情形，对可以采取的交通恢复措施及其工作量进行分析判断，预估恢复交通所需的时间长短，并相应采取必要的交通疏导措施。

当预估交通中断持续时间较短时，可以通过交通广播台和上游可变信息板发布相关信息，提示上游来车注意减速行驶至拥堵路段等候通行，或者根据需要自由选择经由互通或收费站出口转往周边其他道路绕行。对于施工路段已经滞留的车辆和后续驶入的车辆，应当指挥其在车道内依次停放，禁止驶入应急车道，车内人员均迅速下车到路侧护栏外等待，待导致交通中断的因素被排除后再有序通过。

当预估交通中断持续时间较长、可能形成严重线路拥堵时，应当立即在上游就近收费站的入口、出口匝道和互通路段组织实施强制分流，设置相应交通指示标志和交通锥、水马等导流设施，并安排专人进行指挥疏导，引导上游来车全部经由互通或收费站出口转往周边其他道路绕行。对于已经驶入发生交通中断路段的车辆，在必要时，可以在确认已完全阻止上游来车的情况下组织其掉头，并由执法车辆带领列队逆向行驶撤离，经由最近收费站的入口匝道驶出施工路段。在整个逆向行驶撤离过程中，应严格控制车队行驶速度，禁止车辆相互穿插超越。

2. 半幅双向通行路段

对于采取半幅双向通行的施工路段，由于每个方向的通行车道数极为有限，大多只能保留 1~2 条车道，并且缺乏完善的应急车道，对现场的应急救援和应急疏散较为困难。因此，当因为突发事件造成通行中断时，应当根据中断的严重程度和恢复交通可能需要的时间长短，及时通过交通广播台和上游可变信息板发布拥堵信息，提示上游来车注意减速或者选择转往其他道路绕行。

如果突发事件只造成一个方向车辆通行中断时，由于导致这类单方向中断的障碍通常较容易排除，阻断时间不会太长，因此以组织上游来车注意减速行驶至拥堵路段等候为主，并可以通过交通广播台和上游可变信息板发布路段拥堵信息，方便部分车辆选择经由就近互通或收费站出口转往周边其他道路绕行。对于交通中断时间较长的，应加强对已驶入交通中断路段车辆的管理，防止其乘对向车流间隙越过临时中央隔离设施借道绕行；如果保持通行的对向有 2 条以上车道，并且现场采用交通锥或水马等易移动物体作为临时中央分隔措施的，可以暂时调整临时中央分隔物体的位置，借用对向的一条车道疏散受阻车辆，并在疏散过程中安排专人进行现场指挥和管理，严格控制两个方向车辆的行驶速度和禁止相互穿插超越。疏散结束后立即恢复临时中央分隔设施的原状和对向交通正常行驶。

如果突发事件造成双向车辆都中断通行的，应当参照单向通行中断情形进行处置。对于中段时间较长并且中断位置相同的，可以先对其中阻断程度较轻方向进行清障抢通，同时对对向的上游来车进行强制分流，防止有新增车辆驶入拥堵路段。当阻断程度较轻方向清障抢通完闭，先放行该方向被堵车队的最前端约 100 m 长度范围内的车辆，之后停止放行并移除已清空车辆区域的临时中央分隔设施，再改作引导对向被堵车辆借该清空区域驶离阻断位置。待对向被堵车辆驶离完毕，恢复之前被移除的临时中央分隔设施，改为放行已清障抢通方向的被堵车辆，同时对对向进行清障抢通，并在清障抢通完成后解除对其上游来车的强制分流措施。

3. 双幅双向通行路段

当双幅双向通行的施工路段半幅或者双幅同时因为突发事件造成通行中断时，应当参照半幅单向通行路段通行中断的情形，根据预估的中断持续时间，相应采取提示上游来车自由选择减速行驶至拥堵路段等候通行，转往周边其他道路绕行，或者在上游收费站入口、出口匝道和互通路段进行强制分流，防止车辆继续驶入交通中断路段，同时组织力量对阻断点进行清障抢通，尽快恢复道路通行。

第 4 章　成乐高速公路扩改施工交通安全措施

高速公路在非全封闭交通条件下进行扩改工程建设，在部分施工项目和作业环节需要临时占用高速公路的原有部分路面，会降低施工路段的道路通行能力和增加车道、路幅强制变更次数，容易使车辆在交通流密度变化和车道合流、分流过程形成相互干扰，并可能引发追尾或者剐碰事故。如果施工过程要拆除原有护栏、路面标线等安全设施或者采取车辆半幅双向通行，还可能增大车辆失控闯入施工作业区或者与对向车辆发生冲突，造成伤亡事故的风险。例如，2018 年 11 月 2 日京昆高速公路 1 981 km 处因道路施工实施半幅双向通行，一辆下坡行驶的重型厢式货车因为制动器热衰退引发失控并越过分道线，与同向和对向车道内的共 7 辆车相撞，导致其中 4 辆车燃烧，造成 7 人死亡、12 人受伤的较大交通事故。因此，在扩改施工过程中必须针对扩改施工和车辆通行的实际需要，加强对车辆的行驶路线、速度管控，并采取必要的防交通侵入与碰撞措施以及交通安全应急处置措施，确保施工期间的交通运行安全。

4.1　车辆行驶速度管控措施

车辆行驶速度管控，是为了确保道路上车辆行驶安全，而根据车辆行驶功能原理和实际道路交通环境及行车条件，通过法律规范、监督管理和工程技术等手段，对车辆驾驶人的速度操控行为采取的提示、建议、警告或强制措施。对车辆的最高或最低行车速度加以合理限制，并采取有效的速度管控措施，不仅是保证高速公路运营安全和施工区作业安全的重要手段，也有利于改善高速公路行车秩序，提高车辆通行效率。

4.1.1　限速需求分析

1. 高速公路限速的理论依据

世界绝大部分国家和地区包括我国，都对道路采取了一定的运行速度限制，包括最高运行速度限制、最低运行速度限制或者两者兼而有之的运行速度限制。

对车辆行驶速度进行限制的基本逻辑依据在于驾驶人对外部危险信息的反应能力和车辆在相应行驶速度下对道路行驶条件的适应能力。如果允许车辆驾驶人在道路上完全自由决定行车速度，不仅会导致驾驶人来不及对行驶过程中出现的各种突发危险信息做出准确反应而引发事故，而且将有可能出现车速高于所行驶道路的工程设计标准允许安全极限速度，或者车速显著低于道路交通流总体行驶速度，造成交通流行驶速度严重离散的情形，这些情形都对车辆自身乃至交通流的安全行驶构成巨大安全隐患。

相比其他普通道路，高速公路的设计线形好、路面质量高、路侧干扰少，驾驶人遭遇各类突发危险因素的可能性被降到了很低。但与此同时，由于高速公路容许的行驶速度限值提高，对车辆的动力性、制动性、操稳性和驾驶人的操控能力都提出了更高的要求，车辆在高速公路如果行驶速度过快，不仅容易发生交通事故，而且所造成事故的损害后果将比普通公路更加严重，同时在事故发生后会严重影响事故现场的高速公路通行能力。

根据功能原理，行驶车辆所具有的动能与其行驶速度的平方成正比，车辆行驶越快所具有的动能也就越大，这不仅会使车辆的行驶控制变得更加困难而容易发生事故，且当在较高车速情况下发生交通事故，需要释放或转化的能量也将很大，使得事故的后果更加严重。迄今已有大量的研究证实了这一结论。例如，瑞典的 Nilsson（1981）研究发现，当汽车的行驶速度增加 5%，死亡事故增加 10%；当运行速度增加 10%，死亡事故增加 50%。Joksch（1993）的研究还表明，事故的死亡概率大致与车辆行驶速度的 4 次方成正比关系。

而值得注意的是，另外有多项研究还表明，车速与平均速度差值越大，发生事故的概率及伤亡率也越高。例如，Bowie（1994）[1]研究发现，当速度变化超过 48 km/h 时，严重伤亡的可能性增加 50%；当速度变化小于 16 km/h 时，严重伤亡的可能性小于 5%。Liu G（1997）[2]研究认为公路 85 位车速（又称 85%车速或 $v_{85\%}$）和 15 位车速（又称 15%车速或 $v_{15\%}$）差与事故伤亡率之间具有如式（4-1）所示的线性关系。

$$CR = -0.00298v + 0.04050 Diff - 3.366 \\
= -0.00298v + 0.04050(v_{85\%} - v_{15\%}) - 3.366 \quad (4\text{-}1)$$

式中　　CR——百万车公里伤亡率（次/百万车公里）；

　　　　v——平均车速（km/h）；

　　　　$Diff$——85 位车速和 15 位车速差；

　　　　$v_{85\%}$——85 位车速；

　　　　$v_{15\%}$——15 位车速。

我国的裴玉龙（2004）[3]在研究了全国部分高速公路的交通事故后，发现车辆行驶速度标准差与事故率之间存在如式（4-2）所示的指数关系。

$$AR = 9.583 e^{0.0553\sigma} \quad (4\text{-}2)$$

式中　　AR——亿车公里事故率（次/亿车公里）；

　　　　σ——车速标准差（km/h）。

---

[1] N N BOWIE, JR., M WALTZ, "Data Analysis of the Speed-Related Crash Issues", Auto and Traffic Safety, 1994.

[2] LIU G, POPOFF Al, "Provincial-wide travel speed and traffic safety study in Saskatchewan", Transportation Research Record, Vol.1595, 1997, pp.8-13.

[3] 裴玉龙：《高速公路车速离散性与交通事故的关系及车速管理研究》，《中国公路报》2004 年第 1 期，第 78-82 页。

2. 高速公路常规限速

速度的基本概念是车辆在单位时间内所驶过的路程,但根据使用目的不同,速度这一概念可以细分成设计速度、运行速度、行程速度、平均速度、期望速度、营运速度、执法速度、安全速度、合理速度、限制速度等30余种。其中,限制速度指对公路上行驶车辆规定的允许行驶速度的限值。

对于正常运营高速公路的限制速度如何设置,除了上述事故数据研究法之外,目前还有基于交通流参数研究、冲突技术研究、驾驶行为研究等多种研究办法。但合理的限速值应符合安全要求,且可为社会大众认可,即道路交通工程界所熟知的"安全可信限速"(Safe and Credible Speed Limit,SCSL)。SCSL可遵循的标准非一成不变,应遵循的主要准则有很多,但最常见的是以85位车速为基准考虑点。除此以外,还应考虑的因素有路侧发展情况、道路几何线性、试运行速度平均值等。美国交通部联邦公路局发布的《统一交通控制设施手册》(*Manual on Uniform Traffic Control Devices*,简称MUTCD)建议,公示限速值的最佳取值应为在自由车流前提下$v_{85\%}$的±5 mile/h(约8 km/h)区间,而具体决定限速值的主要参考依据见表4-1。

表4-1 决定路段限速值的主要参考因素[①]

因素	影响因素考虑权重/(%)	
	州政府道路主管部门	地方道路主管部门
$v_{85\%}$	100	86
路侧发展情况	85	77
事故情况	79	81
10 mile/h 步距速度	67	34
道路线形	67	57
试运行速度平均值	52	34
行人流量	40	50

我国《道路交通标志和标线 第5部分:限制速度》(GB 5768.5—2017)规定,限制速度值应综合考虑道路功能、运行速度、道路环境及历史事故等因素,其中以基于设计速度和85位车速的限速最为常见。

(1)限制速度与设计速度。

设计速度指在道路交通、天气条件良好的情况下,车辆仅受道路物理条件限制时所能保持的最大安全车速。设计速度是进行道路设计时的主要技术指标,是确定公路设计指标并使其相互协调的设计基准速度,是在综合考虑道路功能、地形特征、道路土地使用特性和工程造价等因素后采取的最低设计指标。

设计速度隐含了道路的交通功能,道路的交通功能位阶越高,其设计速度也越高。

---

① 徐耀赐:《道路交通工程设计理论基础》,北京:人民交通出版社,2020年版,第82页。

也就是说，当道路的交通功能定位确定之后，其设计速度值的大致范围也基本确定。我国高速公路的设计速度一般为 80~120 km/h。但是，由于道路的里程通常比较长，有时无法以单一设计速度值涵盖路线全程，尤其在地形起伏较剧烈的丘陵区、山岭区或生态敏感区，必须设置相应的设计速度渐变区段。

设计速度是从公路工程角度确定的安全限速值，一般情况下公路的实际限制速度值应当取设计速度值或低于设计速度值。但是，《道路交通标志和标线 第 5 部分：限制速度》（GB 5768.5—2017）规定：在符合法律规定的前提下，经交通工程论证，限制速度值可以比设计速度值提高 10~20 km/h，但最终不得高于 120 km/h；对于道路上的长大结构物，如跨海大桥、特长隧道、山区高墩特大桥等，以及道路交通环境复杂，存在横向干扰的路段，其限制速度值不宜高于设计速度值。

（2）限制速度与地点车速频率曲线。

地点车速一般在其平均值周围分散很宽，难以描述道路上所有车辆的交通流状态，因此，常用地点车速的频率曲线、累积频率分布曲线，以及 85%车速、15%车速等相应数字特征从统计学上加以分析。

研究表明，高速公路的路段运行车速一般呈正态分布。85%车速（$v_{85\%}$）是指地点车速累积频率分布曲线上累积频率为 85%时所对应的地点车速值，即在观测到的车辆总数中，有 85%的车辆的地点车速小于或等于该值。通常采用 85%位车速来确定观测路段的最大限制车速，简称车速上限。15%车速（$v_{15\%}$）是指地点车速累积频率分布曲线上累积频率为 15%时所对应的地点车速，它表示观测路段有 15%的行驶车辆，其地点车速小于或等于该值。通常采用 15%位车速来确定观测路段的最小限值车速，简称车速下限。

（3）限制速度与车型。

不同类型车辆在技术性能上的差异，使得其在能够达到的稳定行驶速度上也存在不同。一般而言，小型客车在高速公路上的稳定行驶车速最快，大型客车次之，货车最慢；而在各类货车中，其平均车速又按轻型货车、中型货车、重型拖挂货车、重型货车的顺序依次下降，并且随着载货总质量的增加而降低。因此，在具体设置限速时还应考虑不同车型的影响。

出于安全考虑，我国对高速公路的限速值相比部分发达国家而言偏于保守。在《中华人民共和国道路交通安全法》（简称《道路交通安全法》）规定"高速公路限速标志标明的最高时速不得超过一百二十公里"的基础上，《中华人民共和国道路交通安全法实施条例》（简称《道路交通安全法实施条例》）进一步明确要求："高速公路最高车速不得超过每小时 120 公里，最低车速不得低于每小时 60 公里；在高速公路上行驶的小型载客汽车最高车速不得超过每小时 120 公里，其他机动车不得超过每小时 100 公里，摩托车不得超过每小时 80 公里；同方向有 2 条车道的，左侧车道的最低车速为每小时 100 公里；同方向有 3 条以上车道的，最左侧车道的最低车速为每小时 110 公里，中间车道的最低车速为每小时 90 公里。道路限速标志标明的车速与上述车道行驶车速的规定不一致的，按照道路限速标志标明的车速行驶。"

3. 高速公路扩改施工限速

高速公路扩改施工期间对非封闭路段的行车限速所遵循的限速逻辑和正常运行期间的常规限速相同。然而，与正常运营相比，高速公路在扩改施工期间的路内活动主体和活动内容变得多样而复杂，安全隐患也相应增加，对行车速度的限制不仅要考虑车辆自身的通行安全，还应同时考虑施工作业人员与机具、设备、材料的安全。

一般而言，高速公路在扩改施工期间的车流运行状态变化及其对交通安全与施工安全的影响主要包括如下方面：

（1）对施工作业区的设置，使公路原有技术指标部分发生变化，形成了新的运行系统，可认为原高速公路变成了一条技术等级降低的新公路，该公路的"设计速度"相较原公路而言应该是降低的。

（2）车辆在该"运行系统"会因为受到道路环境和通行条件变化的阻尼，使交通流的速度特征发生变化，通常表现为包括85位车速、15位车速在内的整体运行速度降低。根据高速公路常规限速理论，其限速值也应随之降低。

（3）扩改施工路段沿线并非全部形成条件一致的新"运行系统"，在其中部分区域也可能存在车辆通行阻尼变化的情况，即部分施工作业区保持了相对较好的服务水平，从而在施工路段沿线形成通行条件的起伏变化，而车辆在到达上述变化点时，其行驶速度往往会发生显著改变，进而导致整个路段乃至交通流的速度离散程度加深，使交通流发生纵向冲突的安全风险增大。

（4）施工区如果存在占用原有通行路面或者转换交通流的通行路幅、车道情况时，由于道路通行净宽减少或者行驶路线改变，容易在相邻车道内通行的不同车辆之间形成横向干扰，造成刮擦、碰撞等交通事故。

（5）扩改施工路段的新"运行系统"特征，也意味着其相对常规运营在安全防护条件和要求上的改变，使得通行车辆还要受到来自施工作业活动的干扰和安全风险，同时也对从事施工作业的人员、机具设备及其作业活动形成安全威胁，可能侵入路侧施工区造成人员伤亡和财产损失。

因此，高速公路扩改施工期间的限速应以施工期间形成的新"运行系统"特征为依据，采用更加微观的方法研究限速值，并配合适当的限速方式和管控措施。

4. 成乐高速扩改施工限速需求

成乐高速是重要的旅游公路，交通通行需求巨大，尤其是节假日期间来往成乐之间的旅游需求激增。若扩改期间施工限速过低，将极大地降低交通通行能力，造成交通阻塞及较大的社会影响。除此外，成乐高速的货车交通量较大并且造成的交通事故数量较多，对其的限速管控，也成为施工期间对不同车型进行限速管理的重要内容。为尽量减少扩改施工对交通的影响，整个扩改建设项目采取了分段落扩改和分阶段施工及实施交通组织的建设方案。各段落和施工阶段应根据具体的工程建设内容和施工环境、通行条件来确定限速管理方案。

以扩改工程的试验段为例，其扩改建设任务除主线 28 km 的四改八拓宽任务以外，还涉及加宽桥梁 29 座（其中大桥 86.04 m/1 座，中桥 483.12 m/9 座，小桥 333.46 m/19 座），新建或改造桥涵和通道 157 道、天桥 13 座、分离式立交 11 处，同步改造青龙互通、彭山互通、眉山互通和眉山服务区。从表 4-2 所示的主要工程技术指标来看，其中平曲线和竖曲线分别占总长的 33.47% 和 49.36%，平曲线最小半径 3 000 m，最大纵坡 1.06%，大中桥梁最大纵坡 1.04%，均比《公路线形设计规范》（JTG D20—2017）规范值技术要求更高，在施工期间具有较好的通行能力和基本安全性能。

表 4-2 成乐高速扩改试验段主要工程技术指标

序号	指标	技术指标规范值	技术指标采用值
1	设计速度/（km/h）	100	100
2	平曲线最小半径/（m/处）	700	3 000/2
3	平曲线占路线总长/%	—	33.47
4	最大纵坡及坡长/（%/m/处）	4	1.06/530/1
5	大、中桥上最大纵坡/%	4	1.04
6	最小坡长/m	250	530
7	最大坡长/m	—	1 630
8	凸形竖曲线最小半径/（m/处）	10 000	27 000/1
9	凹形竖曲线最小半径/（m/处）	4 500	40 000/1
10	竖曲线最小长度/m	210	324.30
11	竖曲线占路线总长/%	—	49.36
12	停车视距/m	110	110
13	最大直线长度/m	—	5 594.20
14	最小缓和曲线长度/m	85	350

因此，在制订成乐高速扩改工程的施工路段限速方案时，应当充分兼顾交通安全与施工作业安全，并遵循如下原则：

① 限速方式应与扩改施工指标、交通条件、路侧环境、车辆速度差异等特点相适应。

② 应综合考虑高速公路速度供给条件和驾驶人速度选择需求，并结合不同施工阶段和施工区内主要通行车辆的速度特性，合理确定限速值。既要避免限速过高影响交通安全，也要避免限速过低影响道路通行能力。

③ 针对不同施工阶段选择适宜的限速值，同时避免频繁的限速变化，并为驾驶人调整车速预留足够的观察、反应时间及距离和加、减速行驶空间。

④ 当相邻路段采用不同的限速值时，应保证限速值的协调性和合理的过渡过程。

当施工区开放车道的交通运行能够维持在较好的状态时，应避免再次设置限速区域。

⑤ 施工限速区应配置相应的限速交通信号及速度管控措施。

4.1.2 限速方式与限速值

1. 限速方式

高速公路运行期间的限速，按照其是否具有法律强制力、速度限制值是否固定、限速空间和限速对象是否相同，可以划分为若干种方式。

（1）强制限速与建议限速。

强制限速是指依照法律、法规规定，或者由高速公路管理部门依照法律、法规或者工程技术标准设定的道路限速值。强制限速具有法律强制力，驾驶人在高速公路行车过程中必须严格遵守。

建议速度不具有法律强制力，仅为驾驶人提供建议行驶车速的信息，用以提醒驾驶人在坡道、弯道等特定道路条件下的最高推荐安全运行速度，驾驶人通过主观意愿决定是否按照建议速度通过。

当建议速度与强制限速不一致时，应当以强制限速为准。为了防止因为车辆超速行驶引发的事故风险，高速公路扩改施工区通常应当采取强制限速方式，非必要尽量不要采用建议速度。

（2）固定限速与可变限速。

固定限速指速度限制值固定不变。目前，国内高速公路的限速方式基本上为固定限速。

可变限速是根据实时检测到的道路交通流状态、路面状态及天气状况等数据，确定在特定条件下的最佳限速值，并通过动态信息显示屏、可变限速标志等发布限速信息，提示驾驶人选择合适的速度行驶，从而对交通流进行实时控制。路段可变限速控制能促使车辆以最佳车速行驶，使各路段流量最大化，防止交通状态恶化引起追尾等事故。我国对部分高速公路实施了在恶劣天气等特殊条件下的可变限速，如沪宁高速部分路段在路面湿滑的雨天采用动态信息公示板发布"雨天路滑，限速 80 km/h"的限速要求。

高速公路限速通常以固定限速为主、可变限速为补充。在高速公路扩改施工期间，针对恶劣天气、节假日交通高峰期等容易造成交通拥堵和交通事故的特殊情况，根据实际需要采取可变限速，能在很大程度上起到缓解交通拥堵和预防交通事故的作用。为了提高可变限速的安全成效，应配套完善交通运行状态实时监测、交通信息实时发布相关设施设备和落实管理措施。

（3）全线限速、分段限速与局部限速。

全线限速是对高速公路全线实施统一限速值的限速方式，其限速值大小主要依据高速公路的设计速度确定。该方法实施简单方便，国内目前普遍采用该限速方式。但是，统一限速值可能在部分路段出现不能反映实际路段行驶条件的情况，导致限速值过高或过低，而在限速值过低时容易引起驾驶人不满，降低其对限速的遵守意愿。

分段限速是按照地形条件、道路线形、构造物、交通情况、事故统计等方面因素将高速公路划分为若干个单元，并针对每个单元的具体情况设定不同的限速值。分段限速除了用于分段采用不同设计标准或技术等级的高速公路，还往往与全线限速相配合，大量应用于事故多发点段、长大隧道、下坡等线形指标与整条道路相比明显偏低或较多应用低限、极限技术指标值的路段。除长大隧道外，局部限速路段长度一般不超过 5 km。分段限速采取在局部限速路段的起始处设置限速标志，并在结束处设置相应解除限速标志，当分段限速值与固定限速值的差异较大时，应当设置逐级减速过渡。

高速公路扩改施工区限速属于典型的局部限速，为了尽可能小地降低对交通通行能力的影响，应当在全线整体限速的基础上，针对不同施工区和不同施工阶段的实际需要，采取相应的分段限速措施。

（4）单一限速、分车道限速与分车型限速。

单一限速是指对高速公路的所有车道和行驶的所有车辆均采用相同的限速值。

分车道限速是指在高速公路的不同车道上采取不同的限速值。分车道限速通常分为设置最高速度限值、设置最低速度限值以及兼顾最高速度限值与最低速度限值三种方法。在分车道限速路段，驾驶人可根据车辆性能与自身期望速度选择合适的车道行驶，一定程度上可对不同期望速度的车型进行归类，降低同一车道内行驶车辆的速度离散性，减少车辆变道行为的发生，有利于改善道路运行的安全性；其缺点为对于需设置超高的路段，如其中某车道限速值过高或过低，可能会出现欠超高或过超高的现象，存在一定的安全隐患。

分车型限速是根据不同类型车辆的运行特性及管理需要，分别制订不同车型的限速值。分车型限速考虑了不同车型间的性能差异，可从混合交通流中将大型车辆剥离出来，形成道路内侧至外侧车辆速度由快速到慢速的梯级分布，提高道路的秩序性，改善道路的安全状况。

我国在多车道高速公路通常采取分车道和分车型相结合的限速方式，在对不同车道确定相应车辆通行权的同时也设定了不同的限速值，能够更好地区分各车道的通行功能，形成秩序较好、速度相对稳定的交通流。

成乐高速原为双向四车道公路，正常运行情况下快车道（小客车道）限速 80~100 km/h，慢速车道（客货车道）限速 60~80 km/h。在扩改施工期间，为了减少各车道、各车型之间的交通冲突，提升总体通行效率，亦在总体采用分车道、分车型相结合限速方式的基础上，针对不同施工阶段、不同施工节点采取分路段限速，并针对特殊时段、特殊事件采取可变限速。

2. 限速值

（1）限速值确定依据。

与普通道路速度限制所不同的是，我国法律对高速公路的速度限制不仅有最高时速限制，还有最低时速限制。其中，最低时速限制虽然对防止发生车辆追尾碰撞事故有一定意义，但其主要目的还是为了确保高速公路在正常运行状态下的交通流稳定和通行效率。因此，在多数情况下对限速值的确定仍主要针对最高时速限制而言。

高速公路在正常运行期间的最高限速值一般依据《道路交通安全法》和《道路交通安全法实施条例》的规定执行，但在包括扩改建设施工、恶劣天气、事故多发段等在内的特殊情况，也可依据《道路交通安全法》第三十九条"公安机关交通管理部门根据道路和交通流量的具体情况，可以对机动车、非机动车、行人采取疏导、限制通行、禁止通行等措施；遇有大型群众性活动、大范围施工等情况，需要采取限制交通的措施，或者作出与公众的道路交通活动直接有关的决定，应当提前向社会公告"的规定，进行相应调整。

针对高速公路扩改施工期间的限速值确定问题，目前在全国性工程技术标准和规范中均暂无专门规定，可以参考的标准和规范主要包括《公路养护安全作业规程》（JTG H30—2015）、《道路交通标志和标线 第4部分：作业区》（GB 5768.4—2017）、《道路交通标志和标线 第5部分：限制速度》（GB 5768.5—2017），以及《公路限速标志设计规范》（JTG/T 3381-02—2020）。其中，《公路养护安全作业规程》（JTG H30—2015）对各级公路包括高速公路养护时施工区布置、安全设施设置等作了规定，且对施工区的设置、限速标志牌的设置标准和要求等内容进行了全面叙述，是高速公路养护期间保证交通安全的重要参考；《道路交通标志和标线 第4部分：作业区》（GB 5768.4—2017）主要规定了道路作业区标志和标线设置的要求，并对作业区的限速值作了限定；《道路交通标志和标线 第5部分：限制速度》（GB 5768.5—2017）规定了道路限制速度标志和标线的一般使用要求，并对限速值的确定作了规定，但不涉及对高速公路施工区的限速值问题；《公路限速标志设计规范》（JTG/T 3381-02—2020）对公路限速标志设计作了专门而细致的规定，对高速公路扩改施工的限速具有重要参考价值。

近年来，针对高速公路扩改施工的理论研究与实践应用中，较为通用的施工区限速分级标准如表4-3所示。成乐高速公路扩改期间的限速值，除了参考上述标准规范和理论研究与实践成果之外，应充分依据自身的技术条件、施工工艺、交通流特征和通行需要来综合确定。

表4-3 高速公路作业区限速分级标准

限速标准	适用情形	注意事项
40 km/h	1. 道路通行车辆和施工机具车辆一起混行； 2. 施工人员距离通行区1.2 m以内； 3. 高速行驶对桥梁结构施工造成危险	高速行驶车辆到达施工区前，宜安排交通指挥以使行车速度降低到限速值以下
60 km/h	1. 施工人员距离通行区3 m以内； 2. 因施工，道路通行条件变差； 3. 道路面层平整度降低； 4. 摊铺沥青封层时间不久	60 km/h有利于养护新铺的沥青封层，降低对汽车风挡玻璃的损坏，提高对行人、施工车辆和工人的保护程度

续表

限速标准	适用情形	注意事项
80 km/h	1. 施工工作进行时，高速行驶车辆产生的噪声使工人无法忍受； 2. 施工可能会给通行车辆行车安全带来影响； 3. 在旗手、交通管理者之前的交通控制措施处	受限制车辆在通过施工区时仍保持不能接受的速度时，才设置这个速度限制，并且只有施工时，才设此限速
80 km/h减速过渡带	施工作业限速为40 km/h或60 km/h，正常通行路段车辆的速度为100 km/h或以上时	减速过渡段应设在施工区前方一定距离处

（2）主线限速值。

《公路养护安全作业规程》（JTG H30—2015）和《道路交通标志和标线 第5部分：限制速度》（GB 5768.5—2017）对不同设计速度公路的作业区最小限速值规定略有不同，如表4-4所示。

表4-4 最小限制速度规定

设计速度/（km/h）	120	100	80	60	50	40	30	20
JTG H30限速值/（km/h）	80	60	40	30	30	30	20	20
GB 5768.5限速值/（km/h）	80	70	60	40	30	30	30	20

成乐高速原主线设计速度为100 km/h，并且从双向4车道扩建至双向8车道后保持不变，根据《公路养护安全作业规程》（JTG H30—2015）确定的施工区限速值为60 km/h，根据《道路交通标志和标线 第5部分：限制速度》（GB 5768.5—2017）确定的施工区限速值为70 km/h。由于二者存在差异，需要根据成乐高速公路的功能定位、运行速度、道路环境及历史事故等因素综合考虑，并按照以下标准调整：当最终限速值对应的预留行车宽度不符合要求时，应降低限速值；对于封闭路肩作业的，最终限速值可提高10 km/h或20 km/h；对于隧道内作业的，最终限速值可降低10 km/h或20 km/h，但不宜小于20 km/h。

成乐扩改建设项目的施工过程分为五个阶段，各阶段对原路幅的封闭情况以及具备的通行条件均有所不同，需要对限速值进行相应调整。具体调整方法如下：

① 第一阶段。

第一阶段主要完成地基处理、主线路基加宽、上跨桥的拆建、主线桥基础及下构施工、涵洞、通道的改建，采取双向4车道通行的交通组织方式。该阶段在行车道两侧进行施工，施工人员与通行区之间至少保持3 m的距离，道路通行车辆和施工机具车辆几乎不存在混行状态，因而对主线交通并无实质阻碍。但是，施工时两侧路外陈设备类施工设施设备，并有工人进行施工作业，施工过程仍可能会给通行车辆行车安全带来影响，且保持主线原有通行速度会产生较大噪声，对施工人员的健康不利。因此，该阶段采取的限速值可以比照上述最低限速值适当提高10 km/h或20 km/h。结合成乐高速客货比较高的实际情况，为了减少客货冲突、减少车道车速差，采取分车道分车型设定限速值，其中内侧小客车道限速 80 km/h，外侧客货车道限速 60 km/h。

② 第二阶段。

第二阶段主要完成路基上部搭接、桥梁上构施工及互通立交改建，采取双向 4 车道通行的交通组织方式。此时，路基上部搭接需要占用两侧应急车道施工，行车区和施工区的间距明显缩短，且因为占用应急车道会加大故障车辆发生二次事故的可能性，安全性大大降低；桥梁上构施工需完成扩建两侧的梁板架设等施工，可能要占用更多行车区进行作业；互通立交除个别采取原址扩建的在进行匝道扩宽、匝道顺接作业时会影响部分方向、部分匝道的通行外，其余采取移位重建的均采用新建完成后再行交通转换，总体而言对原路交通影响不大。因此，该阶段可保证大部分时段双向 4 车道通行，在局部桥梁和匝道施工时会影响主线的通行。

由于该阶段需要占用应急车道施工，因此不宜在对前述最低限速值进行上浮，应对双向 4 条行车道均限速 60 km/h。

③ 第三阶段。

该阶段主要进行左幅主线路面、桥梁拼接（接缝浇筑、桥面铺装）及部分交通安全设施的施工，采取左幅封闭施工、右幅 2 车道单向通行的交通组织方式。

左幅道路封闭施工时，施工区与行车区通过原路中央分隔带及临时隔离设施隔开，但右幅路面最左侧小客车行车道紧邻对向施工区，具有极大的危险性。若行驶车辆跨越中央分隔带侵入施工区，将造成较大的伤亡。因此，该阶段小客车车道与客货车道均应严格限速 60 km/h。

④ 第四阶段。

该阶段主要进行右幅主线路面、桥梁拼接（接缝浇筑、桥面铺装）及部分交通安全设施的施工，采取右幅封闭施工、左幅 2 车道单向通行的交通组织方式。

该阶段和第三阶段一样，施工区紧邻左幅内侧行车道，具有对向车辆侵入施工区的风险。尤其在试验段施工过程由于允许通行方向为成都至乐山的上行方向，故此该阶段将进行交通导改，互通、服务区、收费站的出入流线将进行调整，驾驶人面临全新的交通条件，存在极大的安全隐患。因此，该阶段仍然采用小客车车道与客货车道限速 60 km/h 的方案。

⑤ 第五阶段。

该阶段主体工程已基本完成，仅剩余部分交通工程、沿线设施、绿化及通信工程的施工任务。该阶段施工对交通的影响逐步减小，通行条件开始改善，因此可以恢复全幅双向通行交通组织，并且每侧保证不少于 2 条车道的通行条件。

该阶段采取施工作业区局部限速 80 km/h 或 60 km/h，其余主线采用正常运营限速方案，即小客车道限速 80～100 km/h、客货车道限速 60～80 km/h。

成乐高速公路扩改试验段各施工阶段的主线限速值详见表 4-5 所示。

表 4-5　成乐高速公路扩改施工期间主线限速值

施工阶段	施工任务	交通组织	限速值
第一阶段	地基处理、主线路基加宽、上跨桥的拆建、主线桥基础及下构施工、涵洞、通道的改建	隔离施工区与行车区，保持原路双向四车道通行	小客车道限速 80 km/h 客货车道限速 60 km/h
第二阶段	路基上部搭接、桥梁上构施工及互通立交改建	原路双向四车道通行	全线限速 60 km/h
第三阶段	左幅主线路面、桥梁拼接（接缝浇筑、桥面铺装）及部分交通安全设施的施工	右幅封闭施工 左幅两车道单向通行	全线限速 60 km/h
第四阶段	右幅主线路面、桥梁拼接（接缝浇筑、桥面铺装）及部分交通安全设施的施工	左幅封闭施工 右幅两车道单向通行	全线限速 60 km/h
第五阶段	剩余零星工程	全线大部分双向 8 车道通行，局部双向 6 车道通行	全线大部分限速 100 km/h，局部限速 80 km/h 或 60 km/h

（3）匝道限速值。

高速公路收费站出入匝道、服务区进出匝道等区域，因线形设计、交通转换等因素需求大多采用相对较低限速。由于《道路交通标志和标线 第 5 部分：限制速度》（GB 5768.50—2017）规定：高速公路主线限速值和匝道限速值之差不宜超过 30 km/h，因此，成乐高速扩改工程在匝道未施工前的低等级匝道限速值宜选取 30～40 km/h，高等级匝道限速值宜选取 80 km/h 以下；在匝道本身需要进行扩改，或单向匝道因为施工需要为双向通行时，参照匝道限速值不宜小于 20 km/h 的规定，其限速值宜统一选取为 30 km/h 或 20 km/h；对于采用便道暂时代替施工匝道通行的，应将匝道限速值确定为 30 km/h。成乐高速公路扩改施工期间的匝道限速值见表 4-6 所示。

表 4-6　成乐高速公路扩改施工期间匝道限速值

匝道类型	未施工时限速值/（km/h）	施工期间限速值/（km/h）
收费站出入匝道（单向）	40	20
服务区进出匝道（单向）	40	20
临时便道（利用路肩进行道路拓宽或使用便道暂时代替施工匝道）	—	30

（4）恶劣天气限速值。

机动车在高速公路上行驶，遇有雾、雨、雪、沙尘、冰雹等低能见度气象条件时，极易造成安全事故，若恶劣天气情况下在高速公路施工区行驶则安全性降低更多。国内外学者对如何确定恶劣天气下的具体限速值进行了较深入研究，目前较为常用的限速模型有基于停车视距的 AASHTO 限速模型、基于停车视距的 NCHRP 模型、基于停车视距的一般限速模型和基于交通标志认知距离的限速模型等。其中，AASHTO 和 NCHRP 不符合我国实际，在我国使用较广泛的主要是基于停车视距的一般限速模型。

基于停车视距的一般限速模型以驾驶人视线上的能见度为标准来约束安全行驶条件：

$$S \geqslant S_1 + S_2 + S_3 \tag{4-3}$$

式中　S——停车视距，m；

　　　S_1——反应时间内行驶的距离，m；

　　　S_2——制动距离，m；

　　　S_3——安全距离，m。

式（4-3）中的 S_1 取决于行车速度和总反应时间，总反应时间一般包括驾驶人的反应时间 t_1 和车辆制动系统的迟滞时间 t_2，S_1 的计算公式为

$$S_1 = v(t_1 + t_2)/3.6 \tag{4-4}$$

经研究和实践总结，总反应时间 $t_1 + t_2$ 一般取 2.5 s。

式（4-3）中的 S_2 是指驾驶人从开始制动到车辆完全停止所行驶的距离，只考虑地面制动力对制动的影响时

$$S_2 = Lv^2/254(\varphi + i) \tag{4-5}$$

式中　L——制动系数，一般取 1.2～1.4；

　　　φ——车轮与路面的滑动摩擦系数，随车速、轮胎表面花纹、路面结构、气候条件等变化，雾天环境下，一般不足 0.6；

　　　i——路段纵向坡度，上坡为正，下坡为负，%。

式（4-3）中的 S_3 为车辆停止后与障碍物的距离，一般为 5～10 m。

综上所述，式（4-3）可表示为

$$S \geqslant v(t_1 + t_2)/3.6 + Lv^2/254(\varphi + i) + S_3 \tag{4-6}$$

在雾天环境下，为预防交通事故的发生，最大视距按照空气能见度值确定，得出的车速作为最高限速值

$$v = \frac{\sqrt{4816.36\varphi^2 + 204.72\varphi(S - S_1)} - 69.4\varphi}{1.02} \tag{4-7}$$

根据该模型计算得到的雾天限速值如表 4-7 所示，相比《道路交通安全法实施条例》第八十一条的规定"在高速公路行驶，遇有雾、雨、雪、沙尘、冰雹等低能见度气象条件，能见度小于 200 m 时，最高限速 60 km/h；在高速公路行驶，遇有雾、雨、雪、沙尘、冰雹等低能见度气象条件，能见度小于 100 m 时，最高限速 40 km/h；在高速公

路行驶，遇有雾、雨、雪、沙尘、冰雹等低能见度气象条件，能见度小于 50 m 时，最高限速 20 km/h，并从最近的出口尽快驶离高速公路"偏高。

表 4-7　一般视距模型计算的雾天限速值结果

能见度/m	$i=0$	$i=3\%$
25	26.12	25.77
50	43.93	43.17
100	70.84	57.23
125	81.98	69.37
150	92.14	80.20
175	101.53	90.07
200	110.32	99.20
250	126.42	103.73
300	141.12	137.63

成乐高速公路扩改施工期间，为了确保恶劣天气的施工区安全，采取在《道路交通安全法实施条例》规定的限速值基础上进行修正，最终实际采用的雾天车速限速值如表 4-8 所示。

表 4-8　成乐高速扩改施工期间雾天车速限制值

雾天类型	能见度 L/m	模型计算限速值/（km/h）	《道路交通安全法实施条例》限速值（km/h）	成乐高速扩改施工限速值/（km/h）
薄雾	$L>500$	—	—	80/60
轻雾	$200<L\leqslant500$	—	—	60
中雾	$100<L\leqslant200$	70.84	60	40
大雾	$50<L\leqslant100$	43.93	40	20
重雾	$L\leqslant50$	26.12	20	封闭入口

在雨天环境下，行车安全性下降的原因除了空气能见度下降之外，还包括轮胎与路面摩擦系数减小导致的制动距离延长。其中，中、小雨时的一般能见度在 1 000 m 以上，驾驶人的可视距离大于车辆的停车距离；大雨时的能见度通常在 200～500 m，暴雨时的能见度可能下降到 50～100 m，因此雨天环境下的安全行车速度计算要综合考虑摩擦系数的减少和可视距离的下降。

成乐高速公路扩改施工期间，根据其自身沿线地区的天气条件和基于视距的限速模型计算值、雨天环境限速推荐值，确定的雨天车速限值见表 4-9 所示。

表 4-9　雨天车速限制值

雨天类型	日降雨量/mm	能见度/m	车速限制建议值/(km/h)	成乐高速扩改施工限制值/(km/h)
小雨	<10	>1 000	—	80/60
中雨	10～24.9	>1 000	—	60
大雨	25～49.9	200～500	60～80	40
暴雨	>50	50～100	20～60	20

4.1.3　限速设施与管理

为了使车辆在高速公路扩改施工路段切实按照规定的限速值运行，需沿线布设限速标志、标识和监控设备进行提醒、警告和监督，同时根据需要辅助采取工程减速措施使车辆被动减速。

1. 限速设施

（1）限速标志。

利用交通标志提示通过施工区的车辆驾驶人降低车速是最常用的车速管理方法。《道路交通标志和标线　第 2 部分：道路交通标志》（GB 5768.2—2009）、《公路临时性交通标志》（GB/T 28651—2012）、《道路交通标志和标线　第 4 部分：作业区》（GB 5768.4—2017）《公路交通安全设施设计规范》（JTG D81—2017）和《公路交通标志和标线设置规范》（JTG D82—2009）等标准规范对限速标志标线作了具体要求。用于降低速度的交通标志牌主要有强制限速标志和建议限速标志两类，其中强制限速标志又分为最高限速标志、解除最高限速标志和最低限速标志三种，如图 4-1 所示。由于建议限速标志不具有强制性，在高速公路扩改施工的车速控制上应用极少，因此主要应用都是强制限速标志。

（a）最高限速

（b）解除最高限速

（c）最低限速

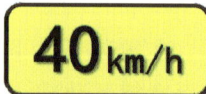
（d）建议速度

图 4-1　限速标志示意

恶劣天气下的限速值与正常情况限速值有所区别，通常会采用可变信息板进行展示。对于没有条件设置可变信息板的路段，可以使用如图 4-1（d）所示的建议速度标志来提醒驾驶人按照建议速度行驶；也可以和地面白色半圆形车距确认线配合，使用

图 4-2 所示的特殊天气建议速度标志,提醒驾驶人在仅能看到前方两个半圆状车距线时的建议车速为 40 km/h[见图 4-2（a）],在仅能看到前方一个半圆状车距线时的建议车速为 20 km/h[见图 4-2（b）]。

（a） （b）

图 4-2 特殊天气建议速度标志

限速标志应综合考虑公路功能、技术等级、路侧开发程度、路线集合特征、运行速度、交通运行、交通事故和环境等因素,在交通安全综合分析的基础上,确定是否设置限速值和限速标志的形式。交通标志的支撑方式可分为柱式、悬臂式、门架式和附着式,应根据交通量、车型构成、运行速度、公路宽度、车道数、沿线构造物分布及路侧条件等因素综合确定。

成乐高速扩改工程的限速标志设置方式如图 4-3 所示。其中,在主线、匝道限速起点位置,配合渠化与隔离设施,设置路段最高限速活动标志牌;在路段中央,设置门架式分车道限速标志,进一步提醒驾驶人路段限速规定;随着各阶段施工的交通组织转换,及时在路侧设置立柱式限速标志。为了夜间通行的需要,限速标志牌均采用反光膜材料制作,反光膜等级符合《道路交通反光膜》(GB/T 18833—2012)的要求,并且限速标志应与指路标志、隔离设施、渠化措施等配合设置。

（a）主线门架式限速标志设置 （b）主线路侧立柱式限速标志设置

（c）主线移动式限速标志设置　　　　　（d）交通导改点立柱式限速标志设置

图 4-3　成乐高速扩改施工限速标志设置情况

（2）限速强化措施。

相关实验表明，即使交通标志能吸引驾驶人的瞬间注意力，但车辆驶过交通标志 0.5~1 km 以后，多数驾驶人已不能记起交通标志的存在及其内容。此外，澳大利亚的一项研究还表明：限速标志能够使车辆的平均速度下降 6.4~8.5 km/h，但是 80%~95% 的车辆速度仍然高于设定限速值。上述规律在成乐高速公路扩改期间也得到证实：在扩改施工实施限速的前两天，电子眼就抓拍到 4 000 多起超速行为；在中秋节小长假 3 天时间内共抓拍 6 780 起超速行驶，其中 71.74% 的车辆超速 10%~20%。为此，可采取重复设置交通标志牌的方式来加深驾驶人的印象，以及同步采用限速强化措施。

限速强化措施又称限速工程，是指通过道路工程设施对车辆进行减速提示或强制减速的技术措施，如在高速公路出入口设置颠簸路面、波状路面、齿状路面等，通过人为改变路面平整度或噪声环境来强化或迫使驾驶人降低车速。

美国艾奥瓦州的相关实验表明，在交通管理或疏导者前方 150 m 处设置减速垄，具有最佳的减速效果。但是减速垄等设施对高速行驶车辆的安全具有一定危害性，设置高度不能过高。为此，成乐高速在限速区起点使用如图 4-4 所示的震荡标线进行减速提醒。

图 4-4　减速震荡标线

除了设置限速标志和振荡标线外，成乐高速扩改施工在第四阶段施工还采用了将通过作业区的车道变窄降低车辆速度的方法。例如，在试验段彭山收费站、眉山收费站，为了使车辆减速进出高速交通并减少对直行交通的干扰，在出口匝道前方和入口匝道后方设置渠化岛。

除以上措施外，设置锥形交通路标、防撞桶及施工隔离墩也能有效地降低进入限速区域车辆的速度。

2. 限速管理

（1）现场管理。

交通指挥员疏导是作业区常见的控制速度的办法。王晓飞等[①]的研究表明，现场交通指挥员的限速控制效果比仅采用交通限速标志的限速效果好，未经专业培训的交通指挥员可使小型载客汽车和载货汽车的平均速度分别下降 18.8 km/h 和 14.6 km/h；对交通指挥员进行专业培训后，可使小型载客汽车和载货汽车的平均速度分别下降 24.0 km/h 和 19.1 km/h。但值得注意的是，交通指挥员在工作时必须穿带有反光或发光标识的工作装，并站在设有安全隔离设施的安全区域。

交通警察现场执法是速度控制最有效的措施之一。交通警察执法分为动态和静态两种形式，其中动态形式是指交通警察在作业区范围内巡逻执法，静态形式是指交通警察在作业区的某一固定点进行现场执法。实践表明，若限速区内有交通警察现场执法或者停有巡逻执法车时，过往车辆的速度会明显下降，而一旦车辆离开执法现场就会加快速度。研究发现，静态执法能使车辆的平均速度下降 6.4～19.0 km/h，而动态执法只能使其平均速度下降 3.2～4.8 km/h。

（2）技术监控。

为了确保扩改施工区限速的切实执行，成乐高速利用原有视频监控和测速设备对重要施工点、段实施了定点或区间限速监控，并对设备抓拍到的超速车辆驾驶人进行行政处罚，有效减少了车辆超速运行事件。为了提醒过往车辆注意控制车速，还在区间测速监控摄像头前方 100 m 处设置了测速提示牌，如图 4-5 所示。

（a）监控摄像头设置 1

（b）监控摄像头设置 2

---

① 王晓飞、胡铁钢、何方君：《高速公路改扩建工程交通组织及安全保通技术与实践》，华南理工大学出版社，2019 年版，第 113 页。

（c）区间测速提示牌设置1　　　　　（d）区间测速提示牌设置2

图 4-5　区间限速监控措施

4.2　防交通侵入与碰撞措施

高速公路扩改不同于新建高速公路，施工时作业区紧邻社会通行车辆，施工作业人员、施工机械和行驶车辆共处同一断面，且交通组织临时改变，形成行驶车道变窄和多次交通导改，从而使施工路段安全风险激增；同时，扩改施工作业面狭窄，施工作业人员密集，若发生车辆冲入施工区域，则施工作业人员无躲避缓冲时间，极易诱发恶性群死群伤事件。因此，设置合理的隔离碰撞设施，进行全面有效的防侵入与碰撞管控十分必要。

4.2.1　施工作业区划分

施工作业区是扩改施工期间对交通产生直接影响且安全性大幅下降的区域。做好施工作业区的划分与布置，是保障交通流畅通与安全的首要工作。

根据施工任务不同，高速公路扩改施工作业区的空间形态有所不同，但无论采用何种空间形态，施工作业区均可以按照功能和位置划分为警告区（S）、上游过渡区（Ls）、缓冲区（H）、工作区（G）、下游过渡区（Lx）和终止区（Z）等6个区域，如图4-6所示。

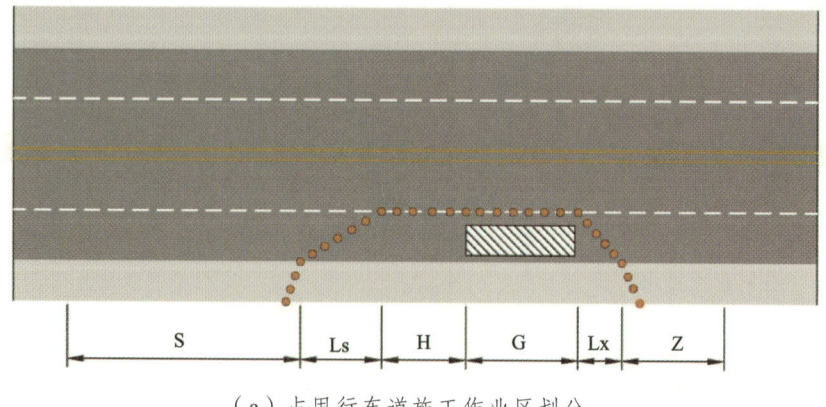

（a）占用行车道施工作业区划分

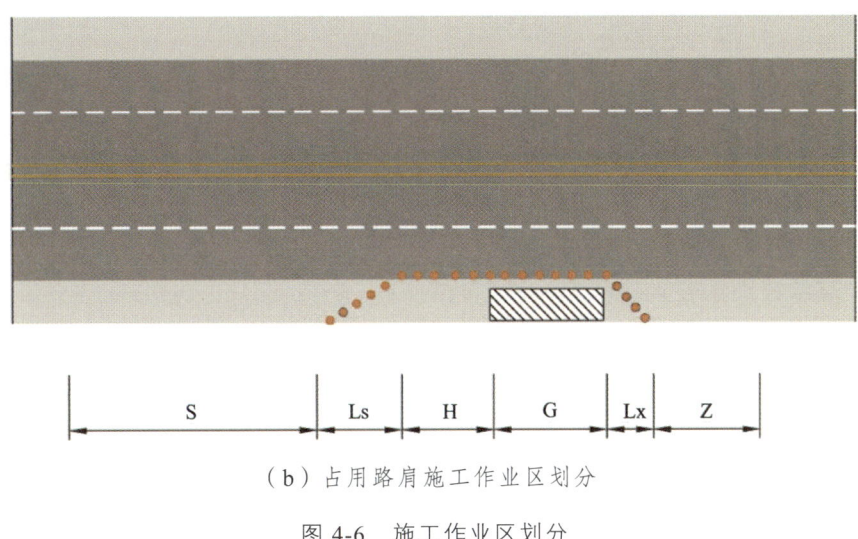

（b）占用路肩施工作业区划分

图 4-6　施工作业区划分

1. 警告区

警告区是从作业控制区起点布设施工标志到上游过渡区起点之间的区域，用以警告车辆驾驶人员已经进入养护维修作业路段，应按交通标志调整行车状态。在警告区，驾驶人从看到第一块施工标志后开始注意到前方存在施工作业区域，从而根据布设在警告区内的交通标志来调整行车状态。

警告区的最小长度根据公路等级、设计速度和交通量确定，其决定因素包括车辆在警告区内改变行车状态所需要的时间和警告区末端车辆发生拥挤时的最大排队长度，故警告区的最小长度可由式（4-8）估算。

$$S = S_1 + S_2 + S_3 \tag{4-8}$$

式中　S——警告区最小长度，m；

S_1——从正常行驶降至最终限速值所需的距离，m；

S_2——车辆到达警告区排队尾部时的最小安全距离，m；

S_3——因封闭车道、车道数减少、行车条件改变等因素引起的车辆排队长度，m。

警告区应逐级布设限速标志，从正常行驶降至最终限速值所需的减速区域长度 S_1 可按式（4-9）计算。

$$S_1 = \frac{v_{xq} - v_{xh}}{10} \times 100 \tag{4-9}$$

式中　v_{xq}——限速前车辆行驶速度，km/h；

v_{xh}——限速后车辆行驶速度，km/h。

S_2 是以速度 v_{xh} 行驶的后续车辆在到达警告区下游不会与前面的改道车辆或排队车辆相撞的最小安全距离，可按式（4-10）计算。

$$S_2 = \frac{v_{xh}}{3.6}t + \frac{v_{xh}^2}{2g(\varphi+i)\times 3.6^2} \qquad (4\text{-}10)$$

式中　t ——驾驶人反应时间,通常取 2.5 s；

　　　φ ——道路纵向摩阻系数,取值范围 0.29～0.44；

　　　i ——道路纵坡,上坡为正,下坡为负；

　　　g ——重力加速度,取 9.8 m/s²。

S_2 计算结果详见表 4-10。

表 4-10　S_2 计算表

车速/（km/h）	80	70	60	40	20
S_2/m	139	113	90	50	20

S_3 是因为车辆拥堵而产生的排队长度,其取值与交通流量和最终限速值有关,但研究发现最终限速值对排队长度影响不明显。在确定警告区 S_3 的长度时,应综合考虑平均排队长度和最大排队长度。在流量较小时,车速较快,排队长度应着重考虑最大排队长度；在流量较大时,车流发生拥挤,车速较慢,可着重考虑平均排队长度。《公路养护安全作业规程》（JTG H30—2015）规定 4 车道高速公路的排队长度见表 4-11 所示。

表 4-11　4 车道高速公路的排队长度

流量 Q/[pcu/（h·ln）]	$Q \leq 1\,400$	$1\,400 < Q \leq 1\,600$	$1\,600 < Q \leq 1\,800$	$Q > 1\,800$
S_3/m	400	1 000	1 200	—

注：pcu/d=24θ pcu/（h·ln）,其中 θ 为车道数。

根据 S_1、S_2、S_3 可以计算不同公路等级、交通量、限速情况下的警告区最小长度。成乐高速公路扩改施工前的平均日交通量为 7.0×10^4 pcu/d（729 pcu/（h·ln））、限速为 100 km/h,扩改施工时限速 60～80 km/h,但扩改施工期间仍有一定数量的车辆实际运行速度为 90～110 km/h,为安全起见,将 v_{xq} 取 110 km/h,v_{xh} 取 60 km/h,根据式（4-3）和表 4-10、表 4-11 得到 S_1=500 m、S_2=139 m、S_3=400 m,然后代入式（4-8）计算得到施工警告区最小长度应为 1 039 m。

另外,《公路养护安全作业规程》（JTG H30—2015）和《道路交通标志和标线　第 4 部分：作业区》（GB 5768.4—2017）对高速公路警告区的最小长度规定如表 4-12 所示。根据成乐高速实际情况查表可知,警告区最小长度的最大值应为 1 500 m,比式（4-8）计算值多 461 m。为了安全起见,成乐高速扩改施工期间的警告区长度最终被确定为 2 000 m。

表 4-12　高速公路警告区最小长度

设计速度/（km/h）	交通量 Q/[pcu/（h·ln）]	警告区最小长度/m	
		JTG H30—2015	GB 5768.4—2017
120	$Q \leq 1\,400$	1 600	1 500
	$1\,400 < Q \leq 1\,800$	2 000	

续表

设计速度（km/h）	交通量 Q/[pcu/(h·ln)]	警告区最小长度/m	
		JTG H30—2015	GB 5768.4—2017
100	$Q \leqslant 1\,400$	1 500	1 000
	$1\,400 < Q \leqslant 1\,800$	1 800	
80	$Q \leqslant 1\,400$	1 200	600
	$1\,400 < Q \leqslant 1\,800$	1 600	

2. 上游过渡区

上游过渡区是保证车辆从警告区终点封闭车道平稳地横向过渡到缓冲区起点侧面非封闭车道之间的区域。过渡区的设置可以防止车辆在改变车道时发生冲突，使车流的变化缓和平滑。

上游过渡区的长度确定是否合理，可以直接在现场观察出来。若车辆在通过过渡区时经常有紧急制动或在过渡区附近拥挤较为严重，则有可能是前方的交通标志布设不当或上游过渡区长度过短。

对于封闭路肩施工作业，因车辆正常行驶时很少会行驶至路肩，即使有少量车辆在路肩上行驶，通过较短的过渡区长度仍可换回行车道，所以封闭路肩施工作业的上游过渡区长度可比封闭车道施工作业的明显缩短。相关研究表明，封闭路肩作业时上游过渡区长度比封闭车道上作业时过渡区长度短 2/3 亦可满足要求。《公路养护安全作业规程》（JTG H30—2015）规定，封闭车道养护作业的上游过渡区最小长度值应符合表 4-13 的规定。

成乐高速主线最低限速 60 km/h，车道宽 3.75 m，因此封闭车道施工时上游过渡区应至少大于 120 m，而封闭路肩施工时上游过渡区长度可低至 40 m。

表 4-13 封闭车道上游过渡区最小长度

最终限速值/（km/h）	封闭车道宽度/m			
	3.0	3.25	3.5	3.75
80	150	160	170	190
70	120	130	140	160
60	80	90	100	120
50	70	80	90	100
40	30	35	40	50
30	20	25	30	
20	20			

3. 缓冲区

缓冲区分为纵向缓冲区和横向缓冲区。

纵向缓冲区指上游过渡区终点到工作区起点之间的安全缓冲区域。纵向缓冲区可以提供一个缓冲区段，给失误车辆提供调整行车状态的余地，可以防止在驾驶人判断失误的情况下直接从上游过渡区闯入工作区造成施工作业人员伤亡或设备损坏。《公路养护安全作业规程》（JTG H30—2015）和《道路交通标志和标线 第 4 部分：作业区》（GB 5768.4—2017）对纵向缓冲区的最小长度规定值如表 4-14 所示。成乐高速扩改试验段的最大坡度为 1.06%，按最不利因素考虑，其纵向缓冲区的长度设置为 100～150 m；对于其他位于较大坡度的施工作业区，纵向缓冲区的最小长度可根据标准值适当延长。

表 4-14　纵向缓冲区最小长度

最终限速值/ （km/h）	不同下坡坡度的纵向缓冲区最小长度/m		GB 5768.4—2017
	JTG H30—2015		
	坡度≤3%	坡度＞3%	
80	120	150	120
70	100	120	—
60	80	100	80
50	60	80	—
40	50		40
30、20	30		15

横向缓冲区是布置于纵向缓冲区和工作区与非封闭车道之间，保障施工作业人员和设备横向安全的区域。《公路养护安全作业规程》（JTG H30—2015）规定，在保障行车道宽度的前提下，工作区和纵向缓冲区与非封闭车道之间宜布置横向缓冲区，宽度不宜大于 0.5 m。

4. 工作区

工作区是从纵向缓冲区终点到下游过渡区起点之间的施工作业区域。

工作区长度过大时，将对交通造成严重的影响，产生交通堵塞，甚至导致交通瘫痪。结合大量现场调研和模拟计算分析，发现工作区最大长度超过 4 km 时，会造成车辆延误时间过长，驾驶人普遍难以接受，因此《公路养护安全作业规程》（JTG H30—2015）提出工作区的最大长度不超过 4 km；对于借用对向车道通行的高速公路以及公路养护作业，其工作区的长度应根据中央分隔带开口间距和实际养护作业而定，并且最大长度一般不宜超过 6 km；当中央分隔带开口间距大于 3 km 时，工作区的最大长度应为一个中央分隔带开口间距。

5. 下游过渡区

下游过渡区是保证车辆从工作区终点非封闭车道平稳地横向过渡到终止区起点之间的区域，是将车流引入正常行驶状态的一个区段。下游过渡区布置合理将有利于交通流的平滑。

下游过渡区的长度只要保证车辆有足够的长度调整行车状态即可。《公路养护安全作业规程》(JTG H30—2015)认为在下游过渡区超过 30 m 后,各种速度的车辆均可由工作区平稳过渡到终止区,因此要求下游过渡区的长度不宜小于 30 m;而《道路交通标志和标线 第 4 部分:作业区》(GB 5768.4—2017)规定下游过渡区的长度不小于道路缩减宽度即可。

虽然成乐高速扩改各阶段施工时道路缩减宽度均小于 30 m,但为了安全起见,对下游过渡区的长度仍按 30 m 取值。

6. 终止区

终止区是设置于下游过渡区后调整车辆恢复到正常行车状态的区域。

《公路养护安全作业规程》(JTG H30—2015)规定终止区的长度不宜小于 30 m,而《道路交通标志和标线 第 4 部分:作业区》(GB 5768.4—2017)规定的终止区最小长度根据限制速度按表 4-15 取值。为了安全起见,成乐高速扩改施工作业区的终止区长度按 30~50 m 取值。

表 4-15 终止区最小长度

限制速度/(km/h)	终止区长度/m
≤40	10~30
>40	30

4.2.2 交通隔离与防撞设施

隔离设施是分隔双向与同向交通、机动车与非机动车、车辆与行人等的设施,它可以起到分隔车流和视线诱导的作用。在公路扩改施工作业期间,临时隔离设施与交通标线配合使用,设置于施工作业区附近及分流点等需要防止车流闯入的地方,能有效排除横向干扰,避免由此产生的交通延误与交通事故。目前,高速公路运营及施工常用的隔离设施有隔离栅、护栏、交通锥、水马等。

1. 隔离栅

(1)隔离栅分类。

隔离栅是设置于公路沿线两端阻止人、动物进入公路或沿线其他禁入区域,防止非法侵占公路用地的设施。根据构造形式、立柱端门形式、防腐形式和安装方法的差异,隔离栅有不同的分类。按构造形式不同可分为金属网、刺钢丝网和隔离墙等,其中金属网又可分为电焊网、钢板网和编织网;按立柱端门形式不同可分为直缝焊接钢管立柱、型钢立柱、Y 形钢立柱、混凝土立柱等;按防腐形式不同可分为热浸镀锌、热浸渡铝、浸塑隔离栅;按安装方法不同可分为整网连续安装和分片式(组合式)安装。各类隔离栅的埋设条件与支撑结构详见表 4-16。

表 4-16　隔离栅分类

类型		埋设条件	支撑结构
金属网	电焊网	混凝土基础或直埋土中	钢支柱
	钢板网		
	编织网		
刺钢丝网		混凝土基础或直埋土中	钢筋混凝土支柱或钢支柱
隔离墙		混凝土基础或直埋土中	钢筋混凝土支柱

（2）隔离栅设置原则。

隔离栅的设置应能满足高速公路控制出入的需要，在施工期间使用隔离栅不仅能阻止行人、动物从高速公路区外闯入施工作业区及行车区，还能阻止高速公路区内通行的车辆、驾驶人、行人等进入施工作业区。根据《公路交通安全设施设计规范》(JTG D81—2017)规定，隔离栅的设置需满足以下原则：

① 高速公路沿线两侧必须设置连续隔离栅。隔离栅的中心线可沿公路用地范围界限以内 20~50 cm 处设置。在进出高速公路的适当位置可设置便于开启的隔离栅活动门。

② 隔离栅应根据地形进行设置，一般情况下隔离栅的高度不低于 1.5 m，靠近城镇区域的隔离栅高度不宜低于 1.8 m。隔离栅的材料和结构形式应适应当地的气候和环境特点。隔离栅的结构设计应考虑风荷载作用下自身的强度和刚度。隔离栅的网孔尺寸可根据公路沿线动物的体型进行选择，最小网孔不宜小于 50 mm×50 mm。

③ 隔离栅遇桥梁、通道、车行和人行涵洞时，应在桥头锥坡或端墙处进行围封。隔离栅遇跨径小于 2 m 的涵洞时可直接跨越，跨越处应进行围封。

④ 高速公路在行人、动物无法误入分离式路基内侧中间区域时，可仅在分离式路基外侧设置；在行人、动物可误入分离式路基内侧中间区域的条件下，应在分离式路基内侧需要的位置设置。

（3）隔离栅类型选择。

隔离栅的形式选择应考虑防护性能、造价高低、美观程度、与周围环境的协调性、施工条件及养护维修等因素，同时应与公路的设计标准相适应。

① 性能方面。隔离墙隔离效果最好、坚固耐用，适用于横向干扰大、事故频发的路段；金属网和刺钢网隔离效果也较好。

② 造价方面。隔离墙、钢板网、电焊片网、电焊卷网、编织网、刺钢丝网造价费用依次降低。

③ 后期养护维修方面。钢板网、电焊网、刺钢丝网在网面及局部破坏后，容易修补，维修费用较低；编织网在局部破坏后，将影响整张网的结构，不易修补，维修费用较高。

④ 地形适应性方面。钢板网、电焊片网爬坡性能差，一般用于平坦路段；电焊卷网和编织网爬坡性能较好，但施工需要专门的机械设备；刺钢丝适应地形能力强，爬

坡性能优，在地势起伏较大的地形条件下，无须特殊的施工机具，施工方便。

⑤外观方面。隔离墙美观性较差，对路容、路貌有较大影响；钢板网、电焊网、编织网结构合理、美观大方，是城镇沿线、互通区、服务区、风景旅游区等处首选的隔离栅形式；刺钢丝隔离栅是一种比较经济实用的结构形式，但美观性较差，主要适用于人烟稀少的路段、山岭地区的高速公路、郊外的公路保留用地、郊外高架构造物下面、路线跨越沟渠且需封闭的地方。

成乐高速在扩改施工期间主要采用彩钢瓦与隔离网联合作为施工区临时隔离设施。其中，彩钢瓦主要用于遮蔽施工区，隔离施工区扬尘进入通行车道，起到美观、隔离尘土、阻隔视线等作用，同时也能充当宣传标牌、标语张贴的背景板。

2. 护栏

（1）护栏的功能。

护栏是高速公路上重要的安全设施，它可以在受到汽车碰撞时，通过自身变形或车辆爬高来吸收碰撞能量，从而改变车辆行驶方向，阻止车辆越出路外或进入对向车道，降低事故损害的功能。在不能将路侧障碍物移除的路段、高填方陡坡路段或存在危险的路堑路段，合理设置路侧护栏，对于防止车辆驶出路外发生事故或者减少事故损害有十分重要的意义。

（2）护栏的防护等级。

根据《公路护栏安全性能评价标准》（JTG B05—2015），护栏标准段、过渡段和中央分隔带开口护栏的防撞等级按设计防护能量划分为如表4-17所示的八级。设置于护栏标准段起始端或结束端的护栏端头也是一种吸能结构，其安全性能对于护栏的整体防护功能至关重要，其防护等级按设计防护的车辆速度划分为如表4-18所示的三级。

表4-17 护栏标准段、过渡段和中央分隔带开口护栏的防撞等级

防护等级	一	二	三	四	五	六	七	八
代码	C	B	A	SB	SA	SS	HB	HA
设计防护能量/kJ	40	70	160	280	400	520	640	760

表4-18 护栏端头防护等级

防护等级	一	二	三
代码	TB	TA	TS
设计防护速度/（km/h）	60	80	100
设计速度/（km/h）	80	100	120

（3）护栏分类及特征。

护栏依据碰撞后的变形程度、在公路中的设置位置等不同，有如表4-19所示的4种常用分类方式。

表 4-19　护栏分类

分类标准	分类名称	特点
在公路中的纵向位置	路基护栏	设置在路基上的护栏
	桥梁护栏	设置于桥梁上的护栏，防止失控车辆越出桥外
在公路中的横向位置	路侧护栏	设置于公路路侧建筑限界以外的护栏，用以防止失控车辆越出路外或碰撞路侧构造物和其他设施
	中央分隔带护栏	设置于中央分隔带内的护栏，用以防止车辆穿越中央分隔带闯入对向车道，并保护中央分隔带内的构造物
碰撞后的变形程度	柔性护栏	变形最大，如缆索护栏
	半刚性护栏	变形居中，如波形梁护栏
	刚性护栏	变形最小，如混凝土或钢筋混凝土护栏
活动情况	活动式护栏	可灵活移动的临时护栏
	固定式护栏	固定安装的永久性护栏

① 路基护栏和桥梁护栏。

路基护栏是指设置在路基上的护栏，桥梁护栏指设置于桥梁上的护栏。《公路交通安全设施设计规范》(JTG D81—2017)规定，高速公路路基护栏和桥梁护栏的防护等级分别按照表 4-20 和表 4-21 取。可见高速公路护栏的防护要求较高，其中主线路段至少需达到三级（A、Am）以上防护标准，桥梁路段至少需达到四级（SB、SBm）以上防护标准。

表 4-20　路基护栏防护等级

设计速度/(km/h)	事故严重程度等级		
	低	中	高
120	三级（A、Am）	四级（SB、SBm）	六级（SS、SSm）
100, 80			五级（SA、SAm）

表 4-21　桥梁护栏防护等级

设计速度/(km/h)	车辆驶出桥外或进入对向车行道的事故严重程度等级	
	高：跨越公路、铁路或饮用水源以及保护区等路段的桥梁	中：其他桥梁
120	六级（SS、SSm）	五级（SA、SAm）
100, 80	五级（SA、SAm）	四级（SB、SBm）

② 路侧护栏和中央分隔带护栏。

路侧护栏是设置于公路路侧建筑限界以外的护栏，用以防止失控车辆越出路外或碰撞路侧构造物和其他设施。国内外研究表明，保证一定宽度的净区可以使绝大部分驶出路外的车辆恢复正常行驶，因此为了降低车辆驶出路外或驶入对向车行道事故的严重程度，通常会设置合理的净区宽度。《公路交通安全设施设计规范》（JTG D81—2017）要求，当公路路侧计算净区宽度范围内具有表 4-22 所示情形时，应设置路侧护栏。边坡坡度、路堤高度与设置护栏的关系如图 4-7 所示。

表 4-22　路侧护栏设置条件

应设置护栏	宜设置护栏
1. 有高速铁路、Ⅰ级铁路、高速公路、一级公路、高压输电线塔、危险品储存仓库等设施时； 2. 二级及二级以上公路边坡坡度和路堤高度在图 4-7 的Ⅰ区、Ⅱ区阴影范围之内的路段，三级、四级公路路侧有深度 30 m 以上的悬崖、深谷、深沟等的路段； 3. 江、河、湖、沼泽等水深 1.5 m 以上水域的路段； 4. 高速公路外设有车辆不能安全越过的照明灯、摄像机、交通标志、声屏障、上跨桥梁的桥墩或桥台、隧道入口处的检修道或洞门等设施的路段	1. 二级及二级以上公路边坡坡度和路堤高度在图 4-7 的Ⅲ区阴影范围之内的路段，三级、四级公路边坡坡度和路堤高度在图 4-7 的Ⅰ区阴影范围之内的路段； 2. 二级及二级以上公路路侧边沟无盖板、车辆无法安全越过的挖方路段； 3. 作业区段 1 m 范围内有构造物如桥墩、桥台等； 4. 当作业区路段与铁路、公交平行时，车辆发生意外时存在冲到铁路或公路的情况； 5. 高出路面或开挖的边坡坡面有 30 cm 以上的混凝土砌体或大孤石等障碍物； 6. 出口匝道的三角地带有障碍物

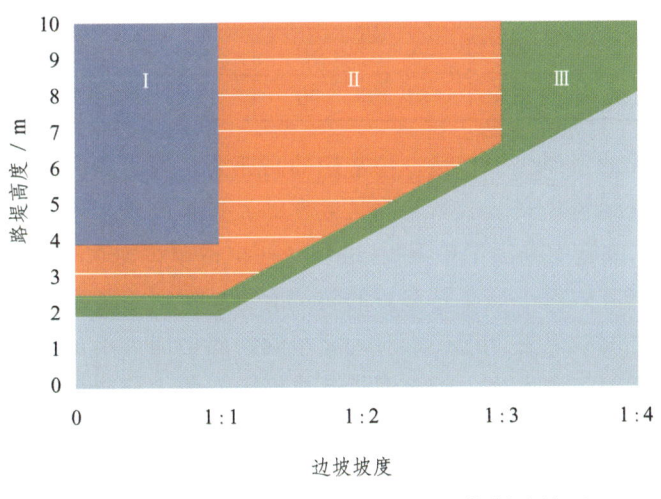

图 4-7　边坡坡度、路堤高度与设置护栏的关系

中央分隔带护栏是设置于中央分隔带内的护栏，用以防止车辆穿越中央分隔带闯入对向车道，并保护中央分隔带内的构造物。根据《公路交通安全设施设计规范》（JTG D81—2017）的要求，当高速公路整体式断面中间带宽度小于或等于 12 m，或者 12 m 宽度范围内有障碍物时，必须设置中央分隔带护栏。其中，在大型车辆所占比例较大的路段，除位于冬季风雪较大的地区外，中央分隔带护栏宜使用混凝土护栏；对于长

期单幅双向通行的临时中央分隔带和车辆冲出路外易发生二次交通事故的施工作业区路段，应采用具有二级（Bm）及以上防护等级的临时防撞安全设施，并且防撞设施应通过实车碰撞试验验证其防撞性能。

③ 柔性护栏。

柔性护栏是一种具有较大缓冲能力的韧性护栏结构，缆索护栏是柔性护栏中最具代表性的一种形式。缆索护栏是以数根施加初张力的缆索固定于立柱上而组成的结构，主要依靠缆索的拉应力来吸收碰撞能量、抵抗车辆碰撞。缆索对车辆的减速力度小，防护能力难以达到高速公路的防护需求。但是，缆索护栏对车辆具有很好的包容性，缆索护栏形式美观，通透性良好，适用于防护等级不高、自然风光优美的旅游公路和易积雪路段，一般不作为临时护栏使用。

④ 刚性护栏。

刚性护栏是一种基本不变形的护栏结构，依靠汽车爬高、变形和摩擦来吸收碰撞能量。水泥混凝土墙式护栏是刚性护栏的主要代表，其常见结构形式有 F 型、单坡型，可整体式设置，也可分离式设置。刚性护栏具有安全性和拦阻效果好、被撞击后不易损坏，以及使用年限长、维修费用少等优点。

根据《公路交通安全设施设计规范》（JTG D81—2017）要求，各等级水泥混凝土护栏的高度不应小于表 4-23 所示标准。

表 4-23　水泥混凝土护栏高度

防护等级	二	三	四	五	六	七	八
防护代码	B	A	SB	SA	SS	HB	HA
混凝土护栏高度/cm	70	81	90	100	110	120	130

以混凝土制成的新泽西护栏是一种常用的高速公路施工临时防护设施，但由于新泽西护栏的制作、运输、安装成本较高且效率低，在扩改施工中大范围使用存在一定困难。成乐高速扩改施工采用了单重 1 t 的新泽西护栏单体加水马的混合隔离措施。实践发现，这种隔离方式对小型车具有好的防护能力，但由于新泽西护栏单体的质量有限，且相邻单体之间缺乏整体连接，对大型车辆的阻挡能力不足。例如，在成乐高速扩改试验段施工期间，曾发生一辆重型货运车辆因驾驶人疲劳驾驶、操作不当，与隔离设施相撞并冲入施工区域，造成约 130 m 新泽西护栏加水马的隔离设施受损，所幸事发时现场无人施工，未造成人员伤亡。

⑤ 半刚性护栏。

半刚性护栏综合了刚性护栏和柔性护栏的防护特征，具有一定的刚度和柔韧度，对于行驶车辆失控的阻拦性和保护性都较好。半刚性护栏的主要形式为金属梁柱结构，通过支柱固定梁板，依靠梁板的弯曲变形和张拉力来抵抗车辆的碰撞。金属梁式护栏由于防护能力优秀，具有外形美观、安装简单、护栏被撞损坏的部件容易更换等优点，应用十分广泛。根据梁板结构不同，梁式护栏可为波形梁护栏、管梁护栏、箱梁护栏等多种形式，图 4-8 所示的波形梁护栏在国内外的应用都最为普遍。

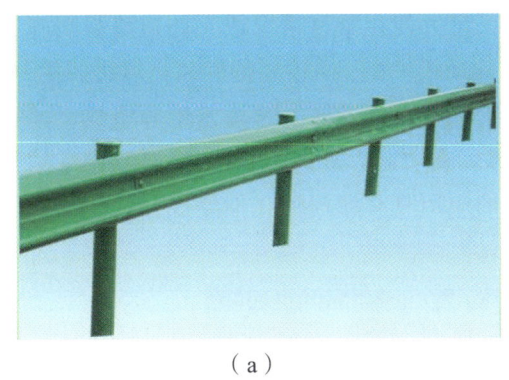
（a）

（b）

图 4-8　波形梁护栏

根据金属原料不同，金属梁式护栏可分为钢质梁护栏、铝合金梁护栏和不锈钢梁护栏，其截面最小厚度值如表 4-24 所示。不同防护等级的金属梁式护栏横梁横向承载力距离桥面的加权平均高度 $\bar{Y}$ 的最小值，如表 4-25 所示。

表 4-24　金属制护栏的截面最小厚度值

材料	截面形式	最小厚度值/mm			
		主要纵向有效构件	纵向非有效构件和次要纵向有效构件	辅助板、杆和网	抱箍、辅助构件
钢	空心截面	3	3	3	3
	其他截面	4	3	3	3
铝合金	所有截面	3	1.2	3	1.2
不锈钢	所有截面	2	1	2	0.5

表 4-25　金属梁柱式护栏横梁横向承载力距桥面的加权平均高度 $\bar{Y}$

防护等级	二	三	四	五	六	七	八
防护代码	B	A	SB	SA	SS	HB	HA
$\bar{Y}$/cm	60	60	70	80	90	100	110

然而，随着高速公路上大型客车、重型货车等大质量车辆的增多，依据现有技术标准设置的波形梁护栏也逐渐显露其缺陷。例如，对质量大、车速快的车辆防护能力不足，易发生车辆越过护栏事故；对失控车辆的导向能力不够，使车辆在碰撞护栏后易发生侧翻；立柱基础稳定性较弱，受车辆碰撞时易出现螺栓被拔出、拉断或使立柱侧倾，并且不易维修。此外，由于波形梁护栏安装需要在地面开孔埋设立柱，如果是在扩改施工路段拆除原路侧护栏进行路面拼宽施工期间内设置临时波形护栏，不仅在地面连续开孔的施工成本高，而且所开孔洞会影响后期的路面施工质量，因此不适宜作为扩改施工的临时防护使用。

⑥ 活动护栏。

活动式护栏一般用在中央分隔带开口处，可方便在紧急情况或一侧道路封闭施工时临时开启放行。目前，较常用的活动护栏有移动式护栏、插拔式护栏和充填式护栏等。

拔插式护栏在我国使用历史很长，它由护栏片、反射体、预埋基础等组成，并在端头贴附反光面，具有适用地域广和造价低等优良功能。如图4-9所示，其基础采用预埋套管或抽换式立柱基础，因此拔插式护栏的应用具有便捷性，但是插孔易积土、美观性不够。

图4-9 拔插式护栏

充填式活动护栏是近几年出现的一种活动护栏新形式。其护栏采用塑料或玻璃钢中空预制块，断面形式可采用F型或单坡型混凝土护栏的断面形式，可以充填水或细砂。这种活动护栏具有合理的截面形式，在充水或细砂后具有较大的自重，有较好的防撞能力，在排掉水或砂后即可轻松移动。

（4）易拆装组合式护栏。

成乐高速扩改项目基于试验段施工期间的护栏使用经验和教训，开发了一种适于高速公路大规模扩改施工临时隔离使用的易拆装组合式安全护栏。该护栏具有结构简单、强度高、制作成本低、装拆方便、不易毁坏路面、防撞和防护效果好、被撞后恢复简单快捷等特点。

如图4-10和图4-11所示，易拆装组合式护栏主要由水泥墩座、防阻块和波形梁板三部分组成。其中，水泥墩座沿隔离路线按一定间距排列放置于平整地面，并通过螺栓、防阻块、螺钉与波形梁连接，串联成护栏整体。当失控车辆撞击波形梁时，通过水泥墩座的质量、水泥墩座与地面的摩擦力以及波形梁板和防阻块的变形来吸收车辆的撞击动能，以防止车辆冲出路面发生事故。

易拆装组合式护栏适用于对施工路段的内侧或外侧纵向隔离。在安装时，利用吊装工具将水泥墩座按照一定间距吊放入位后，利用波形梁板和防阻块将各水泥墩座串联成整体，形成一条连续的安全护栏带，如图4-12所示。当发生事故造成安全护栏带局部破损变形或倒伏时，利用常规工具可快速完成更换或扶正恢复。当一处路段扩改施工完毕，这种护栏可以方便地拆除并移至下一处施工路段重复使用。

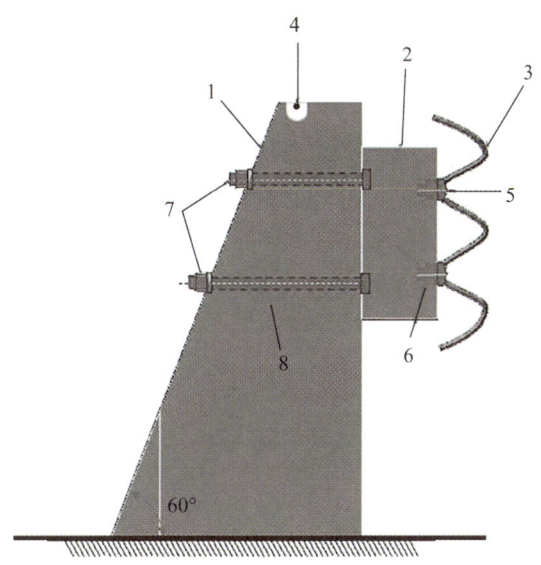

1—水泥墩座；2—防阻块；3—波形梁板；4—吊装环；5—螺钉；6—螺纹孔；7—螺母；8—螺栓。

图 4-10　安全护栏单元段的水平截面结构

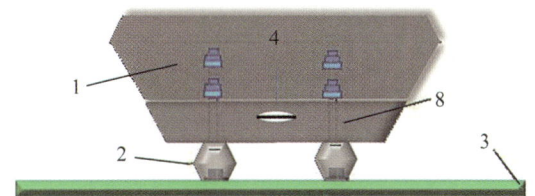

1—水泥墩座；2—防阻块；3—波形梁板；4—吊装环；8—螺栓。

图 4-11　安全护栏单元段的俯视图

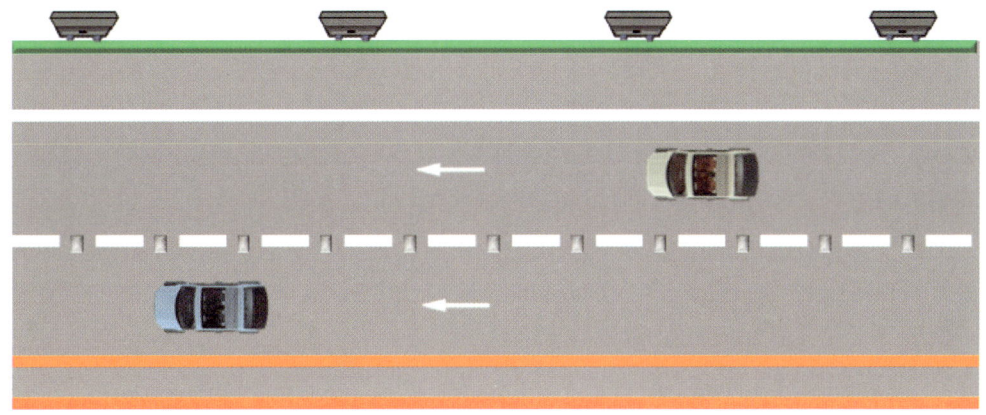

图 4-12　安全护栏带使用状态的结构示意图

（5）护栏自检报警系统。

我国高速公路交通事故中约有 14% 是车辆碰撞路侧护栏，而车辆碰撞护栏会导致护栏受损，如果不及时对受损护栏进行检修恢复，容易引发二次事故。在目前的高速公路管理中主要依靠事故报警和人员巡护来获取相关护栏受损信息，而在大量使用非固装临时护栏的高速公路扩改施工现场，极容易造成护栏变形、移位或受损不能及时发现和修复的情况，为此，成乐高速扩改项目组开发了一种护栏自检报警系统。

该系统由分布式光纤、调制解调仪、上位计算机以及声光报警器组成，其结构如图 4-13 所示。其中，分布式光纤沿高速公路护栏分段布设，贴装于高速公路路侧护栏上和埋设于中央分隔带开口护栏处路基内，多段分布式光纤首尾相连形成一条分布式信号传输线路并接入到光纤环路器。通过多段式的分布式光纤，可以对当前段的高速公路护栏提供定位，为上位计算机准确警告事故点提供依据。

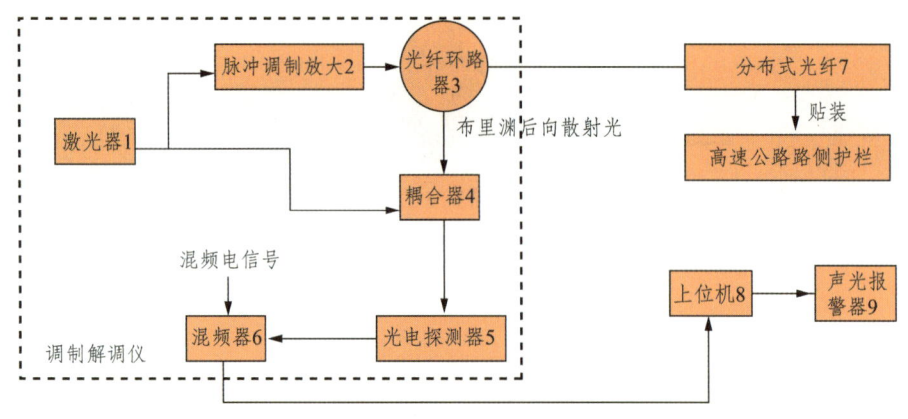

图 4-13　护栏自检报警系统结构

当贴装于护栏上的分布式光纤受到拉伸或压缩时，应力变化会导致后向布里渊散射光产生频率漂移，通过解调漂移量可实现应变测量。通过光谱变化检测光纤应变分布，从而检测出护栏的形变，根据设定阈值进行自动报警。为防止误报警，分布式光纤应变报警阈值设为 6 cm。

调制解调仪包括激光发生器、脉冲调制放大器、光纤环路器、耦合器、光电探测器和混频器。激光发生器采用窄线宽光源，输出探测光依次经过脉冲调制放大器、光纤环路器、耦合器，并直接输出参考光至耦合器；耦合器输出信号依次经过光电探测器和混频器输出至上位计算机，同时混频器的输入端也接入混频电信号。

上位计算机内置 Mapinfo 系统，在系统内将高速公路扩改施工区的路线图以及百米桩号与所安装的分布式光纤所在位置的大地经纬度对应，即可实现对发生变形或移位、倒伏等受损护栏的及时报警和精确定位。

3. 其他隔离与防撞设施

（1）隔离栏。

高速公路扩改施工一般使用注水（砂）型隔离栏，又称"水马"。由于这种隔离栏采用塑料材质的空心结构，成本低、移动灵活方便，注水或注砂并相互连接之后具有一定的防撞性能，因此在具有一定防撞需要的施工路段是最常使用的防护隔离设施之一。

水马的颜色宜为黄色、橙色或红色，高度不得小于 40 cm，使用前应注水或注砂，且注水或注砂量不应小于其内部容积的 90%。在高速公路施工时，水马应相互连接设置，布设在上游过渡区、缓冲区、工作区和下游过渡区的靠近交通流一侧，或对向行驶的交通流之间。

成乐高速扩改施工期间，水马是使用频率最高的隔离防撞设施，或单独使用，或与交通锥、交通桶、新泽西护栏等其他隔离防撞设施组合使用，对有效隔离施工作业区、保障通行安全起到了较好作用，如图 4-14 所示。

（a）

（b）

图 4-14　成乐高速扩改施工水马使用情况

（2）交通锥。

交通锥又称为"锥形交通路标""锥形筒""道路标筒"等，是一种锥形或柱形临时交通隔离警戒设施，用于临时分隔车辆、引导交通、指引车辆危险路段、保护施工现场设施和人员。《锥形交通路标》（GA/T 415—2003）和《道路交通标志和标线》（GB 5768.4—2017）对锥形交通路标的形状、颜色、尺寸及布置做了规定。

锥形交通路标在使用时应保证其表面完整，同一颜色应均匀一致，外表面不得有明显的划痕、变形和飞边，反射区逆反射系数应不低于四级白色反光膜的逆反射系数要求，其结构与尺寸要求如图 4-15 所示。

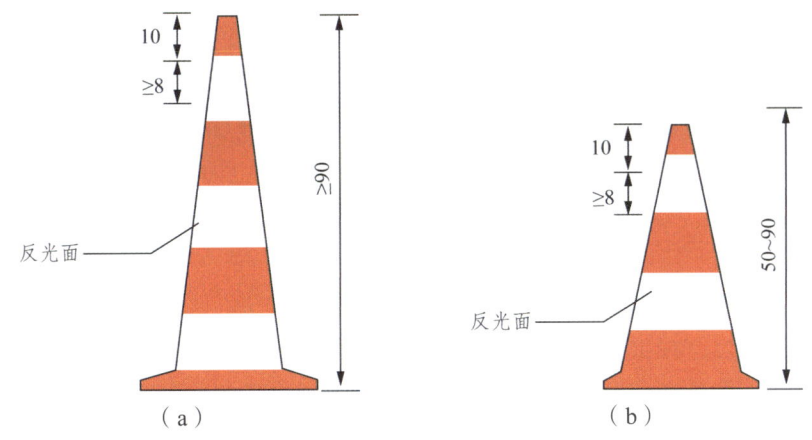

图 4-15　交通锥结构尺寸要求（单位：cm）

与交通锥作用类似的还有交通桶和交通柱,它们均采用弹性材料制作。其中,交通桶顶应密封,交通柱用于渠化设施设置空间受限无法使用交通锥或交通桶的地方,交通桶和交通柱的结构与尺寸要求如图 4-16 和图 4-17 所示。

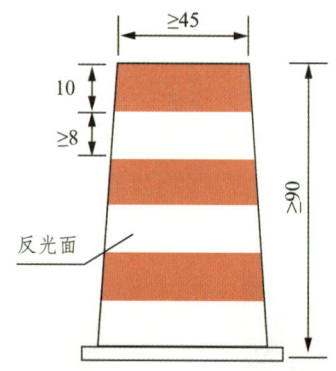

图 4-16　交通桶结构尺寸要求(单位:cm)

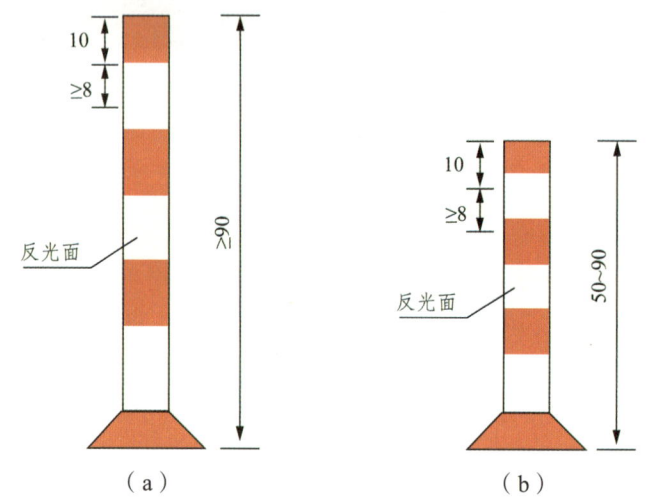

图 4-17　交通柱结构尺寸要求(单位:cm)

按照《公路养护安全作业规程》(GTG H30—2015)的规定,应根据需要将锥形交通路标设置于作业区的上游过渡区、缓冲区、工作区和下游过渡区靠近交通流一侧,或对向行驶的交通流之间,其布设间距不宜大于 10 m,上游过渡区和工作区布设间距不宜大于 4 m。

(3)防撞桶。

防撞桶与充填式活动护栏类似,一般采用塑料中空预制块制作而成,断面形式为圆桶状,可以充填水或细砂,如图 4-18 所示。防撞桶对于汽车碰撞具有较好的减小冲击力作用。防撞桶使用之前应灌水或砂,灌注量不应小于其内部容积的 90%。

防撞桶宜布设在车辆与固定设施容易发生碰撞的部位,如工作区或上游过渡区与缓冲区之间、交通岛端头等。防撞桶可以单独使用,也可以连续摆设使用,由于防撞桶不具备互锁功能，因此连续摆设的防撞性能不及水马，如图 4-19 所示。

图 4-18　防撞桶的样式

图 4-19　防撞桶设置

（4）防撞垫。

防撞垫是设置于公路交通分流处或障碍物前端的一种吸能结构，车辆碰撞时通过自体变形吸收碰撞能量，从而降低乘员的伤害程度。防撞垫的防护等级划分与护栏防撞端头防护等级一样，应根据公路设计速度选取。因运行速度、交通量等因素造成更严重碰撞后果的路段，应结合实际防护需求提高防撞端头、防撞垫的防护等级。

高速公路扩改施工在同向分离起点等路段设置防撞垫，有利于减少交通事故、降低碰撞严重程度。防撞垫宜设置在障碍物及分合流、隧道入口、中央分隔带开口等车道变化的地点，如图 4-20 所示。在施工作业区，也可根据需要设置于作业区障碍物前，或作业区迎交通流方向的作业车辆尾部，用以降低作业区碰撞事故的严重程度。

（5）限高架。

限高架是设置在通行高度受限建（构）筑物前，防止通行车辆与建筑物相撞的安全设施。《公路交通安全设施设计规范》（JTG D81—2017）规定："根据交通运营管理的需要限制通行车辆的高度时，可设置防撞或警示限高架；跨桥梁或隧道内净空高度小于 2.5 m 时宜设置防撞限高架，公路上跨桥梁或隧道内净空高度小于 4.5 m 时可设置防撞限高架；在进入上述路段的路线交叉入口处适当位置，宜同时设置限高要求相同的警示限高架。"

图 4-20　高速公路防撞垫设置

高速公路扩改施工期间，有可能存在现场施工机具侵入桥梁、隧道或道路上方，使车辆通行高度受限的情形，设置限高架可以有效防止车辆与高空设施设备、建筑物和构筑物碰撞。另外，在施工作业区分流前端设置限高架还能起到分流中、大型车的作用，有助于高速公路扩改施工期间交通管控措施的实施。在设置限高架时，应注意与上跨桥梁或隧道的距离要满足驾驶人反应与采取减速措施的需求。限高架应与限高标志配合使用，并且限高架下缘距离路面的高度不得小于限高标志限定的高度值。为了达到使用的针对性和灵活性，限高架最好设计为高度可调节的结构。

（6）路拦。

路拦是用以阻拦车辆及行人前进或指示改道的设施，可以用于高速扩改施工期间因施工需要临时封闭行车道、匝道、收费站、服务区。路拦与警示灯、可变箭头信号灯设施结合使用时，可以加强隔离引导效果。为了起到警示效果，路拦颜色使用橙色和黑色相间的样式，如图4-21所示。

《道路交通标志和标线 第4部分：作业区》（GB 5768.4—2017）规定，因作业区而封闭道路的，在封闭路段两端应设置路拦。高速公路扩改施工的封闭路段，应在其上游出口主线上和入口匝道前设置路拦，路拦与主线或匝道的宽度相同。

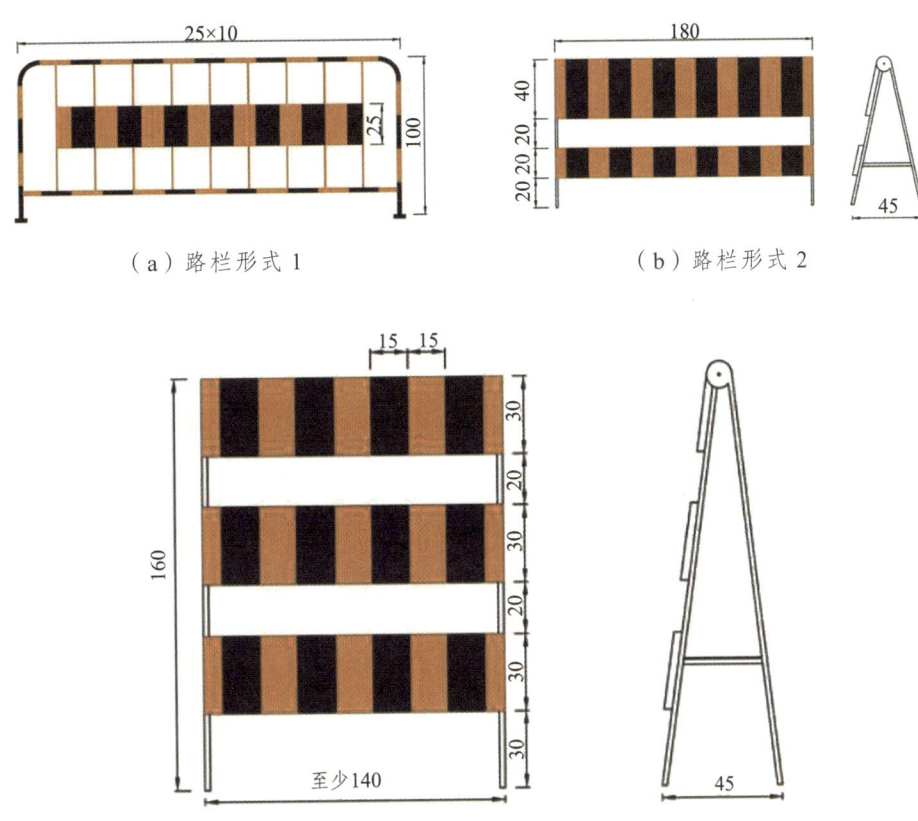

（a）路栏形式1　　　　　　（b）路栏形式2

（c）路栏形式3

图4-21　路拦形式（单位：cm）

（7）防落网。

防落网能有效阻止公路上方或边坡上的物体落入公路建筑限界，保障行车安全。防落网分为防落物网和防落石网，其中防落物网用于公路桥梁两侧防止抛扔的物品、杂物或运输散落物进入桥梁下铁路、通航河流或公路，防落石网用于公路路堑边坡防止落石进入公路建筑限界。根据《公路交通安全设施设计规范》（JTG D81—2017）规定的防落石网和防落物网设置要求如表4-26所示。

表4-26　防落网设置要求

防落石网设置	防落物网设置
1. 考虑的因素：公路边坡地形、地质条件、危岩分布范围、落石规模和频率、落石运动途径及冲击能力、灾害后果等。 2. 结构能承受设计边坡落石的冲击力。 3. 宜设置在缓坡平台或紧邻公路的坡脚宽缓场地附近	1. 距桥面的高度不宜低于1.8 m。 2. 设置范围：下穿铁路、公路等被保护区的宽度（当上跨构造物与公路斜交时，应取斜交宽度）并各向路外延长10～20 m。 3. 应在分离式桥梁内侧设置防落物网

成乐高速扩改施工期间，在桥梁拆除、梁板架设等施工环节存在施工建材、工具等掉落危险，在路基施工环节也存在上边坡落石坠入施工区危险，因此，采取了在高边坡路段等易出现落石区段设置结合工字钢、竹挡板等形式的防落网，在桥面拆除位置设置安全网措施，如图4-22所示。

图4-22　施工防落网

4.2.3　施工区分阶段防侵入管控

《高速公路改扩建交通工程及沿线设施设计细则》（JTG/T L80—2014）规定，维持通行的车道和施工作业区之间以及对向行车的车道之间，应设置临时隔离设施。当维持通行路段的车速为60 km/h及以上时，临时隔离设施宜采用连续设置并互锁的混凝土护栏预制块、注水（或砂）且连续布设并互锁的水马、波形梁护栏等。按照上述要求，成乐高速扩改期间根据各施工阶段在施工任务、交通组织方式、断面风险因素等方面的不同，采取有针对性的防侵入隔离管控措施。

1. 路基与桥涵下部结构施工阶段

成乐扩改施工第一阶段的两侧扩容拓宽路段软基处理、主线路基填方、涵洞结构物及桥梁下部结构施工均在原路面外侧实施，须拆除原有路侧隔离栅，但无须拆除路侧护栏。因此，这一阶段的防侵入任务主要包括防止非施工人员进入施工区域甚至高速公路，同时加强原有路段路侧护栏的防护能力，阻止车辆失控冲出路外。具体措施包括：

（1）在施工区外侧设置隔离栅。为了节约成本，推进原有设施设备的再利用，采取将原路段路侧隔离栅迁移至新征地界边缘作为临时隔离设施的方式，如图4-23所示。

（2）保留原有路侧护栏，在互通区、服务区以及桥梁范围外路侧护栏上增设临时隔离网增加隔离高度，提高护栏防护能力。

2. 水稳层及路面下面层施工阶段

根据施工方案，两侧路面搭接处位于原高速公路两侧应急车道处，在此阶段施工前需拆除原路两侧路侧护栏和交通标志，挖除原路两侧路基土路肩，在原应急车道范围内开挖台阶。由于施工要部分占用原应急车道，与第一阶段施工相比，不仅会使行车道右侧横向缓冲区变窄，侧向净空宽度进一步压缩，导致行车区发生碰撞、刮擦的风险会增大，而且随着护栏的拆除，车辆冲出路侧，在开挖的路基发生倾覆或冲撞施工人员的风险也会增大。为此，成乐高速扩改项目部除了在匝道施工位置采取混凝土护栏与交通锥组合隔离方式之外，针对主线施工采取了根据路基填方高度分别设置不同类型隔离设施的方式，如图 4-24 所示。具体设置方式为在路基填方 2 m 以下施工路段，设置连续水马护栏；在路基填方 2~4 m 的施工路段，设置水马间隔混凝土护栏；在路基填方 4 m 以上施工路段，设置连续混凝土护栏。

（a）彩钢瓦隔离

（b）边坡隔离墙

（c）收费站围挡

（d）路侧隔离网

图 4-23　成乐高速扩改施工隔离栅设置

（a）交通锥与水马组合

（b）新泽西护栏与水马组合

图 4-24　路基搭接施工阶段的隔离防撞措施

3. 左幅路面中上面层施工阶段

由于中、上面层施工期间采用"全线半幅封闭，另半幅单向两车道通行"的交通组织方式，因此在第三阶段左幅封闭施工期间，应关闭施工路段的该方向收费站入口匝道和在高速公路上游互通枢纽封闭相应的转换匝道，因此，在该阶段采取的主要隔离防撞措施如下：

（1）在关闭收费站入口处设置路拦，防止车辆驶入。

（2）分流匝道处利用水马和交通锥进行渠化隔离，设置防撞桶，如图4-25（a）所示。

（3）封闭匝道处横向设置混凝土护栏，如图4-25（b）所示。

（a）分流引导隔离　　　　　　　　　　（b）匝道封闭隔离

图4-25　交通分流隔离

4. 右幅路面中上面层施工阶段

第四阶段与第三阶段的施工内容总体相似，只是施工路幅和车辆通行路幅不同，以及后期需要双向同步占用紧邻中央分隔带的两个车道进行中央分隔带护栏和绿化施工，因此，针对该阶段的主要风险特征变化，相应采取的隔离防护措施如下：

（1）施工路段上下游车辆继续保持第三阶段的分流绕行方案，并持续做好分流点的主线交通隔离防护，如图4-26所示。

（a）　　　　　　　　　　　　　　（b）

图4-26　交通分流点主线隔离

（2）由于上行交通需转换至左幅车道通行，要在施工路段上下游的中央分隔带开口处设置导改点，为此，在右幅路面采用水马封闭原通行车道，并连续设置交通锥引导车辆转移至左幅行车道通行,如图 4-27 所示。

图 4-27　通行路幅导改隔离

(3)在开放左幅路面通行期间,由于收费站、服务区均在通行方向的左侧,只能从左侧出站,为方便车辆利用本侧收费站、服务区进出高速公路及休息服务,需要增设临时诱导标志标牌提示出站方向,并通过水马、交通锥进行隔离防护与路径引导,如图 4-28 所示。

(a)互通左侧出站提前诱导　　　　　　(b)互通左侧出站 1 km 诱导牌

图 4-28　收费站诱导隔离设施

(4)中分带施工期间需占用已建成半幅紧邻中分带的第一和第二两条车道施工,由于此时施工区域紧邻侧方通行车辆,需采用交通锥与水马相结合的方式设临时防护栏和隔离设施,如图 4-29 所示。

图 4-29　第一、二车道管制隔离

5. 附属设施施工完善阶段

该阶段主线已基本形成双向 8 车道通行能力，仅剩余分离式桥面施工和新增或更改部分标志标牌施工。由于施工区不连续且相对分散，相应采取分段和分车道管制的交通组织方式，始终保持每侧 2 车道通行，同时按照《道路交通标志和标线 第 4 部分：作业区》（GB5768.4—2017）的要求，对施工作业区设置渠化设施分隔作业区域和交通流，渠化设施的设置范围包括上游过渡区（Ls）、缓冲区（H）、工作区（G）和下游过渡区（Lx）。在布置施工区隔离防护设施时，一般可采用水马或者交通锥、交通桶，针对安全风险极大的匝道、桥梁等处则必须设置新泽西护栏等防撞性能更佳的隔离措施。此外，为了防止施工作业产生的碎屑危害公路行车安全，以及通行车辆卷起路面上可能存在的杂物伤害施工人员，成乐高速扩改项目还在施工作业区采用了彩钢瓦局部打围封闭措施。

4.3 车辆行驶路线管控措施

高速公路扩改施工期间，交通组织方式和道路行车条件与平时发生极大变化，为了保障施工期间的通行效率和通行安全，须制订全面、合理的车辆行驶路线管控措施，通过交通渠化、诱导分流、交通引导设施设备及事前事中交通运行管理，使交通组织方案落实到位、车辆按照既定路线快速安全通过。

4.3.1 交通渠化措施

1. 交通渠化的作用

交通渠化是普通道路平面交叉口用于解决交通冲突点多、交通流向复杂、安全风险高等问题，以提高路口行车速度和通行能力，保证交通安全的常用措施。它在高速公路上则主要用于收费站、服务区和匝道出入口等位置，并主要起如下作用：

（1）分隔不同类型的交通流。交通渠化可以用于分隔高速公路上不同类型的交通流，减少同向车辆在行驶过程中的相互干扰，使各种车辆能按各自规定的车道行驶，在提高行车速度和道路通行能力的同时保障交通安全。

（2）导流和导向。交通渠化可以用于诱导车辆的行驶路线，将车辆按照其不同行驶方向和行驶目的进行提前分流引导，同时规范车辆行驶轨迹，防止车流交叉并缓解分流、合流冲突。

（3）帮助驾驶人辨认交通标志和遵守交通规则。设置交通岛等设施可以增强路面标线和交通标志所不具备的易见性和强制性，帮助驾驶人辨认交通标志和交通标线，遵守交通规则。

2. 交通渠化的设计原则

交通渠化设计应遵循以下原则:

(1) 符合规范,简单明确,易于理解。交通渠化设计应符合国家相关标准和规范的规定,不能随意变更或改动。同时,应避免过于复杂的方案,便于各类交通参与者正确选择自己的交通路线和通行时机。

(2) 路线平顺,保证安全。交通渠化设计应尽可能使行驶轨迹平顺,能以最短时间或最短的路程通过,切忌迂回、逆向、急转或者有可能引起碰撞的尖锐角度。同时,不同流向、不同车种、不同速度的交通流应尽可能实现分道行驶,以减少相互干扰或碰撞,保证安全。

(3) 保证视距,净化视野。交通渠化设计应净化机动车驾驶人的视野,充分保证其正常观察车辆外部各方向、各车道其他车辆和道路设施、障碍物的安全视距。

3. 匝道出入口交通渠化

在高速公路上,互通立交、收费站、服务区等匝道出入口处交通冲突点最多,主线和匝道存在较大的速度差,是车流通行与交通安全的瓶颈地带。在匝道出入口处进行交通渠化是减少交通冲突点的重要手段。成乐高速扩改工程的第一、二、三阶段施工对主线匝道出入口均无过多影响,沿用其原有交通渠化措施即可满足要求。但在第四阶段施工期间由于采用右幅封闭,要将右幅交通导改至左幅路面行驶,因而导致车流在左幅路面的行驶方向与该路幅的原始设计方向相反,所有匝道的出入口均处于主线的左侧,需要将原有匝道出口与匝道进口互换,按照如下要求重新进行交通渠化。

(1) 车道数设计。

高速公路左幅路面逆向行驶的交通分流与合流连接形式如图 4-30 和图 4-31 所示。在匝道出入口的设计上,为了确保车流通行平顺和安全,在主线与匝道分、合流处应保持车道数的平衡,使分流或合流前后的主线与匝道车道数满足式(4-11)的要求。

$$N_C \geqslant N_F + N_E - 1 \tag{4-11}$$

式中 N_C——分流前或合流后的主线车道数;

N_F——分流后或合流前的主线车道数;

N_E——匝道车道数。

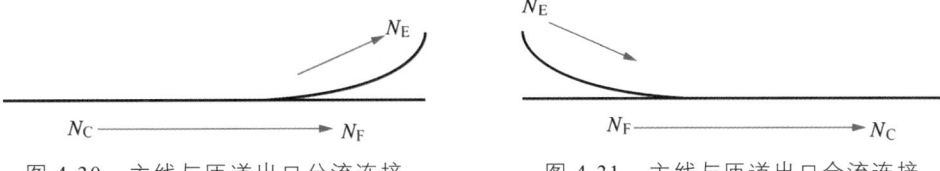

图 4-30　主线与匝道出口分流连接　　图 4-31　主线与匝道出口合流连接

根据《公路立体交叉设计细则》(JTG/T D21—2014)规定,当匝道分流车道数平衡时,可采用直接分流的方式;车道不平衡时,可增设一条辅助车道,长度不应小于

150 m。当匝道合流车道数平衡且合流交通量均较小时，可采用直接合流的方式；当车道数平衡且合流后的交通量接近设计通行能力，或单车道匝道汇入速度相对较高的双车道匝道时，应增加渐变段长度或增设一条辅助车道，辅助车道长度不应小于 100 m；车道不平衡时，应增设一条辅助车道，长度不应小于 150 m。

在高速公路扩改施工期间，可以通过交通锥、水马、护栏等隔离设施进行车道的临时封闭与增加，从而使其符合上述交通渠化的车道平衡原则。

（2）主线车道拓宽。

由于高速公路匝道的出口侧车道和进口侧车道遵循不同的拓宽准则，因此，为了将主线车流和匝道车流分开，对于左幅通行车流逆向使用的原匝道进口，应按照常规匝道出口的设计准则，在原匝道进口的前一段距离进行侧向拓宽车道。

（3）行车道弯曲或缩小宽度。

在匝道出口或进口拓宽车道前，应采用隔离设施和施划临时交通标线等方式，对行车路线进行弯曲处理或缩小车道宽度，从而减少车辆在路面上的自由行驶空间，约束驾驶人操作行为，迫使其减速行驶，以尽可能减少对主线车流的影响。

（4）减少冲突面积。

设置车行道分隔带、车辆行驶指路牌，规范车辆行驶轨迹，减少交通流在匝道出口或进口处的分、合流冲突范围，降低车辆间发生碰撞的可能性。

（5）减小合流角度。

通过增设交通岛和采取适当的隔离引导措施，使交通流以 10°~15°的合流角度和最小的速度差进行合流，并使车辆可以利用最小的车头间距汇合。

图4-32至图4-34所示为成乐高速扩改试验段在第四阶段施工期间对其彭山收费站出入口、眉山收费站出入口和眉山服务区匝道进出口进行交通渠化的设计示例。

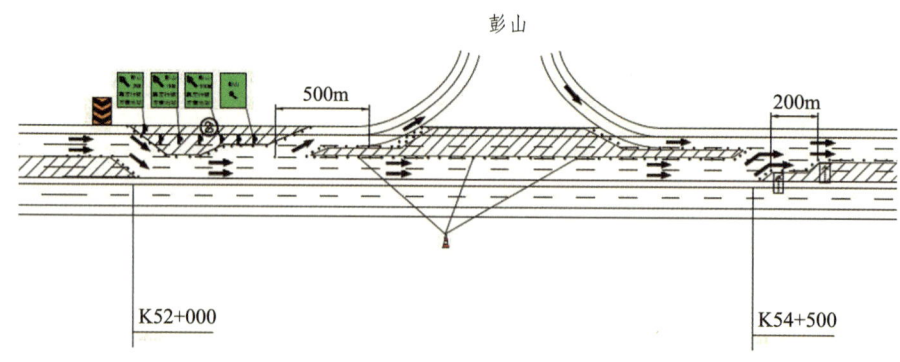

图 4-32　彭山收费站交通渠化示例

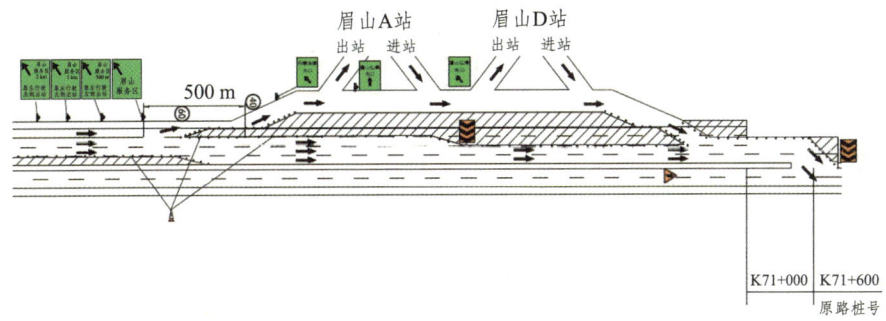

图 4-33 眉山收费站交通渠化示例

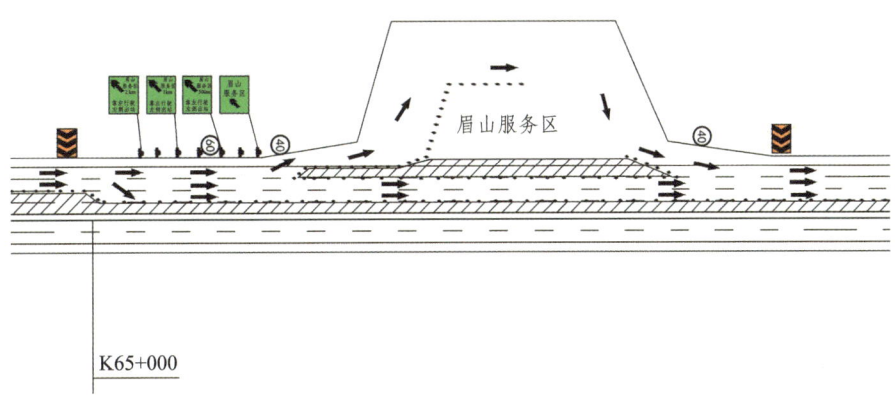

图 4-34 眉山服务区交通渠化示例

4. 交通导改点交通渠化

对于半幅封闭期间的路面交通导改点交通渠化，应遵守与匝道出入口交通渠化相同的车道数设计原则，和采取行车道弯曲处理或缩小车道宽度、减少冲突面积和减少合流角度等措施。除此以外，还应当根据需要相应采取下列安全防护措施：

（1）封闭交通禁行侧车道。

在交通导改点采取可靠的隔离措施，封闭禁行车道，防止车辆误入施工路段。

（2）中央分隔带临时开口。

拆除中央分隔带开口处原有隔离设施，将靠中央分隔带一侧车道与通行侧车道连接，连接过渡处应施划临时标线，或采用交通锥、水马、路拦等安全设施进行临时隔离。中央分隔带开口宽度应足够长，使交通能顺利导入对向车道。

图 4-35 所示为成乐高速扩改建设试验段的第四阶段施工期间，对青龙场入口导改点的交通渠化设计示例。

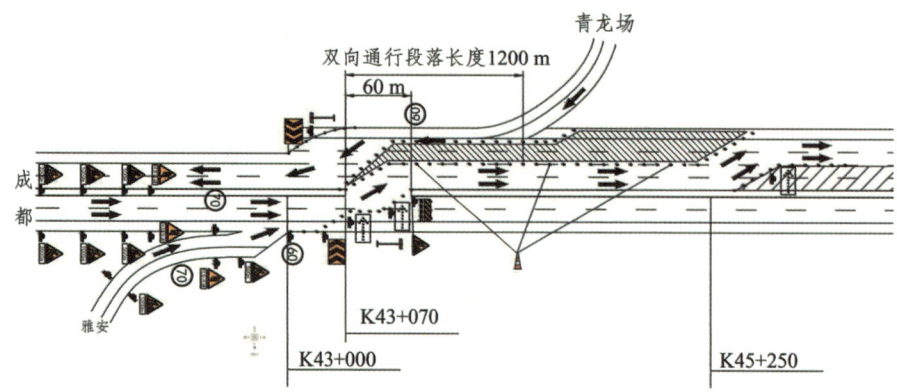

图 4-35 青龙场交通导改点交通渠化示例

4.3.2 车辆行驶路线诱导措施

1. 路线诱导设施

（1）交通标志。

① 常用交通标志。

交通标志以不熟悉周围路网体系，但对出行路线有所规划的道路使用者为设计对象，为其提供清晰、明确、简洁的信息。根据《道路交通标志和标线 第 2 部分：道路交通标志》（GB 5768.2—2017）和《道路交通标志和标线 第 4 部分：作业区》（GB 5768.4—2017）的规定，适用于高速公路扩改施工的交通标志包括专门的作业区标志和其他临时设置的常规性警告、禁令、指示、指路标志，用以显示施工路段的有关交通阻断、绕行及临时性交通管控措施等情况。对于照明条件不好，能见度差的作业区，宜采用反光或主动发光式标志。

高速公路扩改施工使用的作业区标志如表 4-27 所示。

表 4-27 常用作业区标志

序号	名称及分类	作用	设置要求	图示
1	施工距离标志	用以预告距离作业区的长度	设置于警告区起点附近，辅助标志上的数字为警告区的长度	600m
2	作业区长度标志	预告作业路段长度	设置于缓冲区起点附近，辅助标志上的数字为缓冲区和工作区长度之和	长度300m

续表

序号	名称及分类		作用	设置要求	图示
3	作业区结束标志		说明作业区结束位置	设置于终止区之后	
4	车道数变少标志		说明前方车道数变少	设置于警告区中点附近	
5	改道标志	道路封闭,借用对向车道或便道通行	告示车辆改道行驶,用于借用对向车道或改道于便道的作业区	设置于警告区中点附近	
6		道路封闭,部分车借用对向车道或便道通行			
7		道路封闭,借用同向便道通行			
8	橙色箭头标志		指示车辆离开作业区所在道路、绕过作业区返回到原路的绕行路径	附着于绕行路线沿线原有道路标志的支撑结构上,箭头指向绕行路线的方向	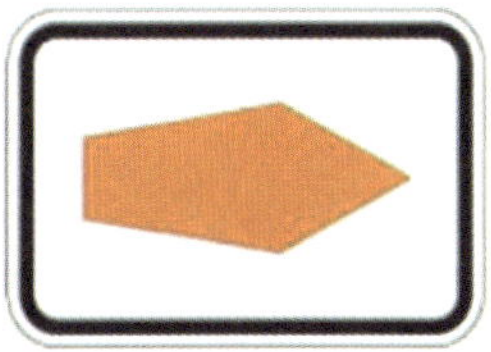

续表

序号	名称及分类	作用	设置要求	图示
9	绕行标志	指示前方道路封闭的绕行路线	设置于作业封闭路段前方的交叉口前,用黑色箭头表示绕行路线	
10	线形诱导标	指导作业区行车方向,提示道路使用者前方线形(行驶方向)发生变化,注意谨慎驾驶	设置于作业区线形(行驶方向)变化处	
11	竖向线形诱导标		设置于作业区隔离设施端部、渠化设施端部等处	
12	注意交通引导人员标志	告示前方有交通引导人员指挥作业区路段的交通	设置于交通引导人员之前至少 100 m 处	
13	出口关闭	表示高速公路出口因作业关闭	附着于关闭出口的 2 km、1 km、300 m 出口预告标志和出口标志上	
14	出口标志	当作业区影响驾驶人对出口的判断时,用以指示出口	根据需要设置,可以增加辅助标志说明出口的名称或编号	

高速公路扩改施工使用较多的交通禁令标志如表 4-28 所示。

表 4-28　常用禁令标志

序号	名称	作用	设置要求	图示
1	禁止通行标志	禁止一切车辆和行人通行	设在禁止通行的道路入口附近	
2	禁止驶入标志	禁止一切车辆驶入	设在禁止驶入的路段入口明显处	
3	禁止载货汽车驶入标志	禁止载货汽车驶入	设在禁止载货汽车驶入路段的入口处。对驶入的载货汽车有载重量限制或其他限制时，用以辅助标志说明	
4	限制速度标志	该标志至前方解除限制速度标志或另一块不同限速值的限制速度标志的路段内，机动车行驶速度不准超过标志所示数值	设在需要限制车辆速度的路段起点	
5	解除限制速度标志	限制速度路段结束	设在限制车辆速度路段的终点	

高速公路扩改施工使用较多的交通指示标志如表 4-29 所示。

表 4-29　常用指示标志

序号	名称	作用	设置要求	图示
1	靠右侧道路行驶	表示一切车辆只准靠右侧（或靠左侧）行驶	设在车辆应靠右侧（或靠左侧）道路行驶的地方	

续表

序号	名称	作用	设置要求	图示
2	靠左侧道路行驶			
3	最低限速	表示机动车驶入前方道路的最低时速限制	设在高速公路或其他道路限速路段的起点及各立交口后的适当位置。与最高限速标志配合设置在同一标志支撑上，不单独使用	

高速公路扩改施工使用的临时指路标志样式如图4-36所示。

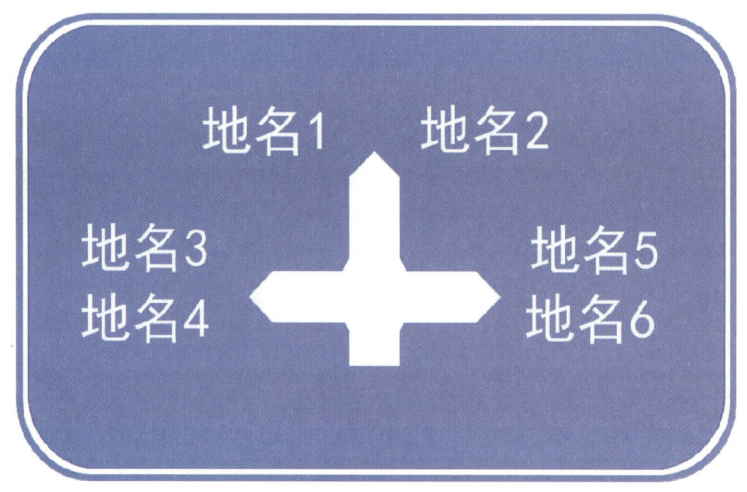

图4-36 常用指路标志

成乐高速扩改施工期间重点针对半幅封闭施工阶段利用对向路面单向通行需要，专门设计了如图4-37所示适用于左幅单向通行的左侧服务区和出入口指路标志，以及在施工沿线各收费站外、分流点处、分流点上一路口等位置向车辆驾驶人提供有关交通管制、交通分流、绕行线路和安全行驶等信息的告示牌，如图4-38和图4-39所示。

② 交通标志设置。

成乐高速扩容施工建设期间增设的临时交通标志、标牌，其设置方式以柱式、悬臂式、门架式、附着式为主，当受环境条件限制时，也采用如图4-40所示的可移动方式设置。

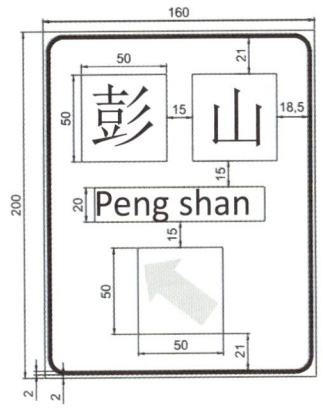 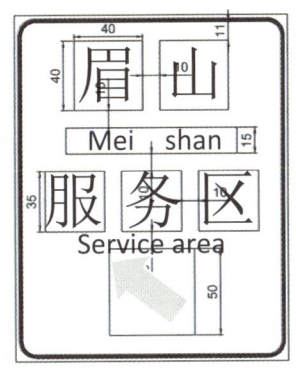 

图 4-37　成乐高速扩改施工临时指路标志

图 4-38　青龙收费站外告示标志

（a）　　　　　　　　　　　　（b）

图 4-39　分流点前一个路口告示标志

(a) （b）

图 4-40　可移动交通标志

（2）交通标线。

① 常用交通标线。

道路交通标线是施划或安装于道路上的各种线条、箭头、文字、图案及立面标记、实体标记、突起路标和轮廓标等所构成的交通设施，用于向道路使用者传递有关道路交通的规则、警告、引导等信息。根据需要临时增设相应交通标线，是高速公路扩改施工期间用以管制和引导施工区交通流的重要手段。根据《道路交通标志和标线　第 3 部分：道路交通标线》（GB 5768.3—2017）和《道路交通标志和标线　第 4 部分：作业区》（GB 5768.4—2017）规定，适用于高速公路扩改施工的交通标线包括专门的作业区标线和其他常规标线，并且按照形态差异分为线条类、字符类和突起路标、轮廓标等。

高速公路扩改施工常用线条类交通标线的样式、含义和主要应用情况如表 4-30 和表 4-31 所示。

表 4-30　常用线条类交通标线样式

序号	线条样式	含义
1	白色虚线	施划于路段中，用以分隔同向行驶的交通流
2	白色实线	施划于路段中，用以分隔同向行驶的机动车、机动车与非机动车，或指示车行道的边缘
3	白色虚实线	用于指示车辆可临时跨线行驶的车行道边缘，虚线侧允许车辆临时跨越，实线侧禁止车辆跨越
4	双黄实线	施划于路段中，用以分隔对向行驶的交通流
5	黄色虚实线	施划于路段中，用以分隔对向行驶的交通流，实线侧禁止车辆越线，虚线侧准许车辆临时越线
6	橙色虚线、实线	用于作业区标线

表 4-31　线条类交通标线主要应用

序号	名称	目的	设置要求	图示
1	导流线	引导车辆按规定路线行驶，不得压线或越线行驶	1. 设置于过宽、不规则或行驶条件较复杂的交叉口，立体交叉的匝道口或其他特殊地点。 2. 应根据交叉口的地形和交通流量、流向情况进行设置。 3. 颜色为白色，与道路中心线相连时，可用黄色。标线型式可分为单实线、V形线和斜纹线三种	
2	网状线	用以表示禁止因任何原因停车的区域	视需要画设于易发生临时停车或停车造成堵塞的交叉路口、服务设置出入口及其他需要设置的位置	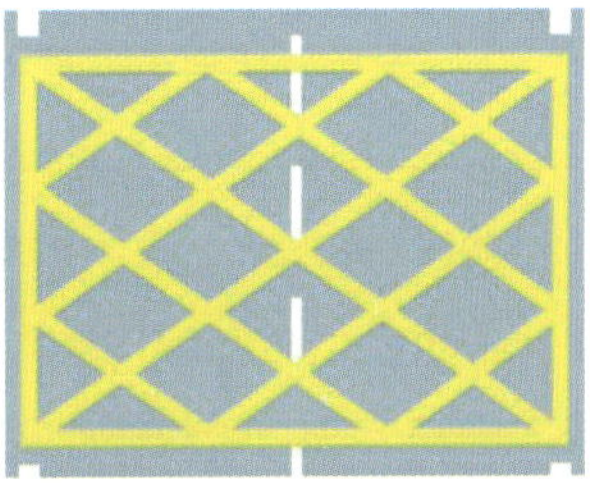
3	路面宽度渐变段标线	用以警告驾驶人路宽或车道数变化，应谨慎行车并禁止超车	施画于车道变化处	
4	横向减速标线	一组垂直于车道中心线的白色标线，用于警告驾驶人前方应减速慢行	设置间隔应使车辆通过各标线间隔的时间大致相等，以利于速度逐步降低	
5	纵向减速标线	一组平行于车行道分界线的菱形块虚线，用于警告驾驶人前方应减速慢行	在车行道纵向减速标志的起始位置，设置 30 m 的渐变段，菱形块虚线由窄变宽	

续表

序号	名称	目的	设置要求	图示
6	车距确认线	通常为白色平行粗实线，也有折线型和半圆状标志，提示驾驶人保持行车安全距离	与车距确认标志配合使用，设在常发生超车、易肇事或其他有需要的路段	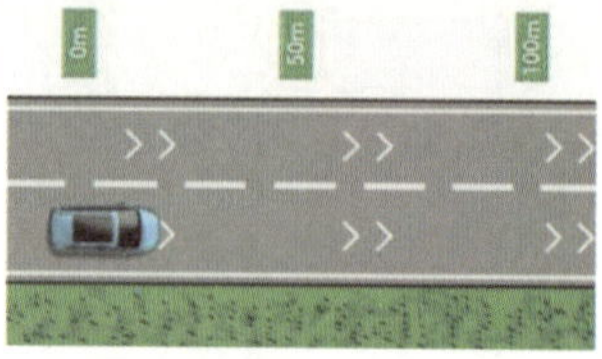
7	立面标记	黄黑相间的斜线，用以提醒驾驶人注意，在车行道或附近有高出路面的构造物	可设置在道路净空范围内的跨线桥、渡槽等的墩柱立面、隧道洞口侧墙墙面及其他障碍物立面上，设置时向下倾斜的一边朝向行车道，引导车辆通行	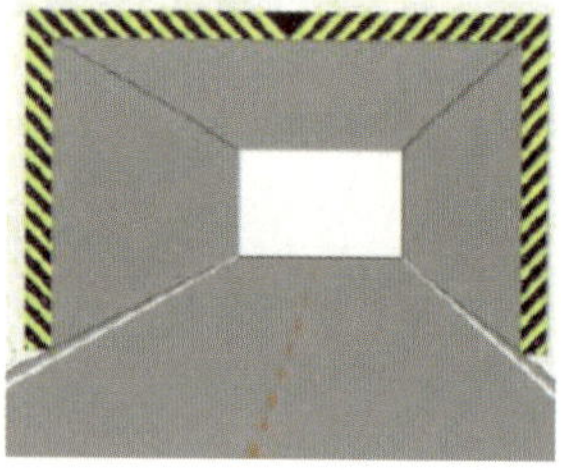

高速公路扩改施工常用字符类交通标线的主要应用情况详见表4-32所示。

表4-32 字符类交通标线主要应用

序号	名称	目的	设置要求	图示
1	导向箭头	箭头为白色，用以指示车辆的行驶方向	根据实际车道导向需要设置，组合使用时不宜超过两种方向	
2	路面限速标记	指示或限制车辆行驶速度	1. 设置于车道起点和其他适当位置，表示最高限速值数字的颜色为黄色，可单独使用；表示最低限速值的数字颜色为白色，应和最高限速值数字同时使用。 2. 文字高度根据道路设计速度确定	
3	路面文字标记	用于提醒驾驶人遵守的文字信息，如行车道划分说明	1. 文字高度根据道路设计速度确定。 2. 设置在需要的地方	

突起路标在高速公路扩改施工中主要用于在夜间或隧道等低照度环境标识车道分界、边缘、分合流、弯道、危险路段、路宽变化、路面障碍物位置和指引行驶路线，提升行车安全。突起路标分为主动发光型或定向反光型两类，在设置时应当与标线配合，颜色与标线颜色一致，设置在车行道分界线的空档或者边缘线、中心实线的一侧，如图 4-41 所示。当与进出口匝道标线、导流标线、道路变窄标线、路面障碍物标线等配合使用时，应根据实际线形进行布设，力求夜间轮廓分明，清晰可见。如果将突起路标单独作为行车道分界线时，其布设间距推荐值为 1～1.2 m，也可根据实际情况适当加密；如果将突起路标单独用作减速标线时，其布设间距推荐值为 30～50 cm，并使其表面具有足够的摩擦系数。

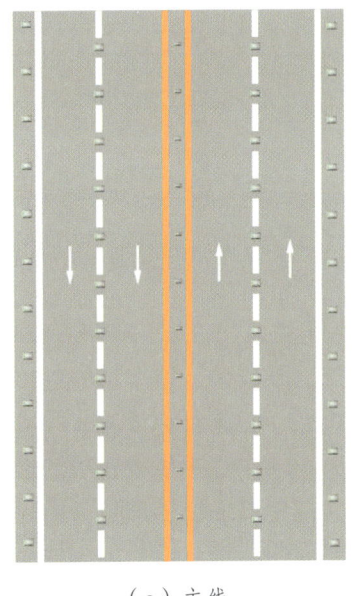
（a）主线

（b）出口匝道

图 4-41　突起路标布设示例

图 4-42 所示为成乐高速扩改施工路段的突起路标夜间使用效果。

（a）

（b）

图 4-42　突起路标夜间使用效果

轮廓标是安装于道路两侧边缘,用于提示道路的方向、车行道边界轮廓、指引车辆正常行驶的反光柱(或片)。根据设置条件不同,轮廓标可分为独立式和附着式两类。当路边无构造物时,轮廓标为柱式,由柱体、逆反射体组成,独立设置于路边土路肩中;当路边有构造物时,轮廓标为附着式,由逆反射体、支架和连接件组成。常见轮廓标详见图4-43所示。

(a)附着式轮廓标　　　　　　　　　　(b)柱式轮廓标

图4-43　常见轮廓标类型

在高速公路扩改施工的未封闭主线以及互通立交、服务区、停车场的进出匝道或连接线,应连续设置轮廓标。轮廓标在公路前进方向左、右侧对称设置,在直线段的设置间隔一般为50 m,当附设于护栏上时其间距可为48 m,在主线或匝道的曲线段设置间距详见表4-33。路宽变化及有其他危险的路段,应适当缩短轮廓标的间隔。轮廓标反射器分白色和黄色两种,白色反射器安装于道路内侧,黄色反射器安装于道路左侧或中央分隔带上。

表4-33　主线或匝道曲线段轮廓标设置间距

曲线半径/m	<30	30~89	90~179	180~274	275~374	375~999	1 000~1 999	2 000以上
设置间隔/m	4	8	12	16	24	33	40	48

②交通标线设置。

扩改施工作业区的交通标线设置应与交通标志的内容和设置相互配合,做到相辅相成,并保证交通标线的可视性,无论白天、黑夜或在高速行驶下,驾驶人都能通过路面交通标志的光泽和色彩的反衬而清晰地识别和辨认。因临时通车需要而重新布置施工作业区车道时,可按照《道路交通标志和标线　第三部分:交通标线》(GB 5768.3—2009)的规定施划临时性路面标线。

临时通行区标线应连续施划,在锥形区处必须设置渐变段。如果施工路段有原有路面标线与临时性标线有矛盾的,当无法用其他方式加以区分时,必须除去或覆盖。

临时交通标线临时标线材料采用耐磨性强、凝固快的热熔型涂料,以保证其与路面的紧密结合，避免在临时通行期内被车辆轮胎磨损剥落。

（3）夜间诱导设施。

夜间诱导设施是用以在夜间警告车辆驾驶人前方具有施工作业等妨碍交通通行的危险状况，并引导其安全通过危险区域的设施。目前，常见的夜间诱导设施主要为各类型警示灯，它通过具有一定形状或图案的发光体来引起驾驶人的警觉，并传递相应的交通诱导信息，以保证车辆安全通过施工作业区等危险路段。警示灯分为定光和闪光两种，其中闪光型具有更强的警告效果。不同类型警示灯的闪烁频率、发光强度及适用地点要求详见表 4-34，高速公路扩改施工常用的夜间诱导设施见表 4-35。

表 4-34 警示灯分类特征

种类	闪光灯（黄色）	定光灯（红色）
镜面数	单面或双面	—
闪烁频率/（次/min）	55～75	定光
占空比	≥1	—
发光强度/cd	20～40	5～10
适用地点	作业区段或危险地点的起点以前	作业区边界、导向车辆行驶

表 4-35 常用夜间诱导设施

序号	设施类型	功能特点	图示
1	（太阳能）黄闪警示灯	1. 频率 55～75 次/min，发光强度 20～40 cd，具有较强的视觉冲击感。 2. 选用单面或双面，在两个方向同时进行警示	
2	（太阳能）箭头灯	1. 可控制明暗的发光矩阵组成，可根据需要调节箭头的方向和形状。 2. 闪烁方式为左导向闪烁、右导向闪烁、左右同时闪烁。 3. 亮度高，穿透性强，可视距离 2 km	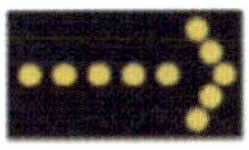 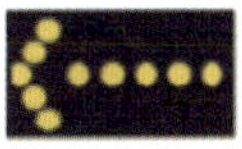 （a）向右绕行　（b）向左绕行 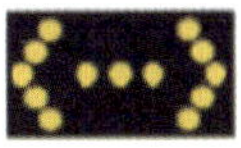 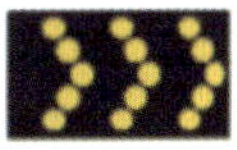 （c）向两侧绕行　（d）向右行驶  （e）活动箭头灯

续表

序号	设施类型	功能特点	图示
3	（太阳能）爆闪灯	符合《道路交通信号灯》（GB/T 14887—2003）标准及国家公共安全行业标准《太阳能黄闪信号灯》（GA/T 743—2007）中的技术标准	
4	（太阳能）回旋灯	1. 中心爆闪，8 个花瓣分别配多个亮度不小于 8 000 mcd 的超亮 LED 灯。 2. 闪烁方式为点闪与回转相结合，警示效果更好。 3. 夜间可视距离 1 000 m 以上。 4. 具有防雨水功能	

如图 4-44 所示，警告灯通常安装于路拦或独立活动的支架上，也可安装于渠化设施或其他设施上。警告灯距路面高度一般为 1.0～1.2 m，必要时，可根据施工需要调整高度至 1.2～2 m。

图 4-44　施工区夜间警告设施

2. 路线诱导方式

（1）分区域诱导。

成乐高速公路扩改建设期间，对施工区车辆行驶路线的分区域诱导方式如表 4-36 所示。

表 4-36　施工作业区车辆行驶路线分区域诱导

施工区	长度/m	诱导及安全设施设置
上游	—	1. 设立施工预告标志，采用固定方式设置在行车方向右侧醒目位置。 2. 根据需要设置作业区距离标志，距警告区起点距离不超过 500 m
警告区	2 000	1. 起点处设置"前方施工"标志。 2. 每隔一定距离设置"前方施工""禁止超车""前方车道变窄""禁止通行""导向"及"限制速度"等标志。 3. 第一个警告标志到下一个标志的间距不得超过 300 m。最后一个标志离前渐变区的第一个渠化装置的间距不得小于 150 m，其余各标志的间距在 100～300 m
上游过渡区	>120	1. 前渐变区前应设置"禁止驶入"标志。 2. 若需要夜间施工，应在该区内每 5 m 安装一个黄色频闪警视信号灯，警视信号灯具要反映渐变区轮廓
纵向缓冲区	>100	1. 缓冲区设置路障、混凝土隔离墩或用锥形交通标志进行隔离。 2. 缓冲区内不停放车辆，不堆放器具、材料，禁止工作人员停留
横向缓冲区	0.5	采用交通锥、水马进行隔离防护
工作区	<4 000	1. 彩钢瓦封闭，与车行道隔离。 2. 半幅封闭、另半幅双向四车道通行时的路面应加强借道通行路段中间安全设施的设置，中间分隔采用中型水马，引导车辆各行其道，水马在起始端连续布设 100 m，之后每 10 m 设 1 个。 3. 在变换车道出入口位置采用防撞桶隔离，设置齐全的安全标志及防护设施。 4. 夜间施工时在作业区内设置照明灯
下游过渡区	30	利用交通锥设置后渐变区，引导车辆进入正常车道
终止区	30～50	设置解除限速标志

（2）分阶段诱导。

成乐高速扩改工程在各施工阶段的车辆行驶路线诱导方式如表 4-37 所示。

表 4-37　各施工阶段车辆行驶路线诱导及安全设施布设方案

施工阶段	诱导及安全设施设置
第一阶段	1. 施工后期路侧标志拆除后，在中央分隔带增设临时双面指路标志附着于波形梁护栏上，其他公益标志等不再设置。 2. 本阶段限速 80 或 60 km/h，主线间隔适当距离设置一对临时限速标志，附着在路侧、中央分隔带的波形梁护栏上。 3. 在互通被交路高速入口及相关路网增加告示标志
第二阶段	1. 施工主线路段硬路肩/应急车道连续设置移动临时钢护栏或水马活动护栏封闭。 2. 施工匝道处设置新泽西护栏和交通锥进行隔离。 3. 在互通入口处设置"危化品超限车辆禁止驶入"标志，对危化品超限车辆限行。 4. 本阶段左幅限速降为 60 km/h，临时限速标志标可重新粘贴字膜继续利用。 5. 增设防眩板，防止施工车辆灯光对行驶车辆造成影响
第三阶段	1. 右幅主线路段硬路肩/应急车道连续设置移动临时钢护栏或水马活动护栏。 2. 增设防眩板，防止施工车辆灯光对行驶车辆造成影响。 3. 若局部占用中央分隔带施工，施工区前 2 000 m 设置警告标志，并在其后设置隔离设施和箭头指示标志进行路径诱导。 4. 设置限速标志
第四阶段	1. 交通导改点、收费站出入口利用混凝土护栏、水马、防撞桶、交通锥等隔离防护设置按方案设置渠化措施，并根据作业区诱导设施方案设置相应警告、提示标志。 2. 收费站出站前 1.5 km、1 km、500 m 处，分别设置"××出口 1 km""××出口 500 m""××出口"和"出站车辆、靠左行驶"提示牌，提示车辆靠左行驶。 3. 服务区出口前方提前 2 km 处将车辆导改至 1、2 车道行驶，第 3 车道设置隔离车道，并设置"前往服务区、××出站车辆，靠左行驶"提示牌。 4. 主线设置限速标志"限速 60"标志
第五阶段	按照局部施工作业区要求设置

（3）重点环节诱导。

① 纵向拼接施工环节。

在高速公路扩改工程的路段水稳层、中下面层以及主线桥上部结构的纵向拼接施工环节需占用原有路面的应急车道，这期间车辆行驶路线诱导方式如图 4-45 所示，除了用交通锥分隔出施工区之外，还应在来车方向的路侧设置施工和限速等警示标志。

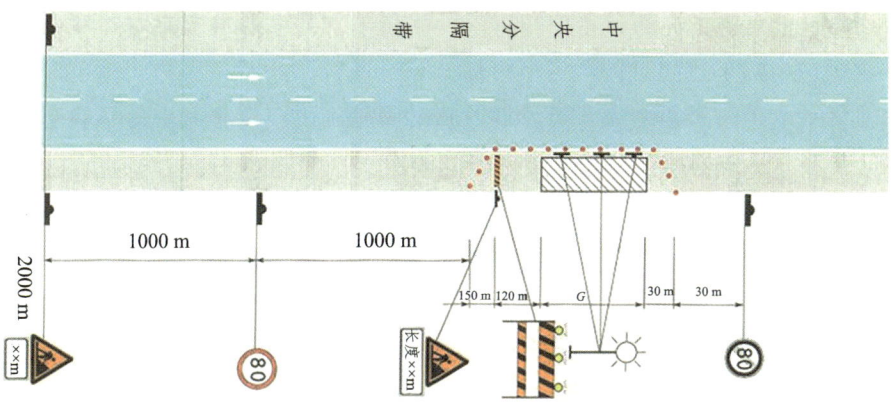

图 4-45 纵向拼接施工的车辆行驶路线诱导

② 占用局部车道施工环节。

在高速公路扩改工程的路段拓宽、跨线桥拆建和附属设施完善等施工期间，需要临时占用原有或新建高速公路的内侧或外侧局部路面，而此时通常并未进行半幅封闭施工，因此需要针对施工占用的局部车道采取相应的交通管制和车辆行驶路线诱导措施。例如，在跨线桥中墩施工环节需占用双侧路幅的第一车道，与之类似，在对中分带进行交安设施及绿化施工环节也要占用单侧路幅的第一车道，此时的车辆行驶路线诱导方式如图 4-46 所示，除了用交通锥分隔出施工区之外，应在来车方向的路侧和中分带分别设置施工、限速、车道变窄、变换车道和禁止超车等警示标志。

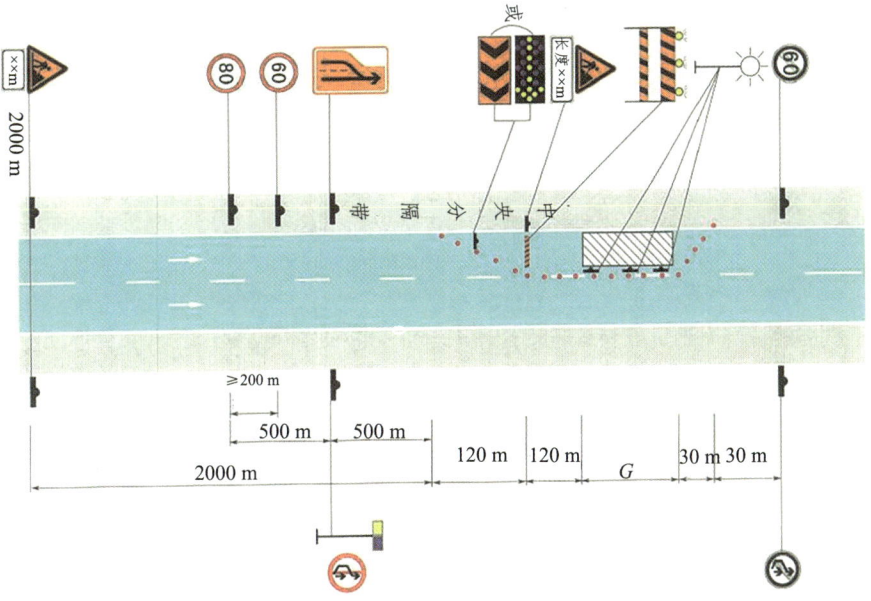

图 4-46 占用局部车道施工的车辆行驶路线诱导

③ 半幅施工借道通行环节。

在路段上面层施工和跨线桥旧桥拆除、新桥上部吊装施工等施工环节，需要封闭施工作业所在半幅车道同时借用另半幅部分车道通行。此时，在封闭施工区始端将本半幅交通流导改至另半幅对应车道，以及在封闭施工区末端将其由另半幅车道导改回本半幅的交通导改点路段，对车辆行驶路线的诱导方式如图4-47所示，需要首先用交通锥分隔出车辆行驶通道和施工区，然后在相应位置设置施工、限速、变换车道和导向等警示标志。

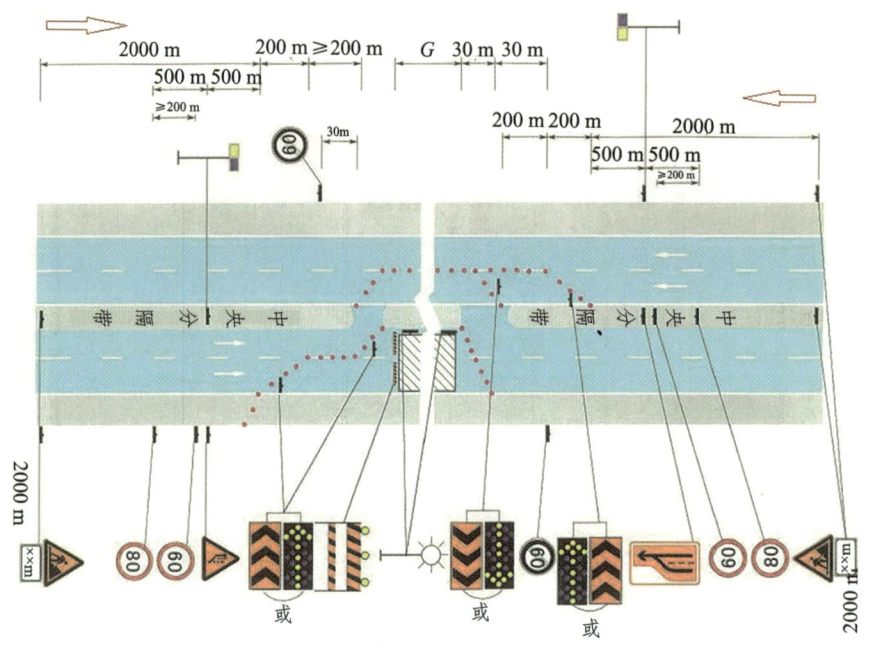

图 4-47　半幅施工借道通行的车辆行驶路线诱导

4.3.3　施工区现场交通管理

1. 车辆行驶过程管理

（1）交通安全巡查。

施工路段的常规交通安全巡查工作由专职安全执勤人员负责。安全执勤人员应戴安全帽和穿反光背心，上岗前应进行交通安全和相关法律知识培训。安全执勤人员应当与高速公路的公安交通管理部门、交通执法部门及运营管理单位形成联动机制，当安全执勤人员发现交通事故或故障车辆时，应第一时间采取临时警示措施，避免发生二次事故和长时间拥堵，保证交通顺畅，同时立即上报公安交通管理部门、交通执法部门及运营管理单位。

当施工路段需要实施交通管制时，由高速公路公安交通管理部门负责交通导改点的执勤，并由高速公路运营单位管护人员在施工点前方 1 km、3~5 km 处巡逻，提醒车辆驾驶人注意前方施工情况，并及时处置故障车辆和交通事故现场。在交通管制路段的两端应当设置岗亭并安排值班人员，以便及时发现突发情况并疏导畅通交通。

（2）交通信息发布。

及时发布施工及路况信息，可为驾驶人合理选择行车路径和驾驶操作提供依据和参考。随着信息技术不断发展，高速公路扩改工程用以发布施工与交通信息的方式主要有以下几种：

① 可变信息板。

可变信息板的信息传输一般采用高速公路专用通信网，其信息直接来源于高速公路管理部门，可提供准确、实时、高效的信息服务。固定式电子情报板是目前最常用的信息发布方式，可在辅路分叉、入口、出口处提供驾驶人所需的交通诱导、危险路段提示、天气、实时路况等信息，是出行时的重要信息发布方式，如图4-48所示。但受驾驶人观察和阅读条件的限制，可变信息板发布的信息内容应当简洁明确。

（a）

（b）

图 4-48　可变信息板信息发布

② 交通广播。

交通广播是一种使用最广且历史最长的交通信息发布方式，目前全国各地几乎都设立了本地的交通广播频道。成乐高速公路的公安交通管理部门与四川省交通广播电台 FM101.7 建立联络机制，及时通知其播报施工期间交通管制及最新路况信息，可为出行者提供即时出行信息服务。但与可变信息板相比，交通广播的信息发布略有延迟。

③ 车载导航。

随着无线网络通信和卫星定位技术的发展，卫星导航已成为人们出行获取实时路况信息不可或缺的工具。成乐高速扩改施工期间，高德、百度等出行规划平台及时采集、收录了施工路段的实时路况、交通及交通管制等信息，并通过手机或车载终端的导航软件将信息呈现给驾驶人，为驾驶人选择合理路线通过施工路段提供了极大便利。

④ 互联网。

互联网已经成为当今社会传递信息的最主要途径。在成乐高速扩改施工期间，四川省交通运输厅官方网站以及四川日报、今日头条、川报观察、封面新闻、中新网四川、眉山日报等新闻媒体的相关网络信息服务平台，均为公众提供了规范、权威、便捷的交通信息服务，可以为驾驶人的出行前路径规划提供帮助。

2. 交通安全设施管理

在高速公路扩改施工期间增设的临时交通标志、交通锥、水马、护栏等，容易遭受大风、车辆碰撞、剐蹭等因素影响而发生移位、倒伏甚至损坏，为了使这些安全设施在施工期间保持齐全有效，必须加强对其的日常管护，防止其失效、损坏并对已失效、损坏的部分进行及时修复更换。

成乐高速在公路扩改施工期间对交通安全设施的检查维护工作，由各施工区的专职安全执勤人员负责。其中，对于容易造成交通运行受阻的第四阶段施工按照 1 人/km 的标准增设专职安全执勤人员，这些人员除了负责对所管理路段交通运行秩序的现场监督管理之外，还专门负责对相关交通隔离、交通诱导等安全设施的检查维护，如图 4-49 所示。

（a）

（b）

图 4-49 专职交通巡查员检查维护诱导设施

3. 施工作业活动管控

高速公路扩改工程施工人员和车辆、机具的不规范施工作业活动，对施工区所在路段的车辆行驶具有直接或间接影响，并可能构成安全风险，在施工过程应当加强对施工作业活动的安全管控。具体包括以下方面：

（1）加强施工区进出口通道管理。除必要的横向进出场通道外，其余通道一律进行封堵。所有横向进场通道安排专人进行 24 h 值守，禁止无通行证车辆和无关人员进入施工区域。若需经收费站进入施工区域，应对收费广场进行必要的打围和人员值守。

（2）对施工车辆及管理车辆进行通行管控，必须凭通行证才能进入施工区域，并按照现场渠化情况靠右行驶。运输车辆尾部应张贴反光标识，并确保其清洁有效。严禁无证、无牌和车况不好的施工车辆及管理车辆进入施工区域，禁止施工车辆驾驶人疲劳驾驶或酒后驾驶。

（3）施工现场实现限速管理，所有施工车辆及管理车辆均不得超速行驶。

4.4 交通安全应急处置措施

在高速公路扩改工程施工期间,如果发生自然灾害、事故灾难、公共卫生事件或者社会安全事件等突发事件,并且危及施工路段的车辆通行安全时,应当立即采取交通安全应急处置措施,以防止或尽快减轻、消除突发事件给扩改工程施工路段交通安全造成的威胁,并结合相应的交通应急疏导措施,确保施工路段的正常交通运输和突发事件应对过程交通安全。

4.4.1 应急处置程序

交通安全应急处置程序大体可分为发现突发事件、确定响应级别、启动应急程序、应急处置行动和应急恢复几个步骤,如图4-50所示。

1. 发现突发事件

目前,在高速公路扩改施工期间,对各类突发事件的发现方式主要有现场人员报告、自动检测报警系统侦测、远程视频监控等方式。其中,以施工路段沿线的施工作业人员及专职安全执勤人员对突发事件的类型、状态和影响程度等现场情况掌握得最为及时和准确。因此,在具体高速公路扩改工程项目施工过程中,应当根据当地的地理、气候环境和施工路段的道路及交通运行状况,特别重视对相关人员进行包括交通安全应急在内的相关突发事件避险、报警和应急处置知识与技能培训。一旦在施工路段发生交通事故、施工事故,或者暴雨、洪水、泥石流、滑坡、地震等自然灾害以及其他突发事件,危害高速公路交通安全时,应当立即采取相应的交通安全应急处置措施,并及时向监控中心报告险情,以及根据突发事件性质及现场处置需要向公安机关和医疗急救、应急消防等部门报警。如果现场人员和装备无法及时排除危险和确保交通安全的,应当及时请求监控中心联系相关部门或单位进行支援。

2. 确定响应级别

监控中心的值班人员接到施工现场的突发事件报告或者通过自动检测报警系统、远程视频监控发现突发事件后,应当尽可能详细地询问报告人员或者联系现场人员,了解突发事件造成的人员伤亡、被困和公路设施等损坏情况,以及现场是否存在燃烧、爆炸、坍塌、坠落等其他危及包括交通安全在内的各种险情,并对突发事件的性质和严重程度做出判断,通知高速公路运营管理单位、公安交通管理部门、交通执法部门和当地其他有关部门采取应急处置措施。如果突发事件的严重程度已达到相关应急处置预案启动标准的,应当立即按照应急处置预案要求报告单位领导,由单位领导决定启动相应级别的应急响应,或者依照职权范围上报当地政府和上级主管部门,由当地政府或上级主管部门决定启动应急响应。

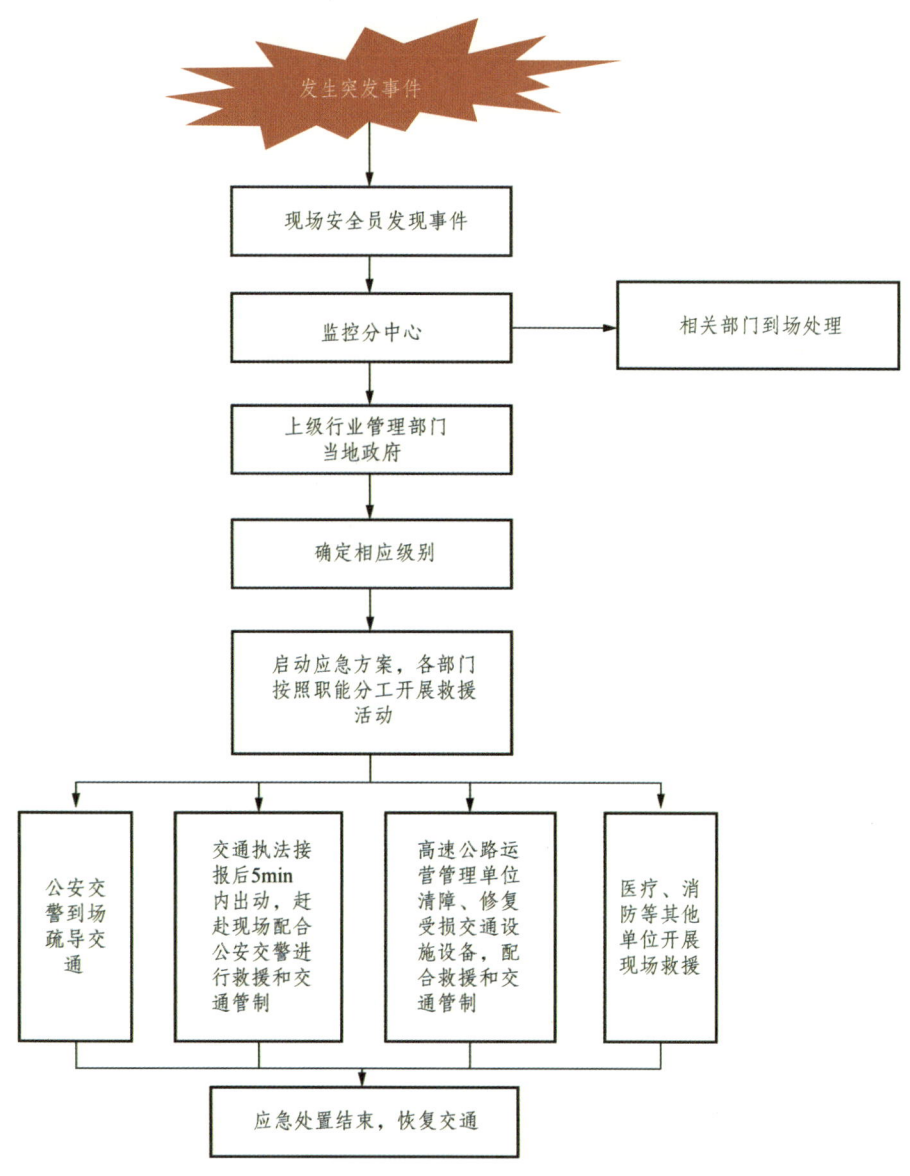

图 4-50　交通安全应急处置流程

3. 启动应急程序

决定对突发事件启动应急响应的，相关的交通安全应急响应工作由高速公路的公安交通管理部门负责，统一指挥和管理突发事件应急处置现场和应急救援通道沿途的交通疏导、通行秩序和交通安全违法行为、交通事故现场处理。其中，对于在施工路段发生的严重交通事故，由高速公路公安交通管理部门指派交通警察到场勘查处理事故现场，以及根据需要通知和协助高速公路运营管理单位和医疗急救、应急管理等部门到现场开展救援。

4. 应急处置行动

当突发事件应急响应程序启动后，负责应急救援工作的相关部门和单位应当严格按照职责分工开展相应救援活动，并加强相互间的协调与配合，提高应急救援工作成效。其中，有关应急处置现场和应急救援通道沿途的交通安全管理工作由高速公路的公安交通管理部门负责。公安交通管理部门应当按照应急处置预案要求和实际应急救援工作需要，指派交通警察立即赶赴事故现场和上游临近交通枢纽、收费站匝道、救援通道沿途道路受损部位，采取必要的交通管制措施，指挥疏导交通、维护车辆通行秩序或者禁止社会车辆通行相关路段，确保应急救援通道交通畅通。对于影响应急救援通道畅通的障碍应当及时协助高速公路运营管理人员采取措施清除，对于妨碍应急救援过程交通安全的违法行为应当依法及时处理，并根据需要对违法行为人采取现场强制措施。

应急救援人员到达现场后，要对现场采取必要警戒措施，并迅速按照各自的分工开展救援处置工作，如果发现事态的严重程度已超过响应级别而无法得到有效控制时，现场应急救援人员要立即向指挥中心请求实施更高级别的响应。在场的交通警察应当负责管理现场应急救援车辆和人员的通行秩序，指挥应急救援车辆有序停放和进出现场，并协助应急救援人员开展现场警戒和施救工作。

5. 应急恢复

对突发事件的现场应急救援行动结束后，应急救援人员应当对现场进行清理，然后清点救援人员、整理救援装备后解除现场警戒措施，并由交通警察指挥有序撤离现场。与此同时，高速公路运营管理人员应当对道路进行清障和安全设施临时修复，经检查确认无明显安全隐患后，由交通警察解除有关交通管制措施，恢复施工路段通行或者根据需要调整原施工通行方案。

4.4.2 交通事故应急处置

1. 事故报警

当高速公路扩改施工路段发生交通事故，现场安全人员应当立即指导车上人员迅速撤离至护栏以外，并协助事故当事人在车后摆放危险警告标志，然后，及时向监控中心报告和拨打 110 报警电话向高速公路公安交通管理部门报警。如果现场有人员受伤且伤势较重的，应当拨打 120 急救电话寻求医疗急救部门救助；如果现场有人员被困或者车辆燃烧、爆炸，危险品泄漏等危险时，应当拨打 119 应急救援电话向当地应急消防部门报警。

监控中心接到交通事故报告后，应当及时通知高速公路公安交通管理部门和交通执法部门。

2. 现场安全防护

现场安全员或其他事故勘查、救援人员到达现场后,应当将巡逻车或者警车停放于事故现场的后方,并开启车辆的示警标志灯或警灯,白天还应开启警报器。如果现场发生交通拥堵的,现场安全员应当在最末辆被堵车后方200 m外指挥来车减速停车,并随被堵车辆增加而相应向后移动指挥位置。负责指挥来车减速停车的现场安全员,应当站立在中央隔离带护栏内侧或者外侧护栏的外侧,并手持交通指挥牌或指挥旗向来车挥动,必要时携带并开启声光警报器。

如果事故现场具备通行条件或者经短暂处置后能够恢复交通的,应在现场上游及周围设置必要的警戒区和预警区,并在警戒区的前后端和预警区设置相应的警告标志、限制车速标志和解除限制车速标志。在设置交通锥筒和警告、限制车速标志时,要留心观察过往车辆,注意安全,并按照先设置前方最远端的警告、限制车速标志,再由远及近顺序设置其他标志和交通锥筒,在夜间、雨雪、雾霾等能见度不良的天气条件下还应使用主动发光式警告、限制车速标志。

(1)警戒区。

警戒区是指需要实施现场保护,不允许无关车辆和人员进入的空间范围。在确定警戒区的范围时,除了要考虑与事故有关的车辆、尸体、物品、痕迹等的所在位置,以及要为救援车辆、救援设备的摆放、移动、工作和救援人员作业提供足够的活动空间之外,还应尽可能为过往车辆保留适当的通行条件,必要时可对现场的局部先行勘查和撤离,以缩小需要保护的范围和维持现场基本的通行条件。

警戒区范围一般取现场的上游500 m(白天在直线路段、匝道、收费站为200 m)至下游50 m,并且一侧必须依托高速公路的路侧护栏或中心护栏,另一侧以现场所占据路面的最外侧车道分界线为界,其前后端分别从车道分界线以约45°斜向路侧或中心护栏。

警戒区应当按照前后边界每隔1.5~2 m、纵向边界每隔10~20 m的标准设置交通锥筒,并由前往后在交通锥筒上设置车辆闯入报警设备,有条件的在夜间或能见度不良天气条件下还可开启音响警示设备。

(2)预警区。

预警区是为了确保现场安全,防止其他车辆闯入警戒区,而在其上游一定距离设置的提示过往车辆减速避让的缓冲区域。预警区范围一般取警戒区上游的500 m(白天在直线路段、匝道或收费站为400 m)。

预警区起点的应急车道内设置80 km/h限速标志,在预警区内距离警戒区100 m的应急车道设置40 km/h限速标志(收费站路段在夜间或能见度不良天气条件时为20 km/h),在临时通行车道的起点设置20 km/h限速标志(白天直线和下坡路段为40 km/h)。

3. 交通流控制

当交通事故造成现场车辆行驶缓慢或者交通拥堵时,监控中心应当通过交通广播和上游可变信息板发布交通事故信息，提示上游来车注意安全，相应采取减速行驶或进入服务区等候、改变行驶路线等避险措施。

当交通事故现场不具备通行条件或者存在重大险情，在较长时间无法恢复交通时，应当按照高速公路公安交通管理部门的要求，通知上游收费站的相关入口暂停放行，并在上游就近匝道通过可变交通标志、临时交通标志或人员指挥等方式，引导车辆进入上游服务区等候或者经收费站出口、互通立交等转往其他道路行驶。

4. 现场处置

当高速公路公安交通管理部门和医疗急救部门、应急消防部门的人员到达事故现场后，现场的高速公路运营单位和扩改施工单位人员应当积极协助其开展现场安全防护和伤员救护、灭火、排险等工作。

当有关部门对交通事故现场勘查和伤员救护、灭火、排险等处置工作结束后，按照现场交通警察指令，由高速公路运营单位组织吊车、拖车等清排障机具对事故车辆和地面散落物实施清障作业，以及恢复受损护栏、交通标志等公路安全设施或采取临时安全保护措施，然后协助撤除警戒区和预警区的安全警示标志和交通锥筒，恢复现场正常交通。恢复交通时，宜先进行单条车道放行，待车流恢复正常后再全部解除交通管制。

4.4.3 施工事故应急处置

当高速公路扩改工程施工发生机械伤害、高处坠落、火灾、爆炸、触电等安全生产事故时，现场人员应当立即向本单位负责人报告，并由单位负责人按照国务院《生产安全事故报告和调查处理条例》的规定向当地县级以上人民政府应急管理部门和交通运输管理部门报告。情况紧急时，现场人员可以直接向当地县级以上人民政府应急管理部门和交通运输管理部门报告。

施工单位负责人接到事故报告后，应当立即启动生产安全事故应急救援预案，迅速组织相关人员采取措施控制现场危险源和组织抢救遇险人员，并根据事故危害程度组织现场人员撤离，以及通知可能受事故影响的其他单位和人员，防止事故危害扩大和发生次生、衍生灾害。

在对安全生产事故现场实施应急救援时，有关的交通安全保障任务由高速公路运营管理单位和公安交通管理部门、交通执法部门承担。其中，高速公路运营管理单位主要负责清理事故现场和救援通道的道路障碍，确保道路及附属设施安全可靠；公安交通管理部门主要负责对救援通道和事故现场的实施必要的交通管制，及时处理侵占应急车道、随意停车等交通安全违法行为和交通事故现场，确保救援通道交通畅通和救援现场车辆、装备和人员有序通行与停放；交通执法部门主要负责对损害道路设施、阻碍车辆通行和妨碍事故应急救援的路政违法和交通运输违法行为进行纠正和查处，为救援队伍和救援工作提供快速、可靠的道路交通保障。

事故未造成施工路段交通中断的,在事故应急救援过程中,施工路段和其他相邻道路应当优先保证救援车辆、装备和人员的通行需要,并采取措施防止发生交通事故。如果交通流量过大,影响施工路段救援车辆和装备通行或者交通安全的,应当及时采取路网分流措施,在必要时,可以由公安交通管理部门对相关路段、交通枢纽和收费站入口采取临时交通管制措施,禁止社会车辆通过施工路段,或者采用间断放行以及借用对向车道行驶的方式控制通行,并加强现场安全管理,严格控制社会车辆行驶速度,严禁穿插超越救援车辆和随意停车等干扰事故应急救援的交通安全违法行为。

4.4.4 自然灾害应急处置

高速公路扩改施工期间遭遇大雾、暴雨、泥石流、山体垮塌、滑坡、地震、道路结冰等恶劣天气和自然灾害时,应当立即停止施工作业,报告监控中心,并根据恶劣天气和自然灾害的严重程度启动相应应急预案,对灾害现场进行应急处置。

1. 地质灾害

遇泥石流、山体垮塌、滑坡、地震等地质灾害会导致地基沉陷、断道、损毁等,阻碍施工路段车辆通行并危及通行安全的,现场人员应当立即采取措施警示灾害路段两端的车辆停车,并指挥车上人员离开车辆迅速跑向地势较高且开阔的地带,禁止在陡坡、悬崖、河堤、行洪沟等危险位置停留。同时,报告监控中心,由监控中心通过交通广播和上游可变信息板、可变交通标志提示车辆驾驶人注意前方危险,并通知公安交通管理部门和交通执法部门到场维持现场交通秩序,并组织滞留车辆和人员有序撤离受灾施工路段。待灾情稳定并确保安全后,再组织人员对灾害路段进行抢通修复和恢复正常通行。

2. 恶劣天气

高速公路扩改施工期间如遇到强地表降水或持续降雨等恶劣天气,会导致施工现场排水不畅,影响车辆通行,导致交通中断或长时间阻塞,严重时,还会引发边坡塌方、地基沉陷、道路损毁等灾害,危及车辆行驶安全;此外,在大雾和大雪、路面结冰时,也因为降低驾驶人的安全行车视距和车辆轮胎与地面之间的附着系数,而容易导致交通事故。因此,当发生上述恶劣天气时,应当做好交通安全警示,加强交通管控,并进行相应排水、除雪、除冰作业,必要时采取临时交通管制措施,保证车辆行驶安全。具体措施包括:

(1)在常年多雨、多雾地区的施工路段,沿线每隔 5 km 左右距离设置"注意雨天"和"注意雾天"的警告标志。

(2)在施工路段的上下游及各互通出入口前方 500~1 000 m 处设置可变信息板,用以实时发布恶劣天气安全提示信息和交通管制信息。

(3)利用可变信息板在雨天交替显示控制车距指令和"雨天路滑,谨慎驾驶"和

"能见度低,开防雾灯"等信息,在雾天交替显示控制车距指令和"雾天谨慎驾驶,保持安全车距""雾天行驶,开防雾灯""能见度低,减速慢行"等信息。

(4)利用可变交通标志显示相应限速标志,提示车辆驾驶人减速慢行和注意前方危险。

第 5 章　成乐高速公路扩改施工交通安全管理协同

5.1　扩改施工交通安全管理协同机制

5.1.1　扩改施工涉及的主要单位和部门

高速公路在非全封闭条件下进行扩改建设时,由于在高速公路范围内所开展活动的内容和形式增多,导致具体从事相关活动的主体也变得复杂。特别是相比高速公路常规交通运营过程而言,除了在路内通行车辆的驾驶人、乘车人等交通主体,以及高速公路运营企业和交通运输、交通安全行政管理部门之外,还将增加大量与扩改工程施工作业有关的单位和人员,他们也将直接或间接地参与到对高速公路扩改施工路段的交通管理中。从目前我国有关高速公路工程建设、运营管理和生产安全管理的法定职责分工来看,高速公路非全封闭扩改施工涉及的单位和部门主要包括负责扩改工程建设的建设单位、设计单位、施工单位、监理单位,以及负责交通运行管理的高速公路运营单位和交通运输主管部门、公安机关交通管理部门。

1. 建设单位

建设单位,又称业主单位或项目业主,是指高速公路扩改建设项目的投资主体,在项目中居于组织者和管理者的核心地位。高速公路建设不仅周期长、占用土地多、投资金额大、质量要求高,而且其建设及运营均涉及社会公共利益,并对环境影响较大,具有准公共产品属性,因此在世界各国都具有很强的计划性和垄断性,与之相应,相关建设项目的投资主体需要取得特别许可的法律主体资格。我国自改革开放以来,随着高速公路建设投融资由过去仅仅依靠政府的单一模式,逐渐向国家投资和地方筹资、社会融资、利用外资相结合的融合模式转变,投资主体也日趋多元化。但从工程建设实践来看,对既有高速公路的扩改建设项目一般均由高速公路的特许经营单位组织和管理,即扩改建设项目的建设单位与高速公路的实际运营单位属于同一主体。

成乐高速公路扩容建设项目估算总投资约 231 亿元,按照政府和社会资本合作建设(PPP)模式,由成乐高速公路的原项目业主单位四川成乐高速公路有限责任公司(简称"成乐公司")以自有资金出资 57.8 亿元作为资本金,国家安排中央专项建设基金作为投资补助,其余资金利用国内银行贷款解决。为此,四川省政府按照"一事一议"方式,确定成乐公司为扩容建设项目法人,负责对整个扩容建设项目的建设、经营、养护管理及移交等工作。

高速公路扩改项目建设单位需要按照国家及地方高速公路建设规划和政府批准的扩改建设工程项目要求,负责组织和监督扩改建设项目的工程建设工作并管理项目建设投资，包括为项目制订工程建设计划、提供建设用地、建设资金和有关资料，以及以提高工程质量、保证施工进度、施工安全、降低工程成本、提高经济效益为目的，对工程建设过程进行监督、指导和协调。其中，在包括施工过程交通安全在内的安全生产方面，建设单位应当按照《建设工程安全生产管理条例》的规定，向施工单位提供施工现场及毗邻区域内的供水、排水、供电、供气、供热、通信、广播电视等地下管线资料，气象和水文观测资料，相邻建筑物和构筑物、地下工程的有关资料，以及在编制工程概算时确定建设工程安全作业环境及安全施工措施所需费用，并自开工报告批准之日起 15 日内，将保证安全施工的措施报送建设工程所在地的县级以上地方人民政府建设行政主管部门或者其他有关部门备案。

2. 设计单位

设计单位是指接受建设单位委托，按照高速公路扩改建设项目目的和要求，研究并提出项目具体工程建设方案的工程设计主体。设计单位主要负责编制扩改建设项目的工程施工设计方案和施工过程交通组织总体方案，以及在项目具体施工和验收等环节向建设单位、施工单位、监理单位、运营单位等提供与工程建设方案设计有关的技术服务工作。

成乐高速公路扩容建设项目由四川省交通运输厅公路规划勘察设计研究院承担工程设计任务。按照《中华人民共和国公路法》(简称《公路法》)和《建设工程安全生产管理条例》的规定，公路建设项目的设计单位应当按照法律、法规和工程建设强制性标准进行设计，防止因设计不合理导致生产安全事故的发生，并应当考虑施工安全操作和防护的需要，对涉及施工安全的重点部位和环节在设计文件中注明，对采用新结构、新材料、新工艺的建设工程和特殊结构的建设工程，应当提出保障施工作业人员安全和预防生产安全事故的措施建议。设计单位提出的工程施工设计方案应当经过有关交通运输主管部门核准后方能付诸实施。

3. 施工单位

施工单位是指承揽高速公路扩改建设项目施工任务的建筑工程企业。按照《建设工程安全生产管理条例》第 26 条的规定，施工单位应当在施工组织设计中编制安全技术措施。施工单位在进行工程施工作业过程中，要同时落实施工现场交通安全保障措施和配备专门人员对现场进行安全巡查、管理，确保施工现场的交通安全设施齐全有效和人员、车辆通行及作业安全，当发生交通事故、交通拥堵等突发事件时，及时向高速公路运营及交通管理等有关部门报告，并配合其做好现场交通疏导和安全保障工作。

成乐高速公路扩容建设项目的施工单位为四川省交通建设集团股份有限公司（简称"交通建设公司"）。在非封闭交通条件下开展高速公路扩改建设施工，施工单位除了必须严格按照高速公路扩改建设项目的工程设计方案和施工需要，编制施工作业安全技术措施之外，还应当根据交通组织总体方案要求和具体施工标段的施工及交通条件，编制施工标段的详细交通组织方案，并报经批准后严格执行。

4. 监理单位

监理单位是为了公正维护高速公路扩改建设单位和施工单位的合法权益，而依法对建设项目工程质量、造价、进度进行独立监督和管理的主体。监理单位的主要任务是严格按照工程施工设计方案、施工过程交通组织方案和相关工程建设法律、法规和技术标准的要求，确保工程项目的设计质量、施工质量、施工安全、投资和工期等方面满足建设单位的要求。

成乐高速公路扩容建设项目由中公交通监理咨询河南有限公司负责监理，四川公路工程咨询监理有限公司承担监理实验室工作。按照《建设工程安全生产管理条例》第14条的规定，工程监理单位和监理工程师应当严格按照法律、法规和工程建设强制性标准实施监理，并对建设工程安全生产承担监理责任。工程监理单位在实施监理过程中发现存在安全事故隐患的，应当要求施工单位整改，对于情况严重的应当要求施工单位暂时停止施工，并及时报告建设单位。施工单位拒不整改或者不停止施工的，工程监理单位应当及时向有关建设行政主管部门和交通运输主管部门报告。

5. 运营单位

运营单位是指依法取得高速公路经营权，对在役高速公路从事通行服务、管理和安全保障，并养护高速公路及附属设施等经营活动的特许法人。在高速公路非封闭扩改建设施工过程中，运营单位除了承担各项常规运营管理任务之外，还主要负责审核扩改建设项目的施工交通组织方案和监督施工单位落实有关交通安全保障措施，并加强对施工路段的安全巡查。当发现施工路段存在交通安全隐患时，应及时向施工单位提出整改要求，同时积极采取有效交通安全管控措施，减小施工作业对车辆通行及交通安全造成的影响，以充分发挥高速公路的通行效能和确保车辆通行安全、顺畅、快速。

成乐公司作为成乐高速公路的业主单位，为了做好高速公路的运营工作，专设了运营管理分公司（简称"成乐运营分公司"）。在成乐高速公路扩改建设施工期间，由成乐运营分公司具体负责有关高速公路运营方面的交通安全保障任务。按照《收费公路管理条例》第31条的规定，成乐运营分公司应当根据高速公路扩改施工对车辆正常安全行驶的影响，在施工现场设置安全防护设施，并在收费站出入口进行车辆限速、警示提示，或者利用高速公路沿线可变信息板等设施予以公告；造成交通堵塞时，应当及时报告有关交通管理部门并协助疏导交通。

6. 交通运输主管部门

按照《公路法》和《中华人民共和国公路管理条例》《中华人民共和国道路运输条例》的规定，国务院和县级以上地方人民政府的交通运输主管部门负责全国或者本行政区域内的公路工作和道路运输管理工作。因为高速公路采取有别于普通公路的全封闭与控制出入通行方式，对于跨行政区域的高速公路难以按照传统的公路属地管辖方式进行交通运输行政管理，所以全国各地普遍对高速公路采取以路线为主、行政区划为辅的特殊管辖模式，由省、自治区、直辖市的交通运输主管部门在设置公路局和道路运输管理局的同时，另行设置专门的高速公路管理局来综合承担对高速公路的路政、运政和收费稽查等交通运输行政管理职责。

四川省的高速公路采取分区域管辖方式，在交通运输厅专设高速公路管理局，并且将高速公路管理局与高速公路交通执法总队合用"一套机构、两块牌子"，对全省高速公路进行分片区管理。四川省交通运输厅高速公路管理局下设 7 个高速公路交通执法支队和高速公路监控结算中心，各交通执法支队又分设若干交通执法大队，主要负责对所辖区域内高速公路建设养护、运营服务的监督管理和高速公路联网收费管理、安全监控、应急处置以及路政、运政、收费稽查等工作，一般统称"交通执法队"或"交通执法"。在成乐高速公路扩改项目施工过程中，高速公路交通执法第四支队及其下属一大队主要负责审核并监督落实施工路段的交通组织和安全管控方案，维护施工现场的路产、路权和施工作业与车辆通行秩序，协助公安机关交通管理部门进行交通安全管理和交通分流引导，并不定期对施工路段进行巡查，将发现的安全隐患及时通报运营单位和施工单位并督促其落实整改措施。

7. 公安机关交通管理部门

按照《道路交通安全法》和《道路交通安全法实施条例》的规定，国务院公安部门和县级以上地方各级人民政府公安机关交通管理部门负责全国或者本行政区域内的道路交通安全管理工作，其中，高速公路可以由省、自治区、直辖市人民政府公安机关交通管理部门指定相当于设区的市级人民政府公安机关交通管理部门承担。从目前全国情况来看，多数地方采取了在省、自治区、直辖市公安机关交通管理部门设立高速公路交通警察支队的方式，统一管辖高速公路的交通安全管理工作。

四川省采取在公安厅交通警察总队加挂四川省公安厅高速公路公安局牌子，并下设 6 个高速公路交通警察支队（加挂高速公路公安分局牌子）的方式，对全省高速公路进行分片区管理。各高速公路交通警察支队（公安分局）又下设若干交通警察大队，负责所辖高速公路的交通安全管理工作，一般统称"高速交警队"或"高速交警"。在成乐高速公路扩改工程施工过程中，高速公路交通警察四支队及下属四大队主要负责审核并监督落实施工路段的交通组织和安全管控方案，并对施工现场的交通安全秩序进行管理，及时查处交通安全违法行为和调查处理交通事故。

5.1.2 常规运营交通安全管理协同机制

高速公路在非全封闭条件下进行扩改建设的交通安全管理，需要同时面对扩改工程施工和高速公路交通运行以及它们相互间的冲突与干扰问题，不仅要为扩改工程提供安全、便利的施工环境和作业条件，以确保扩改工程质量、施工效率和降低建设成本，而且要尽最大可能维护高速公路扩改施工期间的交通运营秩序和通行能力，以减小扩改施工给高速公路交通运营带来的不利影响，确保车辆通行安全、畅通和降低运营损失。然而，按照我国现行的公路管理和交通安全管理体制，高速公路的运营、路政、运输、生产安全、交通安全等经营和行政管理职能分别由高速公路运营企业、交通运输主管部门、公安机关交通管理部门等不同的企业和政府部门承担，各单位和部门之间存在着管理、监督、服务或业务交叉关系，必须建立起一定的工作联系和协调机制。

为了搭建地方政府与高速公路运营单位、管理部门之间的合作平台，在高速公路营运、管理、服务和宣传教育等方面形成相互协同、齐抓共管的工作合力，并充分发挥地方政府的统筹协调作用，四川省于2015年建立了由交通运输主管部门、公安机关、各地方人民政府、高速公路营运公司组成的省和区域多级高速公路管理联席会议制度，通称"一路四方"联席会议制度。"一路四方"联席会议由省联席会议和区域联席会议两级构成，它不仅是高速公路常规管理工作中联系各方力量的重要纽带，也为高速公路扩改建设项目的施工与交通安全管理打下了基础。

1. 省联席会议

四川省级高速公路管理联席会议由交通运输厅、公安厅、各市（州）人民政府、各高速公路管理及营运公司组成。联席会议办公室设在交通运输厅高速公路管理局，并由高速公路管理局主要负责人任办公室主任，高速公路管理局和公安厅交通警察总队的分管负责人任办公室副主任，具体承担联席会议的日常工作。联席会议由交通运输厅负责牵头，省交通运输厅和公安厅的有关负责人担任召集人和副召集人。

省联席会议的工作职责包括：

（1）负责研究贯彻执行国家、省有关法律、法规、政策及重大决策部署。

（2）分析高速公路管理形势及重点、难点问题，提出解决方案，督促有关单位抓好落实。

（3）解决涉及各地、各有关部门及相邻省、市高速公路管理重大问题，促进协作配合，建立长效机制。

（4）组织高速公路管理联合行动，依法查处交通违法行为，维护高速公路管理秩序和运行安全。

（5）完成上级交办的其他事项。

省联席会议原则上每季度召开一次例会，由召集人、副召集人或召集人委托的其他人员主持。根据省领导指示或工作需要，可临时召集联席会议。联席会议以会议纪要形式明确议定事项，经与会单位同意后印发成员单位，必要时抄报省政府及相关主管部门、毗邻省（市）有关单位。重大问题经联席会议讨论后，由联席会议牵头单位报省政府决定。各成员单位按照部门职能职责，分工负责、加强协作。

2. 区域联席会议

区域联席会议由省内各高速公路交通执法支队牵头,相同管辖区域的高速公路交通警察支队或属地公安局交通警察支队,以及市(州)、县(市、区)、乡(镇)人民政府、高速公路营运公司等单位参加。区域联席会议参照省联席会议工作模式,负责研究解决区域内高速公路管理的相关事宜。

成乐高速公路的"一路四方"区域联席会议由四川省交通运输厅高速公路交通执法总队第四支队牵头,四川省公安厅高速公路公安局四分局(即高速交警四支队)以及沿线的眉山、乐山两市及其相关区、乡(镇)人民政府、成乐公司营运分公司参加。该区域联席会议在成乐高速公路的扩改项目建设过程中发挥了重要作用。例如,在工程试验段的设计阶段,成乐公司通过"一路四方"区域联席会议机制,与眉山市政府和交通、规划等部门就互通方案、收费站设置、分离式立交、集中拆迁、取弃土场等问题展开深入沟通和交流,得到了当地政府领导及相关部门的大力支持,为工程项目的顺利实施打下了坚实基础,如图5-1和图5-2所示。

图5-1　成乐公司董事长与眉山市副市长进行工作座谈

图5-2　乐山市人大常委会调研成乐扩改项目

5.1.3 扩改施工交通安全管理协同机制

高速公路扩改建设项目的工程规模通常较大,涉及技术门类复杂,现场作业人员和大型施工车辆、机具设备众多,在不封闭交通的情况下施工,容易在高速公路通行与施工作业之间形成相互干扰、冲突乃至引发安全事故。由于对扩改施工现场的交通安全管理必须同时面对高速公路交通运营与扩改施工这两种不同性质的需求,全面兼顾通行和施工两个方面的安全与效益,因此,其管理过程需要得到包括工程设计、施工、监理在内的各相关单位和部门的共同参与和相互配合,通过建立统一、灵活、高效的协同机制来推进扩改施工期间的交通安全管理工作。

为了加强高速公路管理及扩改工程建设各相关部门之间的联系,切实提高管理与工程协作成效,及时有效解决扩改建设工程中出现的各种交通安全问题,成乐公司作为项目建设单位,在充分利用现有"一路四方"联席会议机制寻求地方政府和各相关单位大力支持配合的同时,重点针对扩改项目采用设计施工总承包(EPC)发包模式,直接参与项目建设者除了业主单位之外还包括设计单位、施工单位、监理单位和监理实验室单位的特点,探索建立了项目工作会商和联合管理这两项专门的扩改施工期间交通安全管理工作协同机制。

1. 项目工作会商机制

高速公路扩改建设始于项目规划,并贯穿工程设计、施工和监理等全过程,在非全封闭交通条件下施工还需要涉及高速公路的交通运营。其中,扩改工程的设计方案、施工作业和监理活动都会直接或间接地对施工现场作业及交通运行安全构成影响。按照《建设工程安全生产管理条例》和《道路交通安全法》的规定,工程项目的设计方案中应当考虑施工过程的施工安全问题,施工单位和监理单位也要承担相应的施工现场交通安全管理义务。然而,目前的高速公路常规管理和"一路四方"联席会议制度主要针对的都是正常交通运行过程,并不涉及大规模扩改工程施工这一特殊情形,缺乏统筹协调高速公路运营、高速交警、交通执法与工程设计、施工、监理等单位或部门之间关系的统一平台和管道。为了加强扩改建设与交通运行之间的相互协调配合,并简化工作流程,提高工作效率,以确保工程施工顺利推进和维护施工期间的交通安全与畅通,成乐公司从扩改项目设计阶段开始,即着力推动建立了涵盖高速公路交通运营和扩改工程建设两个方面的项目工作会商机制。

项目工作会商机制主要依托"一路四方"区域联席会议平台,由成乐运营分公司牵头,邀请成乐高速公路的高速交警队、交通执法队、沿线地方人民政府及其相关部门,以及扩改建设工程的设计、施工、监理单位参加,负责统一研究解决在扩改建设期间的工程施工与交通运营、安全保畅方面的相互协同配合和系统推进问题。

项目工作会商机制对于推动成乐高速扩改工程施工过程中的交通安全保障工作发挥了重要作用。例如,在扩改项目试验段的路面上面层施工期间,围绕半幅封闭施工和分离式天桥撤除施工环节的交通安全管理问题，成乐公司多次组织试验段的扩改施工单位、监理单位、高速交警队、交通执法队、沿线地方政府及其相关部门，以及与试验段互通或毗邻的成雅、简蒲、遂资眉等高速公路的运营公司和高速交警队、交通执法队共同召开交通组织方案动态调整确认会，对有关交通组织方案的制订与调整进行研究和评审确认，较好地协调解决并统一确定了相关各方在试验段实施交通分流或交通中断期间的工作任务、职责分工和相互配合问题，如图 5-3 所示。

图 5-3　交通组织方案动态调整确认会

除了交通组织方案动态调整确认会之外，成乐公司在扩改建设施工期间还由公司的安全生产管理部门牵头，定期或者根据任务临时需要，邀请高速交警队、交通执法队和工程项目施工、监理单位召开交通组织实施推进会，专门就工程项目交通组织方案在实施前的准备工作，以及在实施过程中存在的问题及时展开沟通协调和分析研判，并提出解决措施，如图 5-4 所示。

图 5-4　交通组织实施推进会

2. 联合管理机制

围绕成乐高速公路扩改施工期间的交通安全管理工作，成乐公司及其运营分公司与高速交警队、交通执法队和扩改施工单位、监理单位，按照国家法律、法规规定，根据工程建设项目实际需要，通过集体会商，在明确各方对高速公路交通运行和扩改施工的具体分工和职责的基础之上，围绕施工期间的交通安全管理工作建立了统一管理标准、统一信息传递、统一工作流程和联合办公机制，并简化管理手续和管理流程。各单位和部门在依法履行各自对施工安全和交通安全管理职责的同时，定期对施工路段的交通运营和施工作业进行交通安全联合检查。对检查中发现的交通安全隐患，按照职责分工，明确整改负责单位和整改目标，并落实整改措施、时限及验收。对于施工路段交通安全管控和隐患排查整治中需要多个单位或部门配合的，制订统一工作方案，同时明确相关指挥、主办、协助单位或部门的工作职责与任务，落实工作对接人及对接方式。

5.2 交通安全管理协同的内容与职责分工

5.2.1 交通安全管理协同的内容

1. 交通组织协同

高速公路扩改施工的交通组织协同，是指在扩改施工过程需要利用施工路段的未封闭路面或者周边路网实施交通导流、分流等交通组织措施时，在交通组织与施工作业之间，以及本路交通组织与路网交通组织之间，就具体施工与交通疏导的方式、内容、步骤、措施等的相互衔接与配合。其目的在于提高施工路段和相关路网的交通组织成效，在防止道路交通保畅与工程建设施工之间相互干扰与冲突的基础上，灵活高效利用施工路段和相关路网的现有通行能力，最大限度确保扩改工程影响区域原有交通流的方便、快捷通行，以减少车辆通行延误和防止交通拥堵，同时满足现场施工作业以及对施工材料、作业机具设备的运输、转场需要，提高施工效率并降低工程建设成本。

交通组织协同包括路内协同和路网协同两个层面，前者主要针对利用施工路段的未封闭路面进行交通导流时的施工作业与交通管理之间协同，后者主要针对利用施工路段的周边路网进行交通分流时的各分流点与分流支路之间的交通管理协同。由于成乐高速扩改施工大体分为路基及桥涵施工、水稳及路面下面层施工、路面中上面层施工等阶段，而在每个阶段对实施交通组织的需求不尽相同，因此在交通组织协同方面的具体内容和要求也有所区别。在路基及桥涵施工阶段和水稳层及路面下面层施工阶段，除了其后期需要拆除路侧护栏并开挖应急车道，对车辆通行有较大影响之外，其余所有施工作业都在原有行车路面以外进行，对车辆通行基本没有影响，因此，在这期间的交通组织主要针对工程施工的弃取土和所需建筑材料、作业机具设备进出施工路段的运输需求，对交通组织的协同问题也主要涉及与施工路段毗邻的路网交通。在路面中上面层施工阶段，由于需占用路面进行原路病害处置、桥涵加固及半幅罩面施工作业，与施工路段的原有交通流冲突严重，是实施交通组织的主要阶段，因此这期间的交通组织将需要同时解决利用施工路段周边路网进行交通分流问题，以及对施工路段内部非封闭路面进行交通导流问题，对交通组织的协同问题也将涉及路网协同和路内协同两个方面。

（1）路网协同。

路网协同，是指利用扩改施工高速公路的周边高速公路、普通公路乃至城市道路网，供扩改施工的弃取土和所需建筑材料、作业机具设备进出施工场地，以及对施工路段交通实施路网分流过程的相关道路交通管理协同。由于工程项目运输与施工路段交通分流需要利用施工路段周边的毗邻路线，在路网交通组织具体方案的设计和执行时，将涉及对相关分流路线与扩改施工路段的实际连通条件和路线交通流分担能力、路面及桥涵荷载能力、隧道、管线、天桥和弯道等的通过能力，以及交通分流过程对分流沿线交通安全、交通畅通和环境保护方面的影响等问题，需要在运输或分流路线选择和具体交通组织方案编制、实施上，得到各相关道路的交通运输主管部门、公安交通管理部门以及当地政府、乡镇基层组织、居民的支持配合。高速公路扩改项目建设单位应当通过"一路四方"区域联席会议等途径，主动联系相关部门和单位，协商制订和落实相关交通组织方案和管理措施，并在工程建设期间加强工作联系与沟通，及时发现和处置可能引起运输和分流路线通行效率下降或交通拥堵的隐患，并对已经发生交通拥堵的道路迅速展开指挥疏导措施，确保路网交通畅通。

路网协同的内容主要包括：对工程运输和路网交通分流路线的选定，对临时通道建设的土地征用、施工，对临时占用单位或农村自建道路的经济补偿和损坏修复，对路网交通分流与诱导信息的发布和宣传，对相关道路设施的临时改建与恢复，对分流路线相关交通标线、标志和信号灯的设置、变更与拆除、恢复，对交通分、合流点和分流路线的日常交通管理，对施工路段和分流路网相关施工、交通信息的采集和共享，对突发事件的交通保畅应急处置等。

（2）路内协同。

路内协同，是指高速公路扩改施工路段未封闭路面的交通管理与施工作业活动之间的协同。当高速公路扩改施工需要临时占用施工路段的部分原车道或者拆除原有护栏、防撞等交通设施时，为确保施工现场的施工作业与交通安全，势必要对通过施工路段的交通流采取相应的通行车道缩减、迁移或者限制通行速度等措施。这些措施将使得在相关车道的交通导改点、宽度渐变段和限速起始点等位置，因为路幅、车道变化而在不同车道交通流之间形成横向干扰和分、合流冲突，以及因为车辆速度降低而导致车流密度增大，引起交通流的纵向干扰和冲突，既降低路段通行能力，也容易造成交通拥堵和交通事故。因此，路内交通组织协同要求高速公路运营单位、施工单位和高速交警队、交通执法队必须在严格依法各司其职的基础上，加强相互工作沟通与配合，提高对施工路段交通组织的综合管理成效，最大限度减少施工作业对路段通行车流，以及车流内部不同车辆之间的相互干扰，确保交通安全畅通。在扩改工程施工过程中，建设单位必须积极组织上述单位和部门，共同参与对具体交通组织实施方案的编制和审定，并在方案的执行过程中加强工作联系和相互配合、相互监督。

路内协同的内容主要包括：对扩改施工流程与交通导流、交通中断过程的相互衔接，对扩改施工作业区域与车辆通道之间的区分和防干扰措施，对现场交通导流和限制通行相关交通标志、标线、信号灯的设置和巡查、管护，对施工现场作业秩序与车辆通行秩序的统一配合管理，对施工路段相关施工与交通管理信息的采集和共享，对突发事件情况下施工路段的应急疏散与交通保畅。

2. 交通安全协同

交通安全协同，是指在高速公路扩改施工和交通组织过程中，对施工路段和交通分流、导流路线采取的交通安全防范与管理措施，在功能、效果、影响等方面，与现场施工作业活动和交通运行保畅之间的相互匹配与融合。其目的在于确保施工路段和分流路网交通安全的同时，增强现场交通安全管理与施工作业、交通组织之间在具体方法、措施和步骤上的相容整合性，以充分发挥交通安全措施和综合管理效益，确保施工路段和分流路网的交通安全。

由于四川省对高速公路采取有别于普通道路的特殊管辖方式，当对扩改施工路段的交通组织涉及路网分流时，有关施工路段内外的交通及安全管理工作，将分别由相关道路的公安交通管理部门、交通运输主管部门和道路管理机构负责。其中，对相关高速公路的交通安全由该高速公路的高速交警队负责主管，交通执法队和运营公司在各自的职权或业务范围内承担安全管理责任；对相关普通公路和城市道路的交通安全管理由当地的公安交通管理部门负责主管，交通运输主管部门在各自的职权或业务范围内承担安全管理责任。可见高速公路扩改施工过程的交通安全管理涉及部门和单位众多，并且以相关高速交警队和当地公安交通管理部门为主要的行政主管部门，在实际管理工作中需要加强各部门和单位之间的信息沟通和工作协作，避免相互推诿、扯皮，提高对施工路段和分流路网的交通安全管理成效。

在实际操作层面，由于高速公路扩改项目的建设单位更能全面准确掌握工程施工的具体情况，因此一般由其作为总发起或联络单位，联系本路及相关路网的公安交通管理部门、交通运输主管部门和扩改工程施工单位，就施工路段和分流路网的交通安全工作展开协同。协同的主要内容包括：对施工路段和分流路网进行交通安全风险辨识与评估，研究确定施工路段的交通隔离、车流限速和车辆防撞等安全管控方案，对施工路段的交通安全检查和监督，对施工路段和分流路网的交通秩序管理，对施工路段和分流路网的交通安全隐患排查与整治，对施工路段交通拥堵和交通事故的现场处置，对其他突发事件的交通安全应急处置。

5.2.2 交通安全管理协同的职责分工

按照《公路法》《道路交通安全法》和《建设工程安全生产管理条例》等法律、法规的规定，高速公路扩改工程施工的交通安全管理协同工作职责及分工如表5-1所示。

表 5-1　交通安全管理协同的职责分工

单位或部门		职责分工
建设单位		1. 全面负责交通安全协调工作，减小高速公路施工对区域交通畅通与安全的影响。 2. 根据交通组织总体方案，牵头组织施工单位及相关高速公路的高速交警队、交通执法队和普通道路的公安交通管理部门、交通运输主管部门，做好安全保畅工作。 3. 根据交通组织总体方案，组织施工单位研究制订和审查交通组织实施方案，并监督检查方案执行情况，对发现的问题提出整改意见并监督落实。 4. 协助施工单位根据需要制订和报批交通管制方案。 5. 制订施工区域交通突发事件的应急处置预案并承担组织协调任务。 6. 负责对设置临时交通安全设施及拆除、迁移原有交通安全设施的审批管理，并协调对特殊结构物施工交通组织方案的审批。 7. 开展施工及交通安全巡查，对发现的安全隐患进行通报，并提出整改要求、整改措施和跟踪检查落实
公安交通管理部门	施工路段	1. 负责审批交通组织方案，并指导施工单位落实现场交通安全措施。 2. 负责审批交通管制方案，并对方案进行公告实施和指导施工单位落实现场交通安全措施。 3. 监督管理施工路段的交通安全秩序，及时纠正、查处交通安全违法行为和疏导交通拥堵。 4. 及时处理施工路段发生的交通事故。 5. 开展交通安全巡查，对发现的问题进行通报，并提出整改要求、整改措施和跟踪检查落实。 6. 开展交通安全宣传教育
	毗邻道路	1. 在辖区内协助建设单位勘查确定路网交通分流路线，并监督落实交通分流引导措施。 2. 管理辖区内分流路线的交通安全秩序，及时纠正、查处交通安全违法行为和疏导交通拥堵。 3. 及时处理辖区内分流路线发生的交通事故
交通运输主管部门	施工路段	1. 审核交通组织方案和交通管制方案，并指导施工单位落实现场交通安全措施。 2. 监督管理施工路段的施工和通行秩序，及时查处侵害路产、路权和道路运输违法行为。 3. 开展高速公路设施巡查，对发现的问题进行通报，并提出整改要求、整改措施和跟踪检查落实。 4. 协助高速交警队维护施工路段交通安全秩序、处置交通事故现场和开展交通安全检查

续表

单位或部门		职责分工
交通运输主管部门	毗邻道路	1. 在辖区内协助建设单位勘查确定路网交通分流路线，并监督落实交通分流引导措施。 2. 监督管理辖区内分流路线的通行秩序，及时查处侵害路产、路权和道路运输违法行为。 3. 协助辖区内公安交通管理部门处置交通事故现场和开展交通安全检查
设计单位		1. 编制交通组织总体方案。 2. 协助建设及施工单位编制施工过程交通组织实施方案。 3. 做好设计服务工作，协助建设及施工单位落实施工设计方案中的有关交通安全措施
施工单位		1. 负责制订和报批安全生产方案、交通组织方案。 2. 严格执行核批的安全生产方案和交通组织方案，落实施工现场交通组织及安全措施。 3. 安排专职安全人员，对施工路段的交通安全进行日常管理巡查。 4. 制订突发事件应急预案，成立应急救援小组，配备必要的应急物资和装备。 5. 协助高速交警队、交通执法队、应急救援部门和建设单位处置事故现场和疏导现场交通。 6. 定期开展安全生产自查，排查和消除施工路段的施工作业与交通安全隐患。 7. 按照高速交警队、交通执法队和建设单位的安全隐患通报要求，落实整改措施。 8. 负责对施工作业人员和施工机具设备的交通安全管理
监理单位		1. 审核交通组织方案和交通管制方案，并指导施工单位落实现场交通安全措施。 2. 检查监督施工单位在施工现场的交通组织与安全措施落实情况。 3. 检查监督施工单位的交通安全日常管理巡查工作。 4. 检查监督施工单位的突发事件应急预案、队伍、物资装备和应急演练情况。 5. 检查验收临时交通安全设施的材料、成品质量及安装与拆除

5.2.3　交通安全协同管理的基本方式

1. 共同商议

在扩改工程项目的建设施工过程中，负有交通安全管理职责的各相关单位和部门，通过联席会议、信息沟通、现场交流等方式，对扩改工程施工期间有关施工路段、分流路网的交通安全管理工作进行协商洽谈，在严格依法履行各自法定职责和义务的前提下，就具体交通安全管理任务的分工与协作问题达成一致意见和共同行动方案。

2. 统一指挥

在扩改施工期间实施交通分流、交通管制和突发事件应急处置，需要多个单位和部门共同参与行动并相互配合时，按照事先确定的交通组织方案和应急处置预案，在明确各单位、部门责任及分工的同时，统一由其中的一个单位或部门负责行动总指挥，其他单位或部门无条件服从，同时加强相互间的工作协调与配合。

3. 信息通报

扩改施工单位和高速公路运营单位、高速交警队、交通执法队等单位、部门建立统一的QQ、微信等工作信息移动交流平台，就各自工作中发现、发生的可能影响施工作业或交通运营、交通安全的问题及时进行信息沟通和情况通报，以便于相关单位或部门的人员及时掌握情况和准确采取处置措施，避免延误时间，提高工作成效。

4. 联合检查

由高速公路扩改项目建设单位或者高速交警队牵头，定期召集施工单位和高速公路运营单位、交通执法队，对施工路段和交通分流点的交通安全设施情况、交通运行情况和现场人员到岗工作情况进行联合检查。对检查中发现的交通安全隐患和管理方面问题提出整改要求，并按照职责分工明确具体整改责任和整改措施。对于短期无法整改到位的，应当在采取有效临时措施的基础上明确整改时限并监督落实。图5-5所示为成乐高速公路的高速交警队、交通执法队和运营管理分公司管理人员，在扩改工程实施半幅封闭施工前对交通分流点准备工作进行联合检查。

图 5-5 联合检查交通分流准备情况

5. 联合宣传

充分发挥与扩改施工和交通管理相关各单位及部门的宣传渠道优势，通过电视、广播、报纸、网络等媒体进行联合新闻发布和信息宣传，以便有关交通运输单位、车辆驾驶人和当地居民准确了解施工路段的交通管理信息，及时调整运输、通行路线和出行时间。图 5-6 所示为成乐高速公路的高速交警队、交通执法队，眉山市交通运输局，成乐公司，成乐运营管理分公司和四川交通建设公司，联合就青龙场至眉山试验段实施交通管制举行新闻通气会现场。

图 5-6　交通管制新闻通气会现场

6. 联合应急

针对扩改施工期间可能发生的严重交通拥堵、交通事故和其他突发事件，建立由高速交警队、交通执法队和扩改项目建设单位、施工单位组成的交通安全保畅联合应急领导小组，下设综合协调、施工监管、工程抢险、联勤保畅等应急工作组，并制订应急预案和执行 24 h 值班制度。在开展应急救援过程中，各相关单位的应急资源和应急队伍应服从联合应急领导小组的统一调度，并听从现场交通警察负责人的指挥。

5.3　天桥拆除施工交通管理协同案例

5.3.1　天桥拆除工程概况

成乐高速公路扩改工程试验段的原有 K47+210.4 马林立交、K49+377.6 观保路立交和 K65+127.8 悦兴街立交，都存在着分离式天桥的净宽和净高不足问题。为适应拓宽改造后的成乐高速公路主线，按照扩改工程设计方案，需要对这三座立交的相应分离式天桥部分进行拆除重建。三处分离式天桥的上部结构形式均为 16 m 长空心板式梁，并与成乐高速公路主线呈斜交上跨，斜交角度分别为 75°、113.5°和 86.5°，同时桥梁上悬挂有通信管线、广告牌等，桥梁范围内的路基填土高度为 0.5～2.5 m 不等，其中 K47+210.4 马林分离式立交填土高度最高。

三处分离式天桥的拆除工程量如表 5-2 所示。

表 5-2 分离式天桥拆除情况汇总

序号	中心桩号	桥宽/m	孔数	孔径/m	桥梁全长/m	上部构造	下部构造	
							墩及基础	台及基础
3	K47+210.4	8.5	4	16	69.04	PC空心板	柱式墩桩基础	肋板台桩基础
4	K49+377.6	8.5	4	16	84	PC空心板	柱式墩桩基础	重力式台扩大基础
5	K65+127.8	8.5	4	16	69.04	PC空心板	柱式墩桩基础	肋板台桩基础

5.3.2 拆除施工与交通组织方案商定

1. 商定拆除施工组织方案

在对三座分离式天桥进行拆除施工之前，成乐高速公路扩改试验段项目的施工单位——四川交通建设公司，根据项目施工方案及现场实际踏勘情况编制了详细的拆除施工组织方案。方案编制完成后，首先由成乐公司眉山代表处和安全环保处牵头，于2019年3月26日组织成乐运营分公司安全办公室、四川交通建设公司桥隧分公司、试验段项目部、总监理办公室的相关人员，并邀请上级母公司——成渝高速公路股份有限公司（简称"成渝公司"）的安全环保部、经营管理部、工程管理部参加，对三处分离式天桥的拆除施工组织方案进行了内部预评审，着重对拆除施工的作业安全和对施工路段交通影响进行分析评价。内部预评审通过后，再由成乐运营分公司于当年4月2日，牵头组织眉山市政府及眉山市相关部门、乐山市高速公路管理办公室、成渝公司、成乐公司、成乐扩容总监办、四川交通建设公司，以及成乐高速、成雅高速、简蒲高速、遂资眉高速的运营公司、高速交警队、交通执法队等19家单位，对方案进行正式评审，最终确定了对三座分离式天桥的拆除施工组织方案，如图5-7所示。

图 5-7 分离式天桥拆除施工组织方案评审会

按照拆除施工组织方案，为减少对施工路段的交通影响，对三处分离式天桥采取统——次性拆除。拆除的具体施工流程为准备工作→封闭高速公路→拆除桥下波形护栏→铺设垫层→拆除广告牌、围挡→桥下破除空心板→破除盖梁、墩柱→清理场地→安装桥下波形护栏→开放交通。根据拆除工程量估算，在拆除施工期间需要对施工路段全封闭交通 24 h。

2. 商定施工交通组织方案

为了稳妥推进对三处分离式天桥的拆除施工，确保施工过程安全，并最大限度缩短对主线交通的全封闭时间，减轻对社会交通运输的影响，在拆除施工组织方案确定后，成乐公司草拟了《成乐扩容车行天桥拆除施工分流工作方案》，初步确定拆除施工期间在成乐高速与遂洪高速、简蒲高速的互通立交实施交通分流。2019 年 4 月 2 日，成乐公司召开动态调整确认会，对分流工作方案的可行性和准备工作做了内部讨论和安排。会后，由成乐运营分公司路产管护大队派员到简蒲高速、遂洪高速和眉山市，向相关道路的公安交通管理部门和交通运输主管部门介绍拆除施工准备情况，并征求各方对交通分流初步方案的意见和建议。按照各方协商意见，成乐公司对分流工作方案进行了相应修改。最终确定在拆除施工期间的上游道路采取非强制性交通分流，通过在分流路线上的普通道路节点位置设置交通提示和引导标志标牌，引导车辆驾驶人自由选择其行驶路线分流，同时由各相关道路的公安交通管理部门、交通运输主管部门和高速公路运营单位加强现场交通秩序管理。

当三座分离式天桥的拆除施工分流工作方案确定后，2019 年 4 月 11 日，成乐公司在眉山服务区召开了拆除施工交通管理协调会，如图 5-8 所示。会议决定，在 4 月 18 日凌晨 05:00 时开始对施工路段实行交通管制工作；当交通管制完成后，立即同步实施对三座分离式天桥的拆除施工作业。此外，会议还同时明确了施工单位、监理单位和各相关高速公路运营公司、高速交警队、交通执法队的职责分工，并布置了各单位和部门在施工开始前应完成的人员、物质、装备和设施的准备工作。

图 5-8 拆除施工交通管理协调会

5.3.3 拆除施工的交通管控职责分工

三处分离式天桥集中拆除施工采取临时远端分流、施工路段全程封闭管制的交通管控方式，分流措施包括关闭部分施工路段收费站入口、对主线车辆进行分流引导。按照分流工作方案要求，各相关单位和部门对交通管控的职责分工如下：

（1）由成乐高速公路的高速交警队向成乐运营分公司总值班室下达分流指令，再由总值班室通知成乐运营分公司路产管护大队和相关收费站实施分流指令。

（2）信息发布组应及时协调遂洪高速公路和简蒲高速公路的高速交通队、交通执法队，以及眉山市相关普通道路的公安交通管理部门、交通运输主管部门做好分流协调工作。

（3）成乐运营分公司路产管护大队协助高速交警队，在成乐高速公路主线的各互通节点位置对车辆进行分流。

（4）相关收费站接到总值班室分流指令后，及时关闭对应收费站入口，立即启动分流应急预案，灵活调配收费员，增设应急机。有条件的收费站应做好变道工作，加快车辆收费效率，确保车辆高效通行。

（5）收费站保通、保畅人员应积极协助收费站指挥车辆通行，提示社会车辆经由其他普通公路或城市道路绕行。

（6）在实施交通分流时，成乐运营管理分公司通过当地新闻媒体、交通广播和高速公路 LED 可变信息板，向社会发布绕行及分流提示信息。

（7）遂洪高速公路和简蒲高速公路的高速交警队、交通执法队，对成乐高速公路方向的相应匝道进行管控，防止有车辆进入施工区域。

（8）与成乐高速扩改试验段毗邻的各普通道路，由眉山市当地公安交通管理部门在交通分流期间增加交通巡逻和值守力量，确保道路交通安全畅通，避免车辆倒灌回各相关高速公路。

5.3.4 拆除施工的交通管控准备

1. 方案细化布置

拆除施工交通管理协调会结束后，各单位和部门立刻行动，迅速开展拆除施工和交通管理的相关准备工作。2019 年 4 月 11 日晚，成乐公司眉山代表处组织扩改工程试验段的总监理办公室、项目部主要管理人员召开拆除方案细化会，进一步细化拆除施工的作业方案，如图 5-9 所示。

4 月 13 日下午，成乐公司眉山代表处组织扩改工程试验段的总监理办公室、四川交通建设公司桥隧分公司、项目部和相关施工人员，召开天桥拆除施工布置会，如图 5-10 所示。对拆除施工的人员、机具、装备等作具体安排，并形成各单位准备工作任务清单，以确保天桥拆除工作顺利实施。

图 5-9　拆除方案细化会　　　　　　　图 5-10　拆除施工布置会

4月16日晚，成乐公司眉山代表处再次组织扩改工程试验段的总监理办公室、项目部召开拆除准备工作落实会，如图5-11所示。对照天桥拆除准备工作任务清单进行检查落实，核查当日的准备工作开展情况，并安排拆除日现场准备情况检查项目及责任人，确保18日当天拆除工作正常有序进行。

图 5-11　拆除准备工作落实会

2. 拆除施工宣传

为减轻三座分离式天桥集中拆除施工期间交通管制对社会交通运输的影响，在施工开始前需要提前向社会公开发布施工路段交通管制方案，并通过多种途径做好对外宣传工作。按照职责分工，由成乐运营分公司负责，提前5天在《四川日报》等省级报刊发布封闭施工公告，提前3天在相邻的遂洪高速公路、简蒲高速公路和其他普通道路上悬挂宣传横幅，并通过成乐高速微信公众号发布施工信息，建立微信工作群共享施工信息和统一发布信息，如图5-12至图5-16所示；由成乐高速公路的高速交警队负责联系FM101.7交通广播和高德、百度等导航系统运营公司，发布交通管制信息，并通知高速公路沿线的各主要公路客货运输企业。

图 5-12　施工公告

图 5-13　高速公路入口宣传横幅

图 5-14　成乐高速公路主线宣传横幅

图 5-15　简浦高速公路主线宣传横幅

图 5-16　遂洪高速公路服务区宣传横幅

为了夯实宣传效果,确保拆除施工期间交通管制的安全有序,4月16日,成乐公司还联合高速交警队、交通执法队、运营分公司和扩改试验段项目部,在扩改施工沿线的村镇及学校开展天桥集中撤除施工安全宣传活动,取得了满意的成效,如图 5-17 所示。

图 5-17 撤除施工沿线村镇及学校安全宣传

3. 交通分流准备

在正式开工对 K47+210.4 马林立交、K49+377.6 观保路立交和 K65+127.8 悦兴街立交的三座车行天桥进行拆除之前,4月14日至17日,成乐公司按照眉山市交通运输局和相邻镇政府的要求,在当地主要居民社区、普通道路和高速公路收费站口张贴、展示交通管制通告,并设置交通分流警示、诱导交通标志标牌,提示车辆绕行路线,如图 5-18 至图 5-22 所示。在交通分流开始前,由成乐运营分公司管护大队和高速交警队、交通执法队提前派员到各分流点现场值守,并配备高速交警队警车、交通执法队巡逻车和管护大队防撞车、轻型排障车、重型排障车各 1 辆。分流点的所有执法及管护人员均服从现场交通警察安排。

图 5-18 居民社区张贴的交通管制公告

图 5-19 相邻道路的交通管制公告

图 5-20 高速公路收费站口的交通管制公告

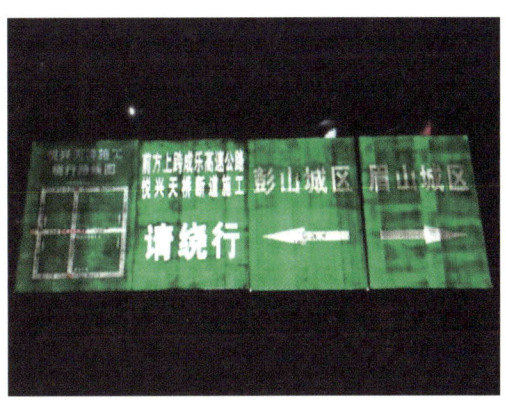
图 5-21 交通管制路线引导标牌

图 5-22 交通管制绕行路线和方向提示牌

4. 施工现场准备

按照撤除施工方案要求，施工单位在 4 月 17 日下午 18:00 时之前，将施工所需的 24 台破碎机、6 台挖掘机、6 台装载机、3 台剪切机、6 台水车等工程机械设备和运输车辆全部集结到施工现场的指定区域，如图 5-23 所示。并完成对所有设备、车辆的性能检查维护和燃料加注，以及对施工场地布置和安全检查等准备工作，如图 5-24 所示。

图 5-23 施工机具到位准备

图 5-24 施工现场安全准备

5. 施工人员准备

在正式开工拆除之前,成乐公司于 4 月 17 至 18 日召集试验段总监理办公室相关人员到三座车行天桥现场,对所有参加撤除施工人员进行安全技术交底和施工纪律再强调,如图 5-25 和图 5-26 所示。明确要求所有撤除施工作业必须严格按照施工方案执行,在施工过程必须确保施工安全和避免损坏施工路段的运营路面及交安设施,以便于在撤除施工完成后可以立即开放施工路段、恢复车辆通行,保障成乐高速公路的正常运营。

图 5-25 安全技术交底

图 5-26 强调施工纪律

5.3.5 拆除施工的交通管控实施

1. 成都至乐山方向分流

按照分流方案,在主线车行天桥拆除施工期间,成都至乐山方向的车流在青龙收费站出站后,经省道 S103 和国道 G351 绕行驶至眉山收费站重新进入成乐高速公路。在分流过程中,如果青龙互通分流点后方出现大面积拥堵,由高速交警队联系上游的成雅高速公路高速交警队,对成都至乐山方向除白家收费站外各收费站的货车进行管制;如果青龙收费站出站超过负荷,造成主线大面积拥堵并堵至上游成雅高速公路时,由成雅高速公路在其主线进行分流,将过往车辆往蒲江方向分流至简蒲高速公路绕行;如排行车辆排行超过新津收费站,则由成雅高速公路负责在新津收费站实施二阶段分流;简蒲高速公路的高速交警队负责封闭由简蒲高速公路进入成乐高速公路的互通立交匝道,防止有车辆由简蒲高速公路进入成乐高速公路主线。

分流开始时,由成乐高速公路的高速交警队牵头,成乐运营分公司管护大队和交通执法队参与,准时在青龙分流点实施分流,其他各相关道路的公安交通管理部门、交通运输主管部门和高速公路运营公司执勤人员同步在主要卡点观测交通流变化,并随时根据需要采取分流和管制措施。待施工路段实施分流成功,并经过检查确认上游路段已无车辆驶入施工区域后,由现场总指挥统一发出指令,参与施工作业的全体人员和机具开始进入预定工作位置,按照拆除施工方案有序开展拆除施工作业。

2. 乐山至成都方向分流

按照分流方案,在主线车行天桥拆除施工期间,乐山至成都方向的车流由互通立交分流至遂资眉高速公路,然后经遂资眉高速公路行驶到东坡收费站下站,再经岷东大道和剑南大道南延线前往成都。为缓解分流路线的交通压力,分流过程在成乐高速主线分段设置分流点,将车辆分别向遂资眉高速公路的东坡收费站和修文收费站进行分流。

分流开始时,由成乐高速公路的高速交警队牵头,成乐运营分公司管护大队和交通执法队参与,准时对遂资眉立交实施分流。其中,在成乐高速主线将乐山至成都方向车辆分流至遂资眉匝道,分流现场设置高速交警队警车和管护大队防撞车、重型排障车各 1 辆,并由高速交警队和管护大队派员值守;在立交的往仁寿方向匝道前设第一分流点,将车辆分流至东坡收费站下站绕行,该分流点为主要分流点,分流现场设置高速交警队警车和管护大队巡逻车各 1 辆,并由高速交警队和管护大队派员值守;在立交的往洪雅方向匝道前设置第二分流点,将车辆分流至修文收费站下站绕行,分流现场设置管护大队轻型排障车 1 台,由管护大队派员值守。分流期间,遂资眉高速公路的仁寿至成都方向和洪雅至成都方向匝道由遂资眉高速交警队进行封闭,以免有车辆进入成乐高速往成都方向主线。

通过上述施工前期的精心准备、周密筹划,以及施工过程的施工作业与交通管控相关各方一致努力和相互密切配合,对三处分离式天桥的拆除工程施工作业在开工后进展顺利,较之前预计的 24 h 施工时间提前近 8 h 完工,并在施工完成后迅速清理现场和解除交通管制措施,既确保了施工过程安全,又实现了交通分流管制的社会影响最小和施工路段通行效益最大化。

参考文献

[1] 林同立. 高速公路改扩建工程交通组织设计与管理[M]. 北京：人民交通出版社，2019.

[2] 缪梦曦. 高速公路改扩建作业区安全保障技术及评价研究[D]. 南京：东南大学硕士论文，2019.

[3] 李悦. 高速公路改扩建若干关键技术研究[D]. 西安：长安大学，2012.

[4] 黎毅. 车速与交通事故综合研究[J]. 公路交通技术，2012（06）：116.

[5] 孔玉生等. 经济效益分析：理论与方法[M]. 南京：江苏大学出版社，2016.

[6] 迪拉娜·努尔夏提. 高速公路改扩建施工期路网交通组织研究[D]. 西安：长安大学，2017.

[7] 王高林. 高速公路改扩建服务质量分析与评价[D]. 西安：长安大学，2009.

[8] 王晓飞. 高速公路改扩建工程交通组织及安全保通技术与实践[M]. 广州：华南理工大学出版社，2019.

[9] 袁胜强，郑晓光. 高速公路改扩建设计理论与实践[M]. 北京：中国计划出版社，2017.

[10] 陈峻. 交通管理与控制[M]. 北京：人民交通出版社，2019.

[11] 徐耀赐. 道路交通工程设计理论基础[M]. 北京：人民交通出版社，2020.

[12] 过秀成. 多车道高速公路交通特性及运行管理方法[M]. 南京：东南大学出版社，2020.

[13] 王建军. 道路交通安全及设施设计[M]. 北京：人民交通出版社，2018.

[14] 李淑庆. 交通工程导论[M]. 北京：人民交通出版社，2017.

[15] 任福田. 交通工程学[M]. 北京：人民交通出版社，2020.

[16] BOWIE N N, WALTZ M. Data Analysis of the Speed-Related Crash Issues[J]. Auto and Traffic Safety, 1994.

[17] LIU G, POPOFF Al. Provincial-wide travel speed and traffic safety study in Saskatchewan[J]. Transportation Research Record, 1997, 1595 (5): 8-13.

[18] 谭书龙. 成乐高速公路扩容交通组织与施工安全保障[J]. 交通建设与管理，2018（4）：88-89.

[19] 陈俊. 成乐高速扩容项目青龙场至眉山试验段路面施工交通组织方案研讨[J]. 黑龙江交通科技，2019，42（2）：60-61，63.

[20] 裴玉龙. 高速公路车速离散性与交通事故的关系及车速管理研究[J]. 中国公路报，2004（1）：78-82.

[21] 陈国龙. 高速公路改扩建项目临时交通安全设施设置方案探讨[J]. 交通与运输，2019，35（2）：54-57.